红色阅读 元帅交往实录

于俊道 ■ 主编

陈毅交往纪实

中国社会科学出版社

图书在版编目(CIP)数据

陈毅交往纪实 / 于俊道主编. —北京：中国社会科学出版社，2015.8
ISBN 978 – 7 – 5161 – 5807 – 4

Ⅰ.①陈… Ⅱ.①于… Ⅲ.①陈毅(1901~1972) – 生平事迹 Ⅳ.①K825.2

中国版本图书馆 CIP 数据核字(2015)第 063816 号

出 版 人	赵剑英
责任编辑	王　斌
特约编辑	段　琳
责任校对	张　峰
责任印制	李寡寡

出　　版	中国社会科学出版社
社　　址	北京鼓楼西大街甲 158 号
邮　　编	100720
网　　址	http:// www.csspw.cn
发 行 部	010 – 84083685
门 市 部	010 – 84029450
经　　销	新华书店及其他书店
印刷装订	北京市昌平新兴胶印厂
版　　次	2015 年 8 月第 1 版
印　　次	2015 年 9 月第 1 次印刷
开　　本	710×1000　1/16
印　　张	19
字　　数	312 千字
定　　价	58.00 元

凡购买中国社会科学出版社图书，如有质量问题请与本社联系调换
电话：010 – 84083683
版权所有　侵权必究

目录 CONTENTS

"相见恨晚,相慰平生"——陈毅和毛泽东 ……………… 丹 淮	1
跨越半个世纪的友谊——陈毅和周恩来 ………… 温乐群 曹应旺	14
战友·诗友——陈毅和朱德 ……………………… 冯锡刚	34
亲如兄弟,胜于兄弟——陈毅和邓小平 ……………… 毛 毛	41
诗笔传韵事——陈毅和黄炎培 ………………………… 尚 丁	46
元帅使藏——陈毅和班禅 ……………………………… 王震学	50
让 房——陈毅和傅作义 ……………………………… 闻 史	54
"请投荣毅仁一票"——陈毅和荣毅仁 ……………… 徐 行	56
一封请帖——陈毅和刘靖基 …………………………… 施宣圆	57
"我们是能很好合作的"——陈毅和赵祖康 ………… 季 雨	60
"这一路来得不易啊"——陈毅和谭震林 …………… 松 植	62
斯人虽已去,风范永存留 …………………………… 薄一波	69

两位将军的一次秘密会见——陈毅和罗荣桓 .... 白 刃		75
"一块合影留个纪念吧"——陈毅和聂荣臻 .... 铁竹伟		80
"江南处女战打得好"——陈毅和粟裕 .... 松 植		84
司令·严师·兄长 .... 惠浴宇		89
"做政治工作,不能一厢情愿" .... 肖望东		98
"我已替你想好了一个"——陈毅和陶勇 .... 季 雨		103
"再谈一刻吧" .... 管文蔚		105
"我们中国有个大陈毅、小陈毅,也可以" .... 陈 沂		111
"行!接受陈司令的令箭" .... 于 晶		120
我跟陈总当秘书 .... 朱 清		124
"我从未见过这么好的首长"——陈毅和常志刚 .... 甘耀稷		132
相从日浅,相知甚笃——陈毅和韩国钧 .... 张静星		137
"请陈司令接收改编我的部队"——陈毅和纪振纲 .... 晓 雨		145
"此人有用"——陈毅和管有为 .... 管文蔚		151
三顾道观——陈毅和辛三仙 .... 董高怀		153

"他日返沪,当图快晤"——陈毅和张元济 ············ 张人凤	155
"公功在国家"——陈毅和张伯驹 ················ 茅　铨	160
将军一托重如山——陈毅和邹鲁山 ················ 邹人煜	162
"我今天遇见了杨皙子的后人了" ················ 杨云慧	165
"现在人民做主了,您老能做面壁观吗"——陈毅和马一浮 ··· 楼达人	166
同学情深——陈毅和刘缉之 ···················· 戴　健	168
"一位平常而又不平常的伟大人物" ················ 匡亚明	169
"你要养好身体,出去走走,放手写作品"——陈毅和曹禺 ···· 季　雨	171
"华侨都是爱国的"——陈毅和吴桓兴 ·············· 铁竹伟	172
"棋虽小道,品德最尊" ······················· 姚　耐	179
柳树下拜师——陈毅和桂圆 ···················· 汪辉文	182
终身的遗憾——陈毅和杜山 ···················· 顾保孜	185
"棋峰尚未登达,同志仍需努力呀"——陈毅和陈祖德 ····· 傅溪鹏	193
"我当主婚人"——陈毅和陈妹子 ················ 胡居成	198
"你领导得很好嘛"——陈毅和彭秋妹 ·············· 胡居成	204

"陈老总没有忘记我这个普通人啊"——陈毅和李善静
.... 叶京良 212

"周大嫂,你真有法子"——陈毅和周兰
.... 胡加模 214

"这块西瓜非吃不行"
.... 刘 新 215

"春兰,别再离开我了"——陈毅和张茜
.... 铁竹伟 217

"不要忘本,要靠自己"
.... 陈晓鲁 226

两次难忘的相会
.... 陈孟熙 235

"介绍信我是不能写的,你靠我这个哥哥是不行的"
.... 陈重坤 238

殊途同归——陈毅和陈修和
.... 刘正刚 240

"我在北京见他"——陈毅和唐联升
.... 胡加模 244

"你若一意孤行,必有翻船落水之日"——陈毅和饶漱石
.... 陈丕显 245

"他不当叛徒我不姓陈"——陈毅和林彪
.... 铁竹伟 247

"非常时期,相忍为国"——陈毅和韩德勤
.... 周光明 262

"彼此情无限,共饮一江水"——陈毅和吴奈温
.... 何晓鲁 272

"他是我最尊敬的老朋友"——陈毅和西哈努克
.... 曹应旺 278

"你讲得不对我们就不听你的"——陈毅和赫鲁晓夫
.... 何晓鲁 284

"他很有幽默感"——陈毅和蒙哥马利 .... 何晓鲁 **286**

莱蒙湖畔的周旋——陈毅和哈里曼 .... 何晓鲁 **288**

"不教倭寇度茅山"——陈毅智斗黑田 .... 盛永年 **293**

编后记 **295**

"相见恨晚，相慰平生"
——陈毅和毛泽东

毛泽东和陈毅是我国革命史上的伟人，一个是伟大的领袖，一个是伟大的战士。他们的革命生涯充满了传奇色彩，表现出十分突出的个人性格，为世人所敬慕。从1928年4月朱毛井冈山会师之后，毛泽东和陈毅开始共事，直到1972年元月，在这长达44年的岁月中，他们共同伴随着中国革命壮丽的历史而走过自己生命中最光辉的征程，结下了如此性格反差却又是领导人中少见的政治信任和个人感情。

毛泽东和陈毅有着很多相似之处。他们都是出身旧中国农民家庭的知识分子，对中国的传统文化有着很高的造诣和特殊的爱好。他们才华横溢、文武双全、军政兼任，对共产主义事业无比忠诚，对困难和敌人无所畏惧，是我党的最优秀的人才……

毛泽东和陈毅的经历和性格又有着很大的不同。毛泽东是战士更是全国的领袖，他一直是决策的核心人物，担负着最高领导责任，是具有最高理论创造才能的战略家。陈毅是群众领袖更是战士，他一直是一位出色的助手和号令一方的指挥员，是杰出的实践家。毛泽东具有坚定的原则性，对他认为是错误的东西决不妥协，陈毅则在坚持原则的基础上更强调团结，从而形成"泥瓦匠"的形象。毛泽东深沉严厉，陈毅豪爽宽容……

最值得注意的是陈毅走上革命道路之后，在思想和理论上有过四次飞跃，这四次飞跃都是与毛泽东分不开的。陈毅能从一个年轻的战士成长为无产阶级革命家，固然是与他自己的50年革命实践和学习分不开的，但也可以清楚地看到毛泽东的重大影响。这种影响是从井冈山建军时期就开始了，陈毅与毛泽东的友谊也同样从红军时期就开始了。

一、"相见恨晚，相慰平生"

1927年10月毛泽东率领秋收起义的农军走上井冈山，开创了中国红色割据的第一篇。1928年1月朱德则和陈毅率领南昌起义的部分队伍在郴州掀起了湘南暴动，当听说毛泽东在井冈山活动时，朱德、陈毅就派毛泽覃去联络，以期两支队伍的联合。

在湘南暴动成功的一天，朱德看着报纸，忽然兴奋地叫了起来："老陈快来看，报上登了我们的名字了。"

陈毅赶来一看，原来报纸上写有这样一句话："湘赣边的毛部和湘南的王楷（当时朱德的化名）部，以王楷部最为凶悍。"

朱德很自豪地说："我们的名气大了，就说明革命的力量强大了。"又风趣地对陈毅说："你跟我配合得很好，就是你名气小，配不上我。"

作为朱德的党代表陈毅乘机笑着说："是啊！你要跟毛泽东合作，两人连在一起名气就更大了。"说着两人哈哈地一笑。

1928年4月28日，毛朱两支队伍在江西宁冈的砻市胜利会师。在龙江书院的门口，毛泽东和朱德的两只巨手紧紧地握在一起，掀开了中国革命新的历史的一页。5月4日，陈毅作为大会执行主席，在两军会师大会上庄严宣告中国工农革命军第四军成立，宣布朱德任军长，毛泽东任党代表时，会场欢声四起，掌声雷动。从此陈毅就成为毛泽东的一位助手和下级，发挥着自己的历史作用。

5月5日，朱德、陈毅率领二十八团和二十九团，在黄坳一举消灭江西军阀进攻井冈山的两个营，粉碎了敌人的会剿。这个大胜仗无疑是刚上山的朱德部队给井冈山军民的最好的见面礼，井冈山更是军民共欢，一片沸腾。

就在第二天，陈毅收到毛泽东一封热情洋溢的信，信中有这样几句话："相见恨晚，相慰平生，希遇事相商。二十八团是很有前途的一个团，希望很好掌握。"当时毛泽东虽然只有34岁，但他是中国共产党的创始人之一，是全国有名的农民运动领袖，是党中央的政治局候补委员。而陈毅只是不满27岁的满怀激情的基层干部，所以收到这封感情炽热的信，使他极为感动。

又过了一天，毛泽东和陈毅在永新见面了。陈毅详细地将部队和黄坳作战情况向毛泽东作了汇报，并特别介绍二十八团很能打仗。

也许是陈毅的才华，也许是陈毅的原朱德党代表的身份引起了毛泽东的注意。也许是毛泽东在农村运动中，颇感思想上、文化上的寂寞，忽然遇上陈毅这样的相似之友，大有他乡逢知己的感觉。所以在撤回井冈山的路上，毛泽东有马不骑，与陈毅边走边谈。一天的路程，就滔滔不绝地谈了一天。

毛泽东从中国资产阶级民主革命谈起，讲到中国共产党从1927年成为独立政治力量登上政治舞台；讲到领导中国革命，要联系中国实际，分析中国革命；谈到陈独秀、李大钊的历史作用，又讲陈独秀的错误；详细说了当时党内思想尚不统一的诸多问题的看法；表明了坚持在中国搞武装斗争和群众运动的决心；描述了建立罗霄山脉中段政权的构思；并指出陈毅他们在湘南站不住脚的原因是地处交通要道，敌人过于强大；还特别指出现在从上到下都很左、很危险。

毛泽东的精辟论述完全打动了陈毅的心。陈毅长期在基层，过去对中央情况知之甚少，对理论问题的研究也很少，听到毛泽东讲的观点，既感到新奇，又感到钦佩。这次长谈成为陈毅思想飞跃的起点，对陈毅的影响之大是难以描述的，是刻骨铭心的，以至于在40多年之后，在他受到毛泽东深深误解时，他对我们回忆起这一天，仍是那样的激动和动情，深沉地说："这是第一次听到这样的观点，是从没有任何一个其他领导人这样讲述过。仿佛就在昨天说的一样。"从此，陈毅就成为毛泽东政治上的坚决支持者，他们的友谊就是建筑在这种共同的政治信仰和共同的思想基础之上。

井冈山根据地初建时期，生活非常艰苦，斗争非常残酷。二十八团中一些旧军官出身的干部产生了动摇，不愿在井冈山做长期斗争，或者图痛快想大发展，或者想打大城市捞点洋财。而由湘南农民组成的二十九团的小农意识，家乡观念也日益严重，总想打回家乡去。1928年6月湖南省委又做出要第二次湘南起义的计划，要红四军打回湘南。尽管毛泽东主持召开永新会议，决定不执行湖南省委的不合实际的指示，做出继续建设巩固井冈山根据地的正确决议，但是湖南省委的计划正好符合了红四军这部分落后思想。造成了二十八团、二十九团的分离主义迅速蔓延。7月当朱德、陈毅率领二十八团、二十九团攻占湖南炎陵县后,二十九团完全被地方主义情绪所控制,坚决要求回湘南,甚至在军委做出撤回井冈山决定时,竟以一天仅行军30里的消极行动抵制,二十九团处在一触即崩的边缘,二十八团也不愿回井冈山。这样,作为军委书记的陈毅在几次召开军委扩大会、士兵代表大会、军官会议等各种会议,终不能统一思想,未能说服、制止部队的错误思想之后,只好同意部队向湘南发展。陈毅既为自己的无能为力所不安,又深感这样红四军将有分裂的危险,只好在行动前匆匆写信给毛泽东:"润之若在,必能阻止部队南行,无论胜败,都会回来的。带部队出去,必定把部队带回来。"

这里,陈毅借用了三国演义中,刘备伐吴东行,诸葛亮力谏不能阻止,而自叹之语:"法孝直若在,必能制主上东行也。"以此表示了他对南行前途的焚忧之情和对毛泽东的坚信。

果然在湘南这样的大道,弱小的红军是站不住脚的。8月,二十九团在家乡观念的支配下一轰而散,二十八团则由于一些旧军官的叛变也损失了一个营,同时井冈山根据地也因为兵力太少而丢失。这就是湘南分兵的严重后果。

正当朱德、陈毅和二十八团官兵感到最困难的时候,毛泽东带三十二团一个营来接他们了。在桂东,朱毛又一次会师,二十八团官兵欢呼不止。陈毅对自己不能制止这次分兵,而造成部队和根据地的损失深感痛心,觉得无脸见毛泽东时,毛泽东却对陈毅和二十八团不但没有批评,反而讲这样做也有好的地方,就是发动了群众,扩大了红军的影响。毛泽东的态度使二十八团官兵很受感动,马上就团结起来。陈毅看到这些十分感慨,深感自己能力有限,他作为军委书记不能掌握部队的行动,遂当面向毛泽东,向二十八团官兵做了检讨,承担了领导无方的责任。同时陈毅也充分认识到毛泽东的宽广的政治胸怀和高超的指挥能力,由衷地感到毛泽东真是一位少见的领袖人才,是干大事成大业的。陈毅深深感到"相见恨晚,相慰平生"这两句话实在是更该由自己来讲。从此他就更加珍视和毛泽东的这份难得的友情。

二、"七大"风波到古田会议

1928年9月红四军恢复了井冈山根据地,12月彭德怀、滕代远率领平江起义的红五军也来到了井冈山,井冈山红色根据地又蓬勃地发展起来。但是国民党的军事会剿和经济封锁也更加严重。为此,前委决定由彭德怀留守井冈山,坚持内线作战。由朱德、毛泽东率红四军主力出击赣南,实施外线机动作战,毛泽东任前委书记。

当时红军外线作战尚无经验,又缺少良好的群众基础,遇到十分严重的困难。1929年1月至4月,红四军辗转作战,坚持到爆发蒋桂军阀大战,各省国民党会剿部队纷纷退兵,红四军又得到一个相对稳定的发展时期。这时党内、军内的各种非无产阶级思潮也随之蔓延。红四军的领导人试图在理论和实践上探索和总结如何建设一支中国式的红军,思想并没有完全统一,因此经常有各种争论在部队中展开。这些争论涉及如何建军、党在军队中的领导作用、如何建设根据地、红军武装斗争的原则和红旗究竟能打多久等大问题。

1929年4月,中央派刘安恭带来了"二月来信",信中的一些悲观情绪和不正确观点,进一步激发了这些争论。而刘安恭又是刚从苏联学习归来,思想路线完全是脱离中国革命实际的照搬主义,思想作风又是热衷于抓权和搞宗派主义;他的非组织活动在红四军的干部、战士中制造了极大的混乱,甚至引起一部分人拥毛和拥朱的不正常的派别现象。就在这种思想分歧巨大、团结涣散的严重时刻,前委决定召开红四军的第七次党代表大会。

由于陈毅是各方面都能接受的人物,又正在代理前委书记,这次大会就由他来准备。毛泽东很重视这次会,期望能在他所主张的正确路线上统一思想。于是满怀希望地找陈毅谈话,要求陈毅能支持他,做一个好的决议。但是陈毅一方面对这些争论的重大意义认识不足,过分害怕红四军的分裂,宁愿采取息事宁人的做法;另一方面也是血气方刚,要表明自己的独立见解,并没有领会毛泽东的意见。

6月22日,红四军七大召开了,陈毅在大会上作了报告,表达了自己对革命形势估计、建军方针和克服党内某些错误思想等问题的看法,这些观点基本上是赞同毛泽东的主张的,当然思想深度上要差很多。接着他话题一转,对朱德和毛泽东两位军政领导提出十分尖锐的批评。他批评朱德有旧军官思想,不重视思想政治工作,对刘安恭的宗派活动姑息。他批评毛泽东有个人英雄主义和家长制领导方式;批评毛泽东经常说的"马列主义是规定了世界革命的基本原则,但中国革命的具体做法要我们自己在实际中创造"这样正确的观点是对马列主义信任不够;批评"没有调查研究就没有发言权"的说法,而片面强调是共产党员就有发言权,说错了可以纠正。这些意见表现了陈毅当时的思想水平,在很多问题上认识是很模糊的。陈毅还说:"你们朱毛吵架,一个晋国,一个楚国,两个大国天天吵,我这个郑国在中间简直不好办。我是进出之间为难,两大之间为小。我跟哪个走?站在哪一边?就是怕红军分裂,希望你们两方团结起来。"陈毅是很敬佩毛泽东和朱德的,但是他认为革命同志是可以批评的,所以才有了这次会议的风波。

朱德是忠厚长者,听了没有讲话。毛泽东则在重申自己的各项政治主张之后说:"至于陈毅对我个人有许多批评,我现在不辩。如果对我有好处,我会考虑的,不正确的将来自然会证明是不正确。"

陈毅的发言在会议上引起了强烈的共鸣,在会议结束的选举上,居然把毛泽东选了下来,大多数人选举陈毅当前委书记。红四军七大没有能解决红四军中存在的种种问题,却引起了领导层的波动,这大大出乎陈毅本人的意料。他个人因有八月分兵的前车,自知难当此重任,宣称这只是"过渡内阁"。

会后毛泽东对陈毅极感失望,愤而离开红四军到蛟洋养病。这次近乎"夺权"的会议给毛泽东很大刺激,因为这是他一生中仅有的由下级"造反"而成功的例子。虽然在这以前,毛泽东曾多次遭到别人的打击,甚至被撤职,但那毕竟是由中央,由党内地位比他高的人所做的。因而这次陈毅的"由下而上"的"夺权"是他难以容忍的。

1929年7月,中央来信要红四军派领导干部去上海参加军事会议,汇报红四军情况。陈毅并没有意识到毛泽东对他的愤慨,仍以毛泽东为自己上级,和朱德一起赶到蛟洋召开前委会。会议决定由陈毅前往上海。陈毅请毛泽东回来主持前委工作,毛泽东拒绝了,他说:"我不能回去,你们七次大会那个做法我不能同意，我不能随随便便就回去。"这时陈毅才感到问题有些严重了。临去上海前，陈毅又专门去请示毛泽东向中央汇报什么，毛泽东只是淡淡地说："请中央有机会到苏区来看看，鼓舞鼓舞士气。"这真是话不投机半句多。

7月下旬陈毅化装由香港转道上海。在路途上多次听到群众议论"朱毛"的厉害，才知道红四军的政治影响远远超过了苏区的边界，已在全国引起了相当大的轰动。到了上海，陈毅向中央政治局详细汇报了红四军的情况和七大会议结果；又参加了中央的一些会议，更加清楚地看到红四军已成为中国共产党武装斗争的旗帜，她的道路就代表着中国革命的道路。同时也感到当时的中央领导人的理论和实践都远没有达到毛泽东已经达到的水平。他更加认识到七大选掉毛泽东可能不仅是与红军发展有关，甚至是与中国革命有关的大错误了。在中央政治局的决定下，陈毅与李立三、周恩来成立了3人委员会，专门解决红四军的问题，经过一个月的研究和讨论，陈毅代中央起草了著名的"九月来信"。信中充分肯定了毛泽东路线的正确，批评了七次大会错误的东西，要求朱毛团结起来，指示毛泽东仍回前委工作……周恩来同意并批准了这封信。当时中央考虑安排陈毅到其他根据地工作，但陈毅说："还没有把毛泽东请回来，等办好了这件事再考虑工作问题。"

10月22日陈毅带着崭新的认识和中央精神回到了红四军。在粤北见到朱德，简单地讲了一下中央的精神，要请毛泽东回来领导。

朱德说："我服从中央的指示，不过你欢迎他回来，他是否愿意回来，还很难说。"

陈毅说："这个我负责。"

朱德说："毛泽东对你最不满意，你知道吗？你走后，我们又开了个八大，很多政治工作人员纷纷要求毛泽东回来工作，于是我们请了他，但是老毛不肯回来，还写了一封信把责任推在你的头上，引起了代表的不满，就不请他了。"说完将毛泽东的信交给陈毅。

信中写道："我平生精密考察事情，严正督促工作，这是陈毅主义的眼中之钉。陈毅要我做八面美人，四方讨好，我办不到。我不能够随便回来，这个路线问题不解决，我就不能回来。"

陈毅看了这封言辞激烈的信，心情十分沉重。他没有想到七大对毛泽东是如此严重的伤害，没有想到毛泽东竟用"陈毅主义的眼中之钉"来形容他们之间的关系，更没有想到毛泽东的原则性是如此坚定。但他仍坦诚地说："我这次回来就是要使毛泽东复职，使红四军团结起来。也许你们认为我到中央是为自己捞点东西，是为了我个人。我是为红四军去的。这次由我向毛泽东检讨，他会回来的。"

当天晚上陈毅召开了前委会议，传达了中央"九月来信"，批评七大和八大的错误。会后即派人将"九月来信"送到毛泽东住处，并附上亲笔信请毛泽东回来工作。

11月4日在攻占汀州之后，陈毅再次写信给毛泽东："从中央回来，于22日到军部。我俩之间的争论已得到正确的解决。七次大会我犯了错误，八次大会的插曲更是错误的。见信请即归队，我们派人来接。"

11月26日，毛泽东终于回到红四军军部，在汀州与朱德和陈毅再次相见，互相作了检讨。陈毅对七大之事承认了错误。毛泽东也说八大因为身体不好，情绪不佳写了一些伤感情的话。毛泽东还赞扬中央"九月来信"写得好，问是谁写的。陈毅则说："是大家讨论，我起草的，周恩来看过，一字未改通过的。"毛泽东看到陈毅的思想水平提高这么快，非常高兴，身体和精神都完全复原了。毛泽东在给中央的信中写道："我病已好，遵照中央指示在前委工作。四军党内的团结在中央正确指导下，完全不成问题。陈毅同志已到，中央的意思已完全达到。"毛泽东和陈毅不但在思想上达到了高度统一，友情也和好如初。

12月28日，具有历史意义的红四军第九次党代表大会召开了，大会仍由陈毅主持。在毛泽东的领导下，大会一致通过了著名的"古田会议决议"，奠定了我军的最根本的坚持党的绝对领导的政治建军路线。同时毛泽东再次当选为前委书记。至于陈毅今后的工作，毛泽东坚决地说："你哪里都不要去，就留在这儿。"

一场有关红四军建军路线的争论有了正确的答案，红四军在正确思想的指导下空前团结起来，迎来了江西苏区大发展的新局面。

陈毅的思想也由七大风波到古田会议达到第一次飞跃，对中国革命的道路、建军路线、党的建设等重大问题都有了新的正确的认识。

1929年成为陈毅走向思想理论成熟的关键一年。

但是七大事件毕竟充分反映毛泽东和陈毅之间极不协调的性格，这在他们深厚的友谊中仍留下了一道难述深浅的划痕。

三、"十年才能看清一个人"

从1930年开始，江西苏区发展很快，红军不断扩大，根据地也不断扩大，最终形成了全国革命的重心——中央苏区。但是中央的"左"倾错误路线一直没有得到纠正，先是立三路线，进而发展为王明路线。中央对各根据地的干预和批评也越来越多，在中央苏区，左倾路线打击的目标就是毛泽东，陈毅也无可幸免地被卷入到这场严重的党内路线斗争之中。

1930年2月红六军成立了，由黄公略任军长，陈毅任政委。6月，陈毅又奉命组建红二十二军，并任军长，12月任中共赣西南特委书记，1932年任江西军区司令员。这样陈毅逐步离开了红军主力，而致力于地方武装的建设和指挥，从江西苏区的核心领导圈中退了出来，成为独当一面的战区指挥员。陈毅虽然从毛泽东身边离开了，但在已知的他们的几次交往中，仍然可以看到他们推心置腹的信任和支持。尤其是在"左"倾错误路线的高压下，这种友情就显得更加珍贵。

1930年6月立三路线在党内占据了统治地位，8月中旬派周以栗到江西苏区，要求红军攻打武汉。毛泽东认为红军根本没有这个力量，不赞成中央的决定，周以栗就批评毛泽东是机会主义，从此"机会主义"这顶帽子就一直在毛泽东头顶上转悠。11月陈毅在吉安见到毛泽东，两人住在一个绸缎铺里，一边喝酒，一边聊天，又大有酒逢知己千杯少的感慨。毛泽东就讲周以栗来后的争议。陈毅说："你看中央来一个人就掀起一个风潮。将来中央搬来了，就怕要推翻你。"虽是私下的知心话，却不幸被言中。

1931年1月中央苏区成立中央局，项英任书记，还来了不少中央的工作人员。他们对农村根据地和红军建设没有实践经验，又是以中央的"左"倾思想来指导工作，自然在中央苏区党内引起了思想分歧。4月毛泽东在吉安又见到陈毅，叹息道："你上次讲的话是有道理的，现在中央来的人越来越多，意见分歧越来越大。"

6月在第三次反围剿之前,毛泽东特地带着两个洋铁箱找到陈毅,郑重地交代:"这是我们在建宁打仗时筹的20万元款子,是我们的命根子。第三次反围剿之后就要靠这笔款子了。现在要打穿插,没有前方,也没有后方了。就重托你保管。你不管别的事,只要管好这件事就行了。"他还说:"我还有一件事,我写了一些油印单子,这些都是历史,留到将来也有好处,也请你保存着。"

陈毅接受了这件重要的委托,组织了两班人日夜守卫着。直到11月出席在瑞金召开的中央革命根据地第一次党代表大会时,才把款子和文件"完璧归赵",亲自交还给毛泽东。毛泽东很高兴,说:"我现在就靠你这20万元的战争费好扩大红军,不过这也只能维持4个月,以后怎么办还不知道呢!"可见当时根据地的困难地步。

在11月的会上,中央来的同志和以毛泽东为首的苏区同志发生了一场激烈的争论。争论主要是:国际形势估计、敌我力量对比、红军行动方向和土地政策4个问题。毛泽东认为当时帝国主义之间的矛盾是主要的,不一定先爆发反苏战争;红军力量还很弱,有胜利的可能性,也有失败的可能性,红军像一把刀,砍竹子可以,但不能砍大树,要损伤刀子的。因此只能在苏区摆战场,诱敌深入,不主张出苏区打大城市;应该给地主、富农分田地。中央"左"倾代表认为"九·一八事变"之后,帝国主义反苏战争即将爆发,因此要动员起来保卫苏联;认为国民党统治阶级腐败,内部矛盾重重,而我红军十分强大,要打出苏区,夺取中心城市,正规作战;不分田给地主、富农,提出"消灭地主"的口号。他们还批评毛泽东夸大敌人的力量是保守主义,夸大帝国主义之间的矛盾是机会主义,非阶级观点,不打大城市是农民意识,土地政策是富农政策。

陈毅在会上极力支持毛泽东,和中央的同志激烈地争论着。他说:"毛泽东的主张是正确的,别看现在苏区方圆几千里,红军几万人,打两个败仗就要垮台。"

中央来的人批评他:"你眼睛就只看到这几个县,是机会主义。"

陈毅反驳道:"你们说上海无产阶级强大,你们为什么不在上海,跑到苏区来干什么?"

中央来的人说:"我们就是来动员红军去打上海的。"就这样会议吵了好几天，没有吵出个结论来。会后毛泽东只好又称病休养了。

毛泽覃和谢唯俊则找到陈毅说："还是你敢讲话，讲得彻底。我们都不好讲话。"

陈毅说："其实平时我和他们都相处得比较好，我跟他们谈苏区情况，也是希望他们了解苏区。可是我发言也没有用，你们不讲话也难怪了。"

1932年2月博古将中央搬到中央苏区，毛泽东的领导权只好全交出去了。

5月蒋介石开始组织对中央苏区的第四次"围剿"，苏区形势日益严重。但中央领导层仍在没完没了地批判"右倾保守主义"。10月中央局开会研究第四次反围剿的方针，这就是著名的第一次宁都会议。一部分中央来的同志主张打出去，御敌于国门之外。毛泽东则主张吸取过去三次反围剿的经验，把敌人放进来，像叫花子打狗一样，背靠一堵墙。双方争论不休。

陈毅发言支持毛泽东诱敌深入的方针。他认为御敌于国门之外的方针现在提得还太早，将来红军力量再大些，根据地连成一片了，就可以打出去了，他还提出党内的团结问题很重要，希望上海来的同志和苏区的同志都要团结在一个中央委员会内，把中国革命搞好。他说："南昌暴动后的残部与毛泽东在井冈山会合，经过千辛万苦才打出这样一个局面。现在有人认为苏区干部只有打仗一点才可取，其他都不行，这是不正确的，苏区主要是政治方面正确。再提个促进团结的方案，让毛泽东到前方指挥作战。现在，前方战士、干部都在问毛泽东到哪里去了，为什么不来领导我们打仗。这就是统帅和部队的联系。"在这种激烈的政治争论中提团结是没有用处的，但是陈毅的讲话，既能讲自己观点，又能呼喊团结，这正是他的思想风格。

中央的顾作霖批评说："你这个人老是讲旧的东西，没有一点马列主义。"结果会议没有接受毛泽东的意见，并把他调到后方专做政府工作，从此毛泽东在军事上的发言权也被剥夺了。

会后陈毅回到驻地，江西省委书记李富春悄悄对他说："你在会上还是坚持那些老经验，中央对你印象很坏，你不要再讲话了。现在形势变了。"

陈毅有气地说："现在总是唱高调，打出去，打出去，你打到哪儿去？"

李富春说："你就是消息不灵通。这次开会，项英、顾作霖他们主要是要批判毛泽东主义,周恩来不同意,你连开会的意图都没弄清,就乱发言,中央同志不高兴,说本来会议开得生动活泼,你一讲就泄气了。"

陈毅这才恍然大悟:"原来是这么回事,那就是说我是拥毛的了;那也好。其实我就是担心第四次反围剿不能打破,不打破我们就没有存身之处了。"

又过了一个月,陈毅正发疟疾。毛泽东来看他,谈着谈着又谈到了第四次反围剿的事。

毛泽东焦急地说:"敌人布置得很紧,我们却不充分准备,很危险。最好还是让敌人进来,选择一路打。你在宁都会议上的讲话,我很同意,你能不能再和他们讲讲,起些作用。"

陈毅无奈地说:"你讲话人家都不听,我讲话更没有用了。何况有人还想抓我是 AB 团的总头头呢!"

毛泽东和陈毅只能默然无语地对视着。

1933 年 5 月中央政治局又在江西军区开会,陈毅是军区司令员,作为东道主也列席参加了会议。一天陈毅在写毛笔字,项英看了他的字很奇怪地说:"你这个人不仅政治上、军事上迷信毛泽东,为他吹嘘,连写字都学他,还挺像的。"

陈毅就顶他:"你说我迷信毛泽东,那你为什么迷信博古呀。你们就是排斥毛泽东,动辄就说不佩服你们就是反国际。"陈毅就是这样总和中央谈不到一起去。

有的同志好心劝他:"你是老党员,最知道苏区的优点和缺点,应该好好地摆一摆,增强党内对中央的信任。你就是政治上不开展,如果你做点自我批评,就可以去当军团政委、省委书记,何必在地方部队里干。"这是明显的说客了。

陈毅答道:"要我抹杀苏区的成绩,造谣生事,我不干。苏区的情况不要找我谈,要找毛泽东谈。至于说当什么政委、书记,我不在乎。"

会议期间晚上没事,陈毅就到毛泽东住处聊天,问他身体情况。

毛泽东说:"几次想到前方去,也去不成。只好到瑞金去休养一下。"

陈毅说:"你反正不管事了,前方能去更好,不能去也要经常和群众联系。有机会你也要公开发表一些意见,使群众能听到你的声音。这次我先安排一下。"

陈毅就和李富春向中央提出，会后请中央领导和毛泽东见见江西党政军的干部，讲讲话。结果博古决定只由他和洛甫出席，不准毛泽东参加。从这以后中央的会议就不让陈毅列席了。但毛泽东则接受了陈毅的建议，在1934年1月召开的第二次苏维埃大会上作了3天报告，保持对群众的影响。

1933年9月国民党政府开始了对中央苏区的第五次"围剿"，由于"左"倾路线的错误领导，红军一败再败，主力被迫于1934年10月撤出苏区，开始了长征。

1934年8月陈毅在兴国老营盘指挥作战时大腿受重伤。10月被任命为中央苏区中央分局委员，中央政府办事处主任，辅助项英，坚持苏区斗争。陈毅上任后即提出要承认失败，立即组织退却，迅速转入游击战争的意见。但项英仍然沉溺于红军的正规化作战，批评陈毅悲观失望，历来对中央领导不满，迷信毛泽东的一套。拒绝了陈毅的正确意见，丧失了有组织退却的时间。

就这样毛泽东和陈毅甚至没有来得及告别就分手了。倒是毛泽覃和陈毅却留下了一段真挚而又悲壮的话别。

毛泽覃也被中央指名留在苏区坚持斗争。他在突围之前专门找到陈毅谈形势。

陈毅说："主力红军长征有可能被打散，但如果毛泽东领导，可能有办法。苏区顶多保持一个游击战争的局面。"

毛泽覃问："你说经验教训在哪里呢？"

陈毅说："很简单，就是把过去苏区的一套丢掉了，就是没有听毛泽东的话。要是毛泽东领导无论如何不会失败得这么惨。"

毛泽覃非常感动地说："没有想到你现在还是这样真诚，10年才能看清一个人啊！"

陈毅也沉重地说："你还有两条腿，我连腿都受伤了。咱们从此分别，也许有见面之日，也许见不着面了。"

毛泽覃走了，再也没有回来。他的血洒在神州大地，孕育着一个新的世界。但他没有想到他看清的一个人，他哥哥又足足看了20年。

陈毅与毛泽东的友谊就是在红军建立与发展的过程中凝结起来的，是在患难中升华的。这种珍贵的友谊不仅体现在他们政治上的一致，而且特别体现在可以像普通人一样地促膝长谈，这恐怕是毛泽东生活中很少见的现象。这段珍贵的友谊对他们来讲都是刻骨铭心的，并在最后得到了充分的证明。陈毅在人生的最后弥留之际，虽然还没有得到毛泽东已经谅解的消息，他仍然记得毛泽东的生日，仍然动情地要吴桓兴院长准许他吃面，为毛泽东祝寿。在他陷入昏迷之后，仍喃喃地说道："红军，一直向前，战胜敌人。"而毛泽东在陈毅逝世后，终于压不住自己藏在内心的炽热的感情，参加了追悼会。他在对陈毅家人的谈话中，深情地怀念道："陈毅是井冈山的老同志。"可见红军在毛泽东和陈毅的心中都占着最重要的地位，因为这毕竟是他们事业的起点，毕竟是他们最艰难又最光辉的一段历史。

（丹　淮）

跨越半个世纪的友谊
——陈毅和周恩来

1972年1月的一个深夜，朔风凛冽，大地冰封，忙了一整天的周恩来乘车来到301医院。沿着狭窄的楼梯，一级一级地走进地下甬道，转进右面的太平间，向刚刚去世不久的亲密战友、共和国元帅陈毅告别。

周恩来那消瘦的面容，凝聚着深沉的悲痛和思念。他恭恭敬敬地向陈毅的遗体深深地三鞠躬。然后，径直走到床边，伸手掀起盖在陈毅身上的白布单，久久地凝视着元帅的遗容，缓缓地摸了摸陈毅冰凉的手臂，泪水潸然落下，他重新为陈毅拉平白布单，又把布单往里掖了掖，动作轻缓、小心。

站在旁边的陈毅夫人张茜呜咽着说："总理，您要多保重身体啊！大姐也为您担心。"周恩来上前紧紧握着张茜的手，欲语无言。当他告别张茜走到门口，又忍不住回过头来，向安卧着的陈毅投去最后告别的目光。这目光穿越了半个多世纪的时光隧道，跨过了风风雨雨的历史帷幕，周恩来眼前浮现出塞纳河畔、南昌城下、井冈山上、抗战烽火中和外交战线上陈毅的坚定、豁达、不屈奋斗的身影，回忆起几十年来为国家繁荣富强共同努力、上下求索的一幕幕情形……

一、相识塞纳河畔

周恩来与陈毅是在留法勤工俭学反对北洋政府卖国斗争中结识的。陈毅1919年10月抵达法国。周恩来1920年12月来到法国。两人略有不同的是陈毅到法国后一直在巴黎施乃德工厂做工，勤工俭学；而周恩来则得到南开学校校董严修的资助并依靠为天津《益世报》撰写旅欧通信的稿费来维持生活和求学费用的。

1921年6月，北洋政府派遣专使朱启钤、财政次长吴鼎昌来到巴黎，名义上是代表"双失总统"——一失节于清朝，再失节于民国——徐世昌来接受名誉博士学位的典礼，实际上是进行秘密借款谈判的。北洋政府已决定以滇渝铁路和两粤铁路的建筑权作为交换条件，以全国50年的印花税、验契税作为抵押，向法国政府商借三亿法郎的巨款。

当陈毅从一位法国工程师那里得悉这一消息后，按捺不住激愤的心情，他连忙赶去告诉了蔡和森和向警予，又广泛动员同学们分别奔走告诉在巴黎的中国各界人士和华工会。与此同时，周恩来也听到了这一消息，他愤慨地写道："是直一分赃之借款也，而担保品之重，又关系全国命脉。呜呼国人，尚在睡梦中耶？"他连忙告知赵世炎等与各地同学、华工联系。很快，秘密借款之事在巴黎的华人和勤工俭学学生中风传开来。

6月30日，周恩来、陈毅、赵世炎等300多人在巴黎哲人厅举行拒款大会，会上宣读了各地华人团体来函来电100多封，把拒款斗争的大旗打了出来，一场声势浩大的反对秘密借款的斗争掀起来了。在这次拒款大会上周恩来与陈毅相识了，虽然他们未作更多的交谈，但共同的理想和抱负，将两位年轻人紧紧地联系在一起，开始了他们半个多世纪的战斗友谊。

随后，他们都以笔为武器，继续进行着战斗。周恩来以《旅法华人反对借款运动》为题，向国内作了长篇报道，陈毅也写了多篇文章，揭露秘密借款的真相和危害，在巴黎和国内都引起了反响。随即，国内反借款运动也高涨起来。各帝国主义国家不愿意看到法国对华"利益独占"，也纷纷起来责难法国。在这样一场声势浩大的拒款运动和各国政府的责骂声中，法国和北洋政府不得不偃旗息鼓，秘密借款暂时收场。

然而，北洋政府并未就此甘休。风声稍息，吴鼎昌就从英国潜回巴黎，于7月25日和法国政府草签了借款协定，而且将借款数目从三亿增加到五亿法郎。

消息一传出，广大爱国学生义愤填膺，马上联合在巴黎的各界华人，决心掀起一场声势更为浩大的拒款斗争。周恩来当即起草了一份拒款通告，大声疾呼："此项借款，确与中国存亡有关，应知借款成功之日，即国内战祸再起之时，陷吾在水深火热之中者，此借款也。""事急矣，时迫矣！我胞其速醒、其速起，分途并进"，只要"一息尚存，决不愿亲见此次卖国借款有成功之日。"陈毅和赵世炎等则分头奔走，陈毅专门跑到巴黎南郊的华工队向华工们进行宣传和鼓动。很快，一场声势更为浩大的拒款斗争掀了起来。

8月13日下午2时，旅法华人各团体在巴黎哲人厅召开第二次拒款大会。大会由周恩来、陈毅、赵世炎、蔡和森等人主持。参加的有在巴黎各界和来自法国各地的代表300多人。驻法公使陈箓避而不见，大家就把使馆秘书长王曾思拖来出席。

大会先由李书华报告此次秘密借款的经过，然后迫令王曾思交代借款真相。不料这位白白胖胖、仪表堂堂的秘书长，不但拒不说明借款真相，而且异常傲慢无礼，甚至口出秽言。这一来，把大家惹恼了。一位大高个子的湖南籍的学生飞步上前，一把将他拖下台来，随即愤怒的学生、华工们的拳脚便毫不客气地跟了上去。最后迫使王曾思代表公使陈箓和使馆全体官员签字声明：反对此项借款；如果此项借款成立或今后再举行类似的借款，公使和全体职员立即辞职，以谢国人。

哲人厅的斗争给中法两国政府以很大的冲击，在法国和国内各界的反对声中，中法两国政府只好停止了这笔交易。拒款斗争胜利了。

通过反对秘密借款的斗争，周恩来、陈毅、赵世炎、蔡和森、李立三等成为勤工俭学学生中公认的领导人物。作为广大勤工俭学学生的核心力量，他们团结一致又共同领导了一场争回里昂中法大学的运动，把留法勤工俭学学生的斗争推向高潮。

里昂中法大学是华法教育会创办的，校长是吴稚晖。长期以来，留法勤工俭学学生一直要求进入该校学习。周恩来在1月25日致严修的信中曾说到："恩来居法半月余，以事外之身看来，以为勤工生之救济，舍里昂大学外实无再善之所。"而校方却以"勤工俭学学生程度太低"和"自费亦殊不易"为借口，不愿意接受留法勤工俭学学生入校。这年夏天，吴稚晖公然宣布在国内另行招生，并决定于9月25日开学。8月21日，从国内招来的里昂中法大学学生在上海乘船前来法国。9月12日，中法大学明确拒绝了部分勤工俭学学生提出的入学要求。这就把对中法大学寄予很大希望的很多勤工俭学学生一步步逼上了绝路。一场以争回里昂中法大学为目标的争生存、争求学的运动就这样开始了。

在得知吴稚晖带领从国内新招的学生将于9月24日抵达里昂，进驻学校的消息后，赵世炎、蔡和森、李立三、陈毅、周恩来等人商议决定，要在国内学生抵达法国前赶到里昂，先把校舍占领起来。并决定由赵世炎、蔡和森、李立三、陈毅等100多人组成"先发队"先赴里昂。周恩来等5名学生代表留在巴黎，负责同各方面的联系策应。

9月20日晚，陈毅率30多名同学乘火车离开巴黎向里昂进发。随后，各地学生陆续赶来，100多名勤工俭学学生在吴稚晖等之前进入了设在里昂市郊一座旧炮台山上的中法大学幽深宁静的院子。但是校方早有准备，所有的教室、宿舍的大门都已上锁，无法进入。陈毅等人没有办法，只好在校园内草地上休息，并继续与校方交涉。第二天，法国政府出动大队武装警察，把陈毅和100多名勤工俭学学生包围起来，强行将他们一个个挟上大卡车，押送到一座兵营内关押起来，与外界失去了联系。

一直关心陈毅等"先发队"情况的周恩来，得悉此况后急忙赶到里昂，和徐特立、王若飞等积极奔走，营救被关押的同学，结果没有任何结果。周恩来又多次提出与同学们见面，却进不去军营。

被关押在军营内的陈毅并不灰心，他以乐观的情绪影响感染着大家，为了消除郁闷和寂寞，他用路边的小石子制作了一副围棋，每日在棋盘上对弈。在1921年10月10日，他又发动大家进行了一场绝食斗争，向法国政府施加压力。

然而，这一切都未能阻止中法两国政府对这批勤工俭学学生的迫害。10月13日，里昂政府派出200多名武装军警，将陈毅等104人押送到马赛。以所谓宣扬、煽动"赤化"的"布尔什维克罪"将他们驱逐出境，强令他们登船回国。

在返国的波尔特加邮船上，陈毅倚着船栏，悲愤地吟着：

我今东归，
归向那可爱的故乡。
故乡是我的情人，
不知她而今怎样？

欧陆的风云苍茫，
一股横流东向。
袖手空归的我呀，
怎好见她？怎好见故乡？

去国的壮怀，
只如今头垂气丧。
曾记否少年的肩头，
应担负什么分量？

陈毅就是这样结束了在法国两年的勤工俭学生活，被迫回到国内。就在这时，周恩来在巴黎连夜挥笔写下了长达3万字的长篇通信《勤工俭学生在法最后之运命》，分18天在《益世报》上连续刊出。他在叙述了这场斗争的整个过程后，满怀激情地写道："途穷了，终须改换方向。势单了，力薄了，更需联合起来。马克思同恩格斯合声嚷道：'世界的工人们，联合起来啊！'他们如今也觉悟了：全体勤工俭学的同志们，赶快团结起来啊！"

在马克思恩格斯的旗帜下团结起来，为理想而奋斗。周恩来和陈毅分别在法国和国内开始了新的战斗。

二、受命于危难之时

法国一别，又逾数载。周恩来与陈毅再次相聚时，两人都已是坚定的革命者了。

1927年5月，被派往川军中工作的陈毅来到武汉，向党中央汇报顺庆、泸州起义失败情况和请求新的任务。当时任中央军事部部长的周恩来，认真听取了陈毅的汇报，然后对他说："蒋介石在上海制造了'四·一二'惨案，中国革命正处在胜败存亡的紧急关头，我们需要集中力量，以准备可能发生的紧急事变。我想派你去黄埔军校武汉分校（即中央军事政治学校武汉分校）做政治工作。那是我们党和国民党左派人士共同领导的，担负着为革命战争培养军政干部的任务。你到那里加强党的领导，为我们党组织新军准备骨干力量。你有什么要求可以提出来。"

望着周恩来深沉和期待的目光，陈毅感到了肩上的分量，他坚决果断地回答："请中央放心，我一定设法完成任务。"

当时的武汉分校，也处于动荡和分化之中，一些反动军官和学生，动摇投机分子，纷纷逃向南昌、广州、上海。陈毅到校后，立即和政治总教官恽代英、政治部主任施存统、工兵大队长徐向前、炮兵大队长郭化若等中共党员组成校党委，并担任党委书记。随即，切实采取有力措施加强党的政治工作，使动荡的局面初步稳定了下来，受到总指挥叶挺的嘉奖。

7月中旬，武汉汪精卫集团公开叛变革命，形势紧急，陈毅冒雨到所属各支部通知积极应变。不久，武汉分校被改编为张发奎第二方面军的教导团，调赴广州。中共中央密令教导团乘机赶赴南昌参加起义。但因通知迟到，来不及准备，船到九江后，教导团即被张发奎下令缴械。

面对这突如其来的变化，陈毅沉着冷静地做出部署：已经暴露身份的同志，迅速离开教导团，追赶南昌起义的部队；能隐蔽的党员一律留下来，将教导团带到广州去。在妥善安排好教导团之后，陈毅不畏艰险，不顾疲劳，经过两天两夜，于8月8日赶到南昌。这时，起义部队已经撤离南昌了。他又穿过敌人一道道警戒线，应付过一次次的盘查，终于在宜黄地区追上了起义部队，见到了前委书记周恩来。

陈毅向周恩来报告了教导团被缴械的经过和善后工作的安排，并要求分配新的工作。周恩来当即分配他去第二十五师七十三团当团指导员，并叮嘱："这个团是我们党最早建立的一支武装，有'铁军'、'铁团'之称。今后斗争可能更加激烈艰苦，你去把工作好好做一做，保住党的这支武装。"周恩来笑着说："派你干的工作太小了，你不要嫌小啊！"陈毅爽快地回答："什么小不小哩！你叫我当连指导员我也干，只要拿武装我就干。"

陈毅说到做到，没有辜负党的委托和周恩来的希望。1927年9月底，当起义部队在广东三河坝受挫后，只剩下2000多人，被迫向赣南山区撤退。敌人追击，长途跋涉，伤病增加，给养断绝，在日益险恶的处境中，有人逃跑，有人叛变，更有整班、整排、整营地脱离部队。当部队到达信丰县时，只剩下800多人了，在师、团政治干部中，只剩下陈毅一个人了。陈毅靠着坚定的信念、沉着的胆略和实际的行动，赢得了部队指战员的信赖和尊重。在他和朱德的坚强有力的领导下，这支南昌起义留下来的队伍，经过辗转曲折，冲破重重艰难险阻，终于在1928年4月，与毛泽东领导的秋收起义部队在井冈山胜利会师了。

随后，在龙江河畔，毛泽东和朱德、陈毅率领的两支部队，合编为中国工农红军第四军，朱德任军长，毛泽东任党代表，陈毅任政治部主任。中国共产党领导的人民军队的主力诞生了。此后，陈毅协助毛泽东、朱德开始了创建井冈山革命根据地，探索农村包围城市的新的革命道路的战斗历程。

党的六大后，已经担任中央政治局常委兼组织部部长，并在实际上主持中共中央主要工作的周恩来，对毛泽东、朱德和陈毅率领的红四军给予了极大的关注。1929年6月，红四军党的七大上，由于领导内部在建军思想和建军原则上存在着的分歧未能很好地解决，毛泽东离开了红四军主要领导岗位，留在闽西养病并指导地方工作。红四军面临着前所未有的危机。

8月下旬，根据中央的指示，陈毅代表红四军来到上海，向中央报告工作。在当时白色恐怖之下，上海党中央机关处于十分秘密的情况下，陈毅不断变动着住所，等候着中央来人接头。一天，在五马路的新蜀旅馆里，一位蓄着胡须、戴着墨镜、身着长衫的商人悄然而至。当这位商人模样的人摘下墨镜时，陈毅激动地差点跳了起来，周恩来出现在他面前。

几天后，周恩来主持召开了一次中央政治局临时会议，专门听取陈毅的汇报，并决定组织周恩来、陈毅、李立三组成的委员会，由周恩来召集负责起草对红四军工作的指示文件。周恩来对红四军党的七大和处置领导内部分歧问题的缺点提出了批评，并明确提出：朱、毛两人仍留前委工作，毛仍应任前委书记，并须使红四军全体同志了解并接受。

陈毅按照周恩来的谈话精神，代中央起草了一封指示信，这就是著名的《中央九月来信》。信中分析了当时的政治形势，提出了一个对中国革命运动有重大意义的论断："先有农村红军，后有城市政权，这是中国革命的特征，是中国经济基础的产物。"信中还对红军的任务作了明确的规定，强调要加强党对红军的领导等问题。这一指示信，经周恩来审定后，交陈毅带回红四军。临行前，周恩来对陈毅说："解铃还需系铃人，你的关键一票（据陈毅自己讲，在选举前委书记，对毛的赞成票和反对票相等时，他投了反对票）使毛泽东的前委书记落选。中央要求你再去把他请回红四军，你不会介意吧？"陈毅表示："请中央放心，我一定把毛泽东请回红四军。"周恩来还特别叮嘱：回去后，要请毛泽东复职，并召开一次党的会议，统一思想，分清是非，做出决议，维护毛泽东和朱德的领导。

10月20日，陈毅带着《中央九月来信》回到红四军前委。随即又赶往苏家坡毛泽东住处，传达了中央的指示精神，诚恳地请毛泽东回红四军主持工作。毛泽东为党中央的信任和陈毅的坦诚所感动，很快就与陈毅一起回到上杭县红四军军部。

12月底，在陈毅等同志的积极协助下，毛泽东主持召开了红四军党的九大，即著名的"古田会议"，通过了《古田会议决议》，选举产生了以毛泽东为书记，朱德、陈毅等为委员的新的前委。红四军不仅胜利地度过了危机，并且进一步解决了以农民为主要成分的军队如何建成无产阶级的新型人民军队这一至关重要的问题，成为人民军队建设史上一个重要的里程碑。

1934年10月9日，躺在瑞金城西云石山上国家医院病床上的陈毅几天里烦躁不安，忧心忡忡。自8月28日在兴国前线老营盘战斗中身负重伤，右胯骨造成粉碎性骨折，住进医院后，经过一段时间的治疗休养，烧退了，但大腿仍红肿疼痛，不能伸直，不能下床。特别令陈毅心焦的是，近来的种种迹象表明，主力部队要有大的行动……

陈正人、周以粟来医院看他，说：中央机关几天前就清理文件，准备干粮、草鞋；兵工厂、印刷厂、被服厂把机器都拆散了，打成了驮子。3人一致感到主力红军和中央机关要突围转移了。当陈正人和周以粟得知陈毅的伤仍不见好，而且由于医院没有电源无法拍X光片做手术时，建议他给周恩来写封信。但陈毅不愿意为自己的事给组织添麻烦。

当天，护士没有来换药，医生也没有来查房。急促的脚步声、敲打声不时从病房外传来。警卫员告诉他，医院各科室的医疗器械、药品都装箱了。看样子，一两天就要行动了。

陈毅再也躺不住了，他要了解中央的动向，知道对他的安排，希望能做好手术，随中央和主力红军一同行动。他急忙给中央军委副主席周恩来写了一封信，叫警卫员立即送去。警卫员出去后不久，又跑了回来，高兴地说："周副主席和贺部长来了。"

8月24日，周恩来和陈毅一同赴兴国前线指挥作战，28日，陈毅负伤住进了医院后，两人一个多月没见面了。陈毅的伤治疗得如何，一直挂在周恩来的心上，现在他和红军总卫生部部长贺诚一起来看望陈毅，同时还要传达中央的决定。

周恩来走进陈毅的病房。陈毅忙欠起身迎接。"不，不要起来！"周恩来扶陈毅躺好，揭开盖着伤腿的被单，不禁大吃一惊：大腿红肿灼热，敷药的纱布被血水渗透染红。周恩来转身问医生："伤口怎么还没有好？"当得知原因后，他立即给军委无线电台打电话，要他们马上把备用的汽油发电机送到医院来，并指示贺诚亲自组织医护人员做好拍片开刀的准备工作。

在布置好这一切后，周恩来那颗不安和内疚的心稍稍平静了些。随即要代表中央政治局传达的决定又冒了出来，使他顿时陷入了左右为难的境地！此时、此地、此情、此景，要宣布这样一个决定实在令他难以启齿。望着病床上陈毅那期待、信任和坚定的目光，周恩来脑海里浮现出陈毅一次次临危受命的情形，深深感到对这样一位坚强、豁达、无私、真诚的革命战友再遮掩下去是不公平的。他下定决心告诉陈毅：

"明天下午中央机关和主力红军就要出动了，方向是去湘西与贺龙、萧克的二、六军团会合，在那里建立新的根据地。为了中央苏区今后的斗争，鉴于你的腿伤，中央决定你和项英等同志留下来，坚持中央革命根据地的斗争。"周恩来还说，"主力红军走后，中央根据地设立中共中央分局和中华苏维埃共和国中央政府办事处。项英任分局书记，陈毅任办事处主任，统一领导苏区300万人民和3万红军坚持斗争。"

周恩来几乎是一口气讲完了这一决定，陈毅听完后爽朗地说："中央决定我留下是对的。我了解这块红土地，熟悉这里的山山水水、村村寨寨，这对坚持游击战争极为有利。另外，这块土地也了解我，我跟着毛泽东、朱德同志在这里与人民一起奋斗了6个春秋。我留下来，有利于稳定民心，使民众感到红军没有走，革命有希望！"陈毅这充满感情的话语，表现了一个真正共产党人的无私无畏的革命精神。周恩来紧紧握着陈毅的手，眼里充满泪花。

这时贺诚带着担架进来说，汽油发电机运来了，X光机重新装好了，开刀手术的准备工作也做好了，请陈毅就去拍片、做手术。

周恩来与陈毅互相凝视对方良久，陈毅说："我这一开刀，也许明天就不能给你们送行了，让我现在唱首歌，提前给你们壮行吧？"

　　我祖国之骄子，趋赴戎行！
　　今日何日，日月重光！
　　……

随着陈毅的歌声，周恩来也唱了起来。医护人员虽然听不懂他们用法语唱的《马赛曲》，但都被这真挚的战友情所感动，被这悲愤雄壮的歌声所激奋。

第二天，中央机关和主力红军踏上了漫漫长征路。陈毅留下来和项英等人领导了艰苦卓绝的三年南方游击战争。

抗日战争时期，陈毅和周恩来有过两次重要聚会。一是1939年2月至3月，周恩来到皖南新四军军部传达中央六届六中全会精神，陈毅参与商定了"向南巩固，向东作战，向北发展"的方针。这次聚会在新四军发展史上具有重要的意义。二是党的七大前后，周恩来和陈毅在延安再次聚会。这是抗日战争和我党发展的重要转折关头的一次重要聚会。解放战争时期，在济南、徐州陈毅配合周恩来进行了对美蒋的军事谈判斗争；在杨家沟、城南庄、西柏坡，陈毅同周恩来一起参与了中央最高决策层的军事战略决策。

三、外交帮手

新中国成立后，周恩来就任政务院总理，陈毅被任命为中国最大的工业城市上海市市长。1954年9月，第一届全国人民代表大会召开，陈毅被任命为国务院副总理、国防委员会副主席。9月29日，周恩来主持国务院常务委员会，任命陈毅为国务院常务副总理。此后，陈毅一直和周恩来工作在一起，协助周恩来主持处理国务院的日常公务特别是外交工作。两位亲密战友为人民共和国的发展建设并肩战斗、日夜筹划。

陈毅的组织纪律观念很强。凡大事，他都及时报告周恩来，请示毛泽东；许多具体事情，又尽量自己去办。为了及时当面请示工作的方便，他不用国务院给他安排的宽敞的办公室，却搬到周恩来办公室隔壁的耳房办公。有的同志看这间房子太小了，建议他另搬到一间大些的房子，他怎么也不愿意。

去迎接外宾的时候，特别是当毛泽东、周恩来出席的时候，陈毅总是提前赶到现场，做好一切安全准备工作。他对周围工作的同志们说："你们大家是警卫员，我也是警卫员，我们大家共同保卫毛主席和周总理的安全。"

有时，周恩来与陈毅一起外出视察，陈毅总是对医护人员说，我这里没事，快去照顾总理。周恩来却说，我这里很好，你们去照顾陈毅同志吧。虽然随行的医护人员感到很为难，但深为周恩来和陈毅的战友深情所感动。

1955年4月，周恩来率中国代表团出席第一次亚非会议（即万隆会议），陈毅作为周恩来最重要的副手随同前往。当代表团到达昆明时，先期启程的中国部分工作人员乘坐的"克什米尔公主号"客机在飞往万隆途中爆炸坠海，机上代表团工作人员及新闻记者全部遇难。

在这种情况下，公安部部长罗瑞卿再三劝周、陈缓行，毛泽东也为代表团的安全担忧，然而周恩来和陈毅几经商议，仍决定按原计划如期出发。

4月26日，专机经停仰光，次日飞抵万隆。这一行动表现了新中国领导人的无畏的气概和对亚非团结反帝事业的重视。

会议期间，周恩来成了记者采访报道的中心人物，从中国代表团驻地到大会会场，各国记者成群地等着中国代表团，期待着周恩来与他们讲几句话。每当这时，陈毅就亲自担负起对周恩来的保卫任务，在熙熙攘攘的人群中给周总理开路。当时，万隆的气温很高，陈毅在拥挤的人群中，一会儿赶到前面为周总理开路，一会儿又拦住记者们，与他们交谈，忙得不可开交。

在万隆期间，周恩来与陈毅几乎每天晚上都要会见出席会议的各国首脑及各方面人士，常常工作到深夜。为了减轻周总理的负担，陈毅主动安排会见一些华侨代表，积极与一些国家的代表交流。他还特别嘱咐工作人员：每天要在总理起床前就要叫醒他。为了准备好大会发言和有关文件，周恩来与陈毅一起在灯下字斟句酌地进行推敲、修改。

在大会发言开始后，有些国家的代表对中国发出不公平的指责，会议气氛一度十分紧张。中国若不反驳岂不当众示弱，若据理力争又会一发不可收拾，使会议出现分裂的危险。在这种情况下，周恩来决定将原来准备的发言稿改用书面散发，并在4月19日中午短暂的休会时间内，和陈毅等深入研究，重新亲自起草了一个补充发言稿。下午开会时，只见周恩来和身旁的陈毅交谈了几句，站起身来，走上讲坛，在国际讲坛上第一次响起新中国总理的声音，这是一个诚恳、大度姿态的发言：

中国代表团是来求团结而不是来吵架的……本来，对于美国一手造成的台湾地区的紧张局势，我们很可以在这里提出，请求会议加以讨论……中国在联合国所受的不公正待遇，也可以在这里提出批评。但是我们并没有这样做。因为这样一来，就很容易使我们的会议陷入对这些问题的争论而得不到解决……我们的会议应该求同存异……

发言一结束，会场沸腾了，各国代表纷纷拥上前向中国总理表示祝贺、钦佩、感谢，完全扭转了会议的紧张局面。

顾全大局的克制，谋求团结的诚意，求同存异的方法，为会议排除障碍获得成功打开了道路。也使周恩来受到各国代表的普遍景仰和尊重。陈毅也受到了一次深刻的教育和磨炼。他后来对人说："这是马列主义外交的典范，是给我们代表团学习得最多的一点。"

万隆会议之后，陈毅开始着手接管外交工作，多次陪同毛泽东、周恩来接见外国元首和客人。1957年5月，苏联最高苏维埃主席伏罗希洛夫来访，在欢迎宴会上，周恩来向客人介绍说："这是陈毅同志，最近从华东调进中央，今后准备由他主持外交工作。"陈毅忙道："不，我是来辅助周总理工作的。"毛泽东又加了一句："他是多年同我一道工作很好的同志。"这是毛泽东、周恩来对陈毅的高度信任和赞赏。

1958年2月，国务院正式任命陈毅副总理兼外交部部长。同月，周恩来和陈毅率中国代表团对朝鲜进行友好访问，并安排中国人民志愿军在年内全部撤回中国。

1960年4月，周恩来和陈毅又一同访问了东南亚邻邦缅甸、印度、尼泊尔、柬埔寨，就边界划分问题进行了友好的磋商，表现了新中国对邻国的友好、平等、和平共处的愿望。在缅甸，周恩来和陈毅身着缅族人装束，参加泼水节盛会，共叙友邦情谊。在柬埔寨，他们和代表团全体成员身着赶制的黑白服装，吊唁刚去世的国王，使柬埔寨朋友深受感动。巴黎《战斗报》评论说："北京头号外交家在仰光、加德满都、金边取到了完全的胜利。"

1963年12月，周恩来和陈毅又开始了访问亚、非的万里行程。和以前在各国访问时一样，周恩来总理全力投入会谈、记者招待会等工作，而陈毅则尽力分担其他工作，其中重要的一项，就是看望中国使馆工作人员，报告国内形势、国际动态、中央方针、出访成果等。亚非10国的访问，经过周恩来、陈毅的细致深入的工作，增强了各国对中国的了解，促进了友谊。

陈毅还积极协助周恩来与法国前总理富尔商谈两国建交问题，经过努力，终于在1964年1月，与法国建立了正式的外交关系，取得了中国外交的一大胜利。周恩来和陈毅还积极推动中日、中美两国关系的改善，并努力以民间的交往来推进两国人民的沟通和理解。

在担任外交部部长期间，陈毅还独自率中国代表团访问了巴基斯坦、叙利亚、阿尔及利亚、马里、几内亚、印度尼西亚等许多国家，接待了许多来访的外国客人，出席了关于老挝问题扩大的日内瓦会议、第二次亚非会议筹备会等重要的国际会议。在这些重大的外交活动中，陈毅展示了出色的外交才能，赢得了世界各国的瞩目。

周恩来和陈毅相互配合，并肩携手为发展新中国与各国人民的友谊，奠定并巩固新中国在国际政治舞台上的地位起到了重要的、积极的作用。

四、谈笑"风筝"

周恩来和陈毅这两位无产阶级革命家、共和国的领导人，他们有着共同的理想、信仰、追求，有着为党和国家的事业而忘我献身的精神，有着卓越超群的领导才干。同样，他们也都有着独特的富有魅力的人格和个性。周恩来具有民主、宽容、冷静和求实的个性，在处理问题上不走极端，待人温和、谦逊、平静、忍让。陈毅具有一种诗人气质，爽朗、率直、坦诚，个性意志较强。两个人性格上的差别，并未影响他们之间的真挚友谊。陈毅对年长自己3岁的周恩来十分尊重，视如兄长，对周恩来丰富的政治斗争经验，卓越的领导水平和领导艺术，由衷地钦佩，并努力虚心地学习，周恩来对陈毅也十分欣赏、爱护，从各方面给予陈毅许多的关心。

周恩来非常喜爱陈毅的诗词。有一次，他对陈毅的几个孩子亲切地说："你们的父亲是元帅，又会写诗，你们怎么样？"鼓励他们向父亲学习，为革命事业要能文能武。

1957年4月，报上发表了陈毅在领导南方三年游击战争时所写的《赣南游击词》、《赠同志》、《梅岭三章》等诗作，周恩来读后非常高兴，深为赞许。

1959年9月中旬，周恩来和陈毅陪同阿富汗贵宾一同泛舟密云水库，陈毅寄兴赠诗：

"嘉宾莅止，泛舟同欢。和平友谊，举世所瞻。长城在望，绿水连天。密云密云，气象万千。润我京华，福利无边。"

这首四言诗，歌颂了劳动人民的创造力，歌颂了社会主义建设的辉煌成就，也歌颂了国际友谊。周恩来当场就给予了高度的赞扬。

1961年，陈毅陪同周恩来再次访问缅甸。在一次宴会上，周恩来请陈毅朗诵他在1957年写的《赠缅甸友人》一诗，表达中国人民对缅甸人民的友好感情。陈毅谦虚地推辞说："我忘记了，忘记了。"周恩来当即高声朗诵起这首诗来：

　　"我住江之头，君住江之尾。彼此情无限，共饮一江水。

　　我吸川上流，君喝川下水。川流永不息，彼此共甘美。"

　　对陈毅和张茜两人的家庭生活，周恩来也给予过如老大哥的关心。陈毅心脏不好，张茜为此限制他吃肥肉，不准他多抽烟，为此，夫妻之间有时会出现一些小摩擦，周恩来常常给双方做工作，使他们言归于好。一次，周恩来在北京饭店请陈毅、贺龙两位元帅和夫人吃狗肉。几杯茅台入腹，陈毅妙语连珠，全然不顾张茜在一旁使眼色制止他再喝。当陈毅乘兴又端起一杯时，张茜用脚狠狠踩了陈毅一下。"哎哟"一声，陈毅向张茜抱怨道："你不要踩我的脚嘛！总理请我喝酒，我怎么能不畅饮呢！"一句话逗得满座皆欢，张茜也不好意思地笑了。还是周恩来劝阻陈毅少喝一些。

　　又有一次，陈毅出国访问回来，与代表团其他成员在宾馆联欢，吹拉弹唱，跳交谊舞，直到夜半方归。张茜因担心陈毅的身体，就劝他早些回来睡觉养足精神，陈毅也满口答应，却到凌晨两点方归，张茜很急，赌气将陈毅关在门外。陈毅连连敲门也不开，便真动了肝火，他让卫士请来秘书，见面就嚷道："离婚，离婚！"

　　周恩来知道后，便在第二天饭后，请陈毅夫妇、罗瑞卿夫妇一同散步。望着碧蓝的天空中悠悠飘荡的风筝，周恩来微笑地走到张茜身边，指着天空说："张茜，我给你提个建议，你管陈老总，也要像放风筝，线头在你手里，线绳要不紧不松，如果线绷得太紧，'噔'，线绳断了，风筝就会飞了！"这番话，说得张茜心悦诚服。

五、携手抗争

　　"文化大革命"开始后，周恩来和陈毅都感到中国革命的航船已偏入危险航道，个人已无力纠正航道。但是，他们都坚守在自己的指挥岗位上，尽最大努力在可能的范围尽量减少"文化大革命"所造成的损失。

面对造反派的围攻和气势汹汹的夺权，陈毅大义凛然地说："我是外交部部长，在没有罢官之前，我就是要掌握这个领导权！你们要我交权，办不到！老实说，我对你们不放心，我就是交，也不交给你们。"为了劝阻、说服被林彪、江青等人教唆起来的青年人，使他们少犯错误，在一浪高过一浪的围攻冲击面前，陈毅始终坚持讲真理、说实话，从不畏惧，他多次在各种群众集会上发表讲话。在运动高潮的1966年11月13日，陈毅与叶剑英、贺龙、徐向前元帅在工人体育场接见8万多名军队院校的学员，陈毅第一个走上讲台，他说："我今天在这里讲话，我就不是我字当头，如果我字当头，最好我不要来讲。我来讲，讲得不好，惹起麻烦，马上就要跑到外交部来揪你、找你，抓起来，要澄清问题，那怎么得了啊……今天，你们大家给我这个机会，我还是勇敢地来讲……"

接着，陈毅针对学生冲中南海、占领国防部的举动，提出严厉的批评，旗帜鲜明地反对逐步升级、无限上纲、口号越"左"越好的做法。这是"文化大革命"以来，特别是批判"资反路线"以来，青年学生首次听到的系统的、严厉的、毫不拐弯的批评。给狂热的青年学生当头泼了一盆冰水。台下议论纷纷，掌声阵阵。这一讲话很快在全国传开了，广大干部群众拍手称快。

元帅挥戈上阵，立即遭到中央文革小组的嫉恨和敌视，一时间，北京的街头贴满了打倒陈毅的大字报。为了顾全大局，为了不影响1967年的工作，周恩来希望尽早结束国务院各部部长被围困批斗的局面，争取各部部长早些检查，早些过关，协助他抓好国计民生的大事。他找到陈毅，说明了自己的想法，希望陈毅带头检查。

陈毅知道国务院公务繁忙，特别是外事工作不能中断，但要他向造反派检讨，没错而承认有错，他实在想不通。当他看到周恩来疲劳、憔悴的面容，深深感到，在这种形势下，没有周总理是不行的，要尽可能地分担责任，不能眼看着周恩来累垮了。于是他向周恩来表示：我检讨，一定深刻检讨，争取早日得到群众的谅解和信任，把外交部的工作搞好。

周恩来非常高兴，叮嘱陈毅：检讨不要太长，写好先拿给我看看。

1967年1月24日下午，人民大会堂座无虚席，四周边厅里也坐满了收听会场实况广播的青年学生。陈毅读着自己的检查——一份经过周恩来亲自修改定稿的检查，语调沉重，态度虔诚。参加会议的周恩来作了总结。全场掌声如雷，陈毅终于得以过关而获得"解放"。

上海"一月风暴"之后，"夺权"浪潮席卷全国，在江青、林彪等人的教唆支持下，造反派组织开始冲击外交部和军队，局面越来越混乱，陈毅和几位老帅再也忍不住了，陈毅首先爆发出来。一次，在首都机场迎接外宾时，面对外交部造反派头头的无理要求，陈毅怒斥说："我死了也不服气，我拼了老命也要斗争，我也要造他们的反！""我知道，只要我讲话，就会有人说陈毅又跳出来了。对，快要亡党亡国了，此时不跳，更待何时？"

2月16日下午，在怀仁堂，周恩来、陈毅、谭震林、叶剑英、徐向前等人围绕要不要党的领导、对老干部应不应该都打倒、要不要稳定军队等问题，与江青、康生、陈伯达、张春桥等人展开了一场激烈的斗争，这就是震撼全国的所谓大闹怀仁堂的"二月逆流"。

在这次碰头会上，陈毅在发言中触到了当时3个"痛点"：一是斯大林；二是赫鲁晓夫；三是延安整风中的内部问题。他说："历史不是证明了到底谁是反对毛主席的吗？以后还要看，还会证明。斯大林不是把班交给了赫鲁晓夫，搞了修正主义吗？"陈毅的讲话刺到了一些人的痛处。

怀仁堂碰头会之后，当晚9时许，陈毅在中南海外事口会议室接见归国留学生代表，带着怀仁堂斗争的激情，长达7个小时的慷慨陈词，向着阴谋家、野心家猛然开火：

"现在有些人，作风不正派！你要上去，你就上去嘛！不要踩着别人嘛，不要拿别人的鲜血去染红自己的顶子。"

"这样一个伟大的党，只有主席、林副主席、周总理、伯达、康生、江青是干净的，承蒙你们宽大，加上我们5位副总理。这样一个伟大的党，就只有这11个人是干净的？！如果只有这11个人是干净的，我陈毅不要这个干净！把我揪出去示众好了！一个共产党员，到了这个时候还不敢站出来讲话，一个铜板也不值。"

"我们已经老了，是要交班的。但是绝不交给野心家两面派！不能眼睁睁看着千百万烈士用自己宝贵生命换来的革命成果付之东流。"

怀仁堂的抗争，招致了林彪、江青等人更加激烈的反扑，从此，陈毅的处境日益困难。林彪和中央文革一伙在中央的各种会议上都把陈毅当作靶子，批斗一通。不仅如此，他们还煽动造反派组织群众对陈毅揪斗和批判。

周恩来尽自己最大的努力对陈毅加以保护，阻止对陈毅的批判。他指示对陈毅的批判要以小会为主，以理服人，不许在会场悬挂"打倒"和"三反分子"标语。对此，陈伯达和戚本禹在接见外交部造反派时挑唆说：揪斗陈毅的障碍是周恩来，中央文革支持。于是，造反派煽动群众组成"揪陈大军"，从7月15日起，涌到外交部门口安营扎寨，他们拦截车辆，阻塞交通，妨碍正常的外事活动，企图压周恩来交出陈毅。

周恩来没有向造反派妥协。在8月和9月两个月中，外交部造反派先后组织8次批判陈毅大会。每次批判会，周恩来都竭力保护陈毅的安全。但是，在中央文革的支持下，造反派十分猖狂。8月26日，外语学院造反派冲入外交部院内，把陈毅的汽车轮胎放了气，包围办公大楼要揪陈毅。陈毅被困在外交部好几个小时。8月27日凌晨，已经连续工作18小时的周恩来严正警告造反派："谁要在路上拦截陈毅同志的汽车，我马上挺身而出；你们今天要冲会场，我一定出席，并站在大门口，让你们从我身上踏过去。"

林彪、江青一伙耍尽阴谋，挑起事端，以激怒毛泽东，彻底铲除周恩来、陈毅。然而，算盘未能如意。毛泽东在王力公开煽动"外交部可以夺权"的"八·七"讲话记录稿上批了"大大大毒草"5个字。不久，王力、关锋、戚本禹先后被捕，外交部开展了"批极左、抓坏人"的群众运动。随后，在党的九大上，陈毅当选为中央委员、中央军委副主席。

1969年，林彪"一号命令"下达后，陈毅和张茜被疏散到石家庄监督劳动。中共九届二中全会后，陈毅身体日渐消瘦，腹痛加剧。在张茜的催促下，陈毅写信给周恩来，请求批准返京治病。周恩来立即复函同意。

1970年10月，陈毅和张茜回到北京，住进了解放军301医院。由于邱会作、黄永胜等人故意安排和拖延，陈毅未能及时正确地进行结肠癌手术。周恩来得悉这一情况后，十分着急，但301医院是解放军总后勤部管辖的单位，他无法干预陈毅的具体治疗。他十分担心，夜不安寝，终于想起了致力镭放射研究几十年的老专家吴桓兴院长。便请吴院长为陈毅门诊放疗，他热切期待奇迹在陈毅身上出现。

1971年5月1日夜晚,陈毅登上天安门城楼出席观礼活动,并与周恩来等共进晚餐。深夜,当周恩来见到吴桓兴时,高兴地说:"吴院长,我要报告你个好消息,陈老总吃烤鸭了,吃得好香!我甚至有这样想法,会不会是医生弄错了?陈老总恐怕不是癌症!有这种可能吗?"

吴桓兴被周恩来的动情言语和闪烁着希望的眼神深深地感动了,可是,作为一名医生,他不能向总理隐瞒真情:"最近301医院给陈总拍了片子,怀疑已经有癌转移,不过陈总有毅力,适应性强,只要他有食欲,我一定尽力延长陈总的生命……我要让他亲眼看到中国加入联合国,会见访华的尼克松……"吴桓兴说不下去了,老泪纵横。

周恩来久久地握着吴桓兴的双手,用手摇晃着说:"谢谢您,吴老。"

1971年夏季,陈毅到北戴河休养。周恩来在专程到北戴河会见西哈努克亲王后,随即去看望了陈毅,再三嘱咐:安心休养,四届人大就要召开了,希望他早日康复。

不久,"九·一三"事件发生,林彪、叶群折戟沉沙,摔死在温都尔汗。在中央召集的老同志座谈会上,陈毅带着病痛两次作长篇发言,满腔义愤地将红军创建初期林彪的历史真实面目作了系统、全面的揭发!这是陈毅元帅的最后的搏斗。之后,他就躺倒了,再也未能起来。

为了挽救陈毅的生命,保证治疗效果,周恩来亲自批示:将陈毅转到北京日坛医院,并亲笔批准为陈毅做胃肠短路手术。以后,周恩来又多次到病房探望陈毅,密切关注陈毅手术后的情况,希望在这位乐观、豁达、坚强的战友身上出现奇迹。

然而,奇迹终于未能出现,1972年1月6日深夜,陈毅永远停止了呼吸。

六、沉痛悼念

从301医院回到办公室,周恩来望着桌上政治局委员一一圈阅的文件,沉重地叹了一口气。按照文件所定的规格,陈毅的追悼会由军委出面主持,悼词近600字,简历还占了一半篇幅。

宋庆龄、西哈努克亲王，以及许多民主人士要求参加追悼会。但是周恩来无权改动陈毅追悼会的规格。

正当周恩来愁思难解之时，中南海"游泳池"打来电话：毛泽东主席要参加陈毅追悼会。这一电话，驱散了周恩来满脸愁云，他立即拨通中央办公厅的电话，声音洪亮有力："凡是提出参加陈毅同志追悼会要求的，都能去参加。"随即登上红旗轿车，抢先赶到八宝山，做了安排。

在八宝山休息室，毛泽东清泪两行，他握着张茜的手，沉痛缓慢地说："我也来悼念陈毅同志，陈毅是一个好同志！"又对陈毅的子女们说："要努力奋斗！陈毅为中国革命、世界革命作出贡献，立了大功劳的，这已经作了结论了嘛。"周恩来在一旁暗示张茜记下毛泽东的谈话，并向外传播。

当张茜搀扶着毛泽东走进会场时，周恩来从叶剑英手中接过了悼词，他站在陈毅遗像前致悼词，读得十分沉痛、缓慢，不足600字的悼词，他竟两次哽咽失语，几乎读不下去。这在素有超人毅力和克制力的周恩来身上，实属罕见。

陈毅的逝世，使周恩来失去了一位手足情深的战友，他心里十分痛苦。他把对战友的怀念转化为对陈毅一家的关心。在得知陈毅的夫人张茜住院并整理陈毅生前的诗词后，他给予了极大的关切和支持。他派邓颖超两次到医院探望张茜，并诚恳地对诗词选序言提出一些建议。

1974年元旦，周恩来派秘书赵炜赶到医院，将安徽冒孝鲁先生写的《敬挽副总理仲弘先生》的诗送给张茜看，并写了几句话致意。第二天，处境困难又身患重病的周恩来，亲自来到医院，同院方磋商能否设法延长张茜生命的问题。周恩来走进病房，对躺在病床上的张茜说："陈总的诗选和序言都看到了，你写的序言很好，陈毅同志的诗词，是他自己坚持战斗，辛勤工作的纪实……"

元月8日，周恩来和邓颖超在西花厅又接见了陈毅的女儿珊珊。在谈话中，周恩来说："你妈妈年纪很小就自愿参加革命，一生努力学习，努力工作，在病中能编成你爸爸的诗选，并写出那样的序言和题诗，是值得钦佩的。你爸爸妈妈在'文化大革命'中经住了考验……"这是周恩来对陈毅和张茜的充分肯定和高度评价。

1974年3月，张茜因病去世。

1976年1月,周恩来因病逝世。至此,周恩来和陈毅之间跨越半个世纪的友谊画了一个句号。

(温乐群　曹应旺)

战友·诗友
—— 陈毅和朱德

在我们党的老一辈无产阶级革命家中,陈毅和朱德,既是创建人民武装力量、身经百战功业彪炳的军事家,又都是抒情言志发为心声的诗人。两位元帅在近半个世纪的漫长革命生涯中,无论是在音讯难通、天各一方的情况下,还是近在咫尺、促膝抵掌的时分,常以诗歌互诉心声。数十年的情谊,数十年的诗交,给后人留下了许多情真意切的诗篇。

一

1946年11月,蒋介石气势汹汹地发动全面内战。这月29日,恰值中共中央举行庆寿会,祝贺朱德同志60诞辰。在这个时候来庆祝他的60寿辰,对于人民是一个有力的鼓舞。毛泽东主席作了"人民的光荣"的题词,周恩来写下了热情洋溢的祝词。这时在山东解放区指挥作战的陈毅,虽然正面临着初战不利的严重形势,仍然成竹在胸,坚定乐观,慰勉部下:"在艰难困苦的日子里,我从来不抱怨部属,不抱怨同事,不推卸责任,因而不丧失信心,对自己也仍然相信能搞好。"怀着这样的信念,在连续后撤集中兵力捕捉战机以改变战局的紧张繁忙之中,挥毫写下了《祝朱总司令六旬大庆》一诗:

高峰泰岱万山丛,

大海盛德在能容。

服务人民三十载，

七旬会见九州同。

  这样的诗句出自一位共同战斗了 20 年的老战友之手，就绝不是空泛的应景，而是由衷的称赞。南昌起义失败之后，朱德同志当此危难之际，挺身而出，组织残部辗转湖南。陈毅作为副手，在协助他整编队伍、实现与毛泽东的井冈山会师的艰难历程中亲身感受到总司令的伟大。事隔多年，陈毅回忆这段难忘的经历时，清清楚楚地记得总司令的登高一呼："革命的跟我走，不革命的可以回家，大革命失败了，不勉强。跟我走只有 200 条枪，但我们有办法。1927 年中国革命等于 1905 年的俄国革命，俄国革命 1905 年失败后是黑暗的，但黑暗是暂时的，到 1917 年革命终于成功了。中国革命现在失败了，现在也是黑暗的，但黑暗同样遮不住光明，只要保持实力，革命就有办法，革命就能成功。"陈毅满怀激情地说："朱德司令在最黑暗的日子里，在群众情绪低到零度、灰心丧气的时候，指出光明的前途，增加群众的革命信念，这是总司令的伟大，没有马列主义的远见是不可能的……总司令之所以能够成为人民军队的领袖，是自然的，绝不是偶然的，是在革命斗争中考验出来的。"陈毅自己也比较喜欢为朱德贺寿的这首诗。1949 年 8 月，在人民解放军向南方胜利大进军的凯歌声中，陈毅将此诗书赠徐平羽同志。这首祝寿诗不啻也是一曲人民革命胜利之歌，仅仅 3 年工夫，诗人"七旬会见九州同"的预见便提前实现了。

  红军初创时期，朱德任红四军军长，陈毅任政治部主任。在创建中央苏区的斗争中，他们二人三下闽西、转战赣南；在粉碎敌人的五次"围剿"中，朱德任总司令统率三军，陈毅则常以地方武装配合主力作战，并为巩固后方作出了重要贡献。1934 年 10 月，朱德率主力红军长征，陈毅奉命坚持南方游击战争。"大军西去气如虹"，"秦陇消息请谁问"。这是陈毅在最艰难的岁月里怀念战友的心声。朱德也以一样的心情关注着这位"最善于打败仗"的战友的音讯。抗战爆发，陈毅出山。1940 年 10 月，陈毅和粟裕指挥黄桥战役取得巨大胜利。消息传到延安，在总部参加领导全国抗战的朱德为战友的重大胜利感到由衷的喜悦。1941 年，"皖南事变"后，陈毅被中央军委任命为新四军代军长。不久，即果敢地指挥了讨逆（李长江）之战和陈道口战役，为创建和巩固华中根据地做出了重大贡献。捷报频传延安，朱德总司令喜不自胜，欣然吟成七律一首《我为陈毅将军而作》：

  江南转战又江东，
  大将年年建大功。
  家国危亡看子弟，
  河山欲碎见英雄。
  尽收勇士归麾下，
  压倒倭儿入笼中。
  救世奇勋谁与识，
  鸿沟再划古今同。

朱德将此诗抄示"怀安诗社"同人，让延安的战友们共享胜利的喜悦。这真是"一片深情，尽见于辞"了。

二

1947年6月，刘邓大军飞渡黄河揭开了解放战争战略反攻的序幕。9月，陈毅在指挥沙土集战役后不久赴平山向刘少奇、朱德主持的中央工委汇报工作。抗战胜利一别，匆匆又是2年，一朝重逢，彻夜抵掌深谈。陈毅指挥华东野战军粉碎了敌人的"重点进攻"；朱德统摄全局，筹划反攻大计。回顾艰难历程，展望战局演进，怎不令人勃发诗兴，陈毅即以《平山呈朱德同志》为题吟成一绝：

  滹沱河畔与君晤，
  指点江山气象殊。
  南指中原传屡捷，
  石门北望庆新都。

南指北望，纵论战局，意态从容，溢于行间。平山一晤后，陈毅携带中央工委的意见赴陕北参加党中央召开的12月会议，与毛泽东、周恩来等同志共商反攻大计。几乎是同时，朱德用杜甫《秋兴八首》原韵，写下了一组脍炙人口的《感事八首》，展现了解放战争转入战略反攻后的壮阔前景，压卷之作是《寄南征诸将》：

> 南征诸将建奇功，
> 胜算全操在掌中。
> 国贼军心惊落叶，
> 雄师士气胜秋风。
> 独裁政体沉云黑，
> 解放旌旗满地红。
> 锦绣河山收拾好，
> 万民尽做主人翁。

总司令对逐鹿中原的刘邓大军、陈粟大军和陈赓兵团作了高度的评价并寄予极大的期望。在后来的战略决战中，陈毅所建树的功业是无愧于这种赞誉的。

陈毅由陕北回到中原前线后，即与粟裕率华野一部在濮阳开展新式整军运动，迎接即将到来的大决战。1948年5月，朱德代表党中央出席了濮阳会议，作了"耍龙灯"、"钓大鱼"等一系列重要指示。陈毅则在欢迎大会上发表了《向朱总司令学习》的演说，介绍了朱德的生平，发自肺腑地号召指战员学习总司令的伟大人格。陈毅兴致淋漓地赋诗四首，"呈朱总司令以志其亲临南线之快"：

> （一）
> 读罢新诗兴不残，
> 又将远举付深谈。
> 总戎令下风扫雪，
> 立马吴山更图南。

（二）
首夏清和花事残，
为讨不庭向江南。
郭郎妙笔留春在，
总座新诗气如磐。

（三）
战局几回抵掌谈，
反复指点计艰难。
北线迩来传屡捷，
逐鹿自古在中原。

（四）
耻杀无辜得天下，
东征西怨万方从。
温温不作惊人语，
大度自然是真雄。

陈毅拜读了朱德的《感事八首》，激赏"总座新诗气如磐"。这在某种意义上可以说是一次唱和。濮阳一晤使"立马吴山更图南"的战略前景更明晰和具体化了。这一切有待于中原决战的胜利，因此，"逐鹿自古在中原"不妨视为对行将到来的淮海大战的科学预见。展望前程，陈毅对总司令的钦敬之情油然而生，最末二句真从肺腑间流出，是描写总司令风流神采的绝妙好句。

战局按元帅的预见进展，一年之后，陈毅参加开国盛典归来，再一次发为心声：

元首耀北辰，
元戎雄泰岱。
群英共检阅，

盛业开万代。

这是对毛主席和朱总司令的倾心讴歌，也是迈开万里长征第二步的豪迈誓言。

三

新的时代开始了。人民在创造着新的生活，诗人也以新的篇章倾吐着自己的心声。朱德和陈毅这一时期的诗歌创作的一个共同特色是：各以数量不等的山水诗为新的时代留下了一幅幅艺术画卷。同以《游七星岩》为题，朱德以"腹中天地阔，常有渡人船"的质朴无华的诗句蕴藉哲理，陈毅则以"攀崖试腰脚，垂钓话濠梁"的化用典故的诗句洋溢豪气。

1962年4月，在陈毅的提议下，《诗刊》杂志社就诗歌创作问题在北京举行了一次规模空前的座谈会。朱德和陈毅都到会发表了热情洋溢的讲话。朱德的讲话一如他的人格，"温温不作惊人语"，却于质朴中寓意深刻。他说："我们的伟大事业，光荣的事业，将来的革命前途，我们都有责任把这些东西真实地反映出来，给人们看，给我们的后代人看。"他还就继承和创新问题语重心长地指出："中国几千年历史中，好东西确实不少，无论在文化上、经济上、政治上，都有我们自己的特点。我们这6亿多人能够团聚着生活下来，就总有自己的特点、自己的长处。有些人有追古复旧的想法，那是不对的。"陈毅紧接着发言，说："刚才总司令讲要把新旧（诗体）糅合起来，这也是我的主张。我写诗，就想在中国的旧体诗和新体诗中取其所长，弃其所短，使自己写的诗能有些进步。"他高度评价了五四以来新诗的巨大成绩，强调诗歌创作要百花齐放，大胆创造，突破框框，充分发挥每个作家的个性。两位老帅的发言赢得了与会者的掌声，是为他们的见解，也是为他们身为党和国家的领导人而仍能以完全平等的姿态来关心诗歌创作的繁荣。

1963年9月，经邓小平主持的中央书记处的批准，党和国家领导人的第一部诗集《朱德诗选集》由人民文学出版社出版了。出版之前，朱德对陈毅、李一氓说："你们两个看看，修改修改。"陈毅接过朱德诗稿的清抄本，对李一氓说："你可不要乱动手，总司令是总司令，总司令的诗有总司令的诗的本色。"陈毅作诗，重在本色；他的诗论，亦着眼于此。

10年动乱中，朱德被诬蔑为"大军阀"，陈毅则被扣上"二月逆流黑干将"的罪名而屡遭磨难。在这样的非常时期，老帅们的心贴得更近了。陈毅怒斥林彪之流对朱德的诬蔑："朱德同志怎么成了大军阀？这不是给我们党脸上抹黑？一揪就是祖宗三代，人家会说，你们共产党怎么连80岁的老人都容不下！"1971年夏季，林彪反革命集团覆灭的前夜，陈毅身患绝症，与朱德在一起度过了最后一个酷暑。陈毅在给长子讲解杜甫的《秋兴八首》时，兴致勃勃地讲起总司令曾用《秋兴八首》原韵，写过一组解放战争的战场即景诗。他要长子找来读读，满怀深情地说："这组诗出自战场总司令的手笔，是历史研究的珍品。"几十年的情谊，几十年的诗交。在行将告别人世的最后年头，陈毅对朱德及其诗作的真挚情感是十分动人的。

1972年1月6日，71岁的陈毅与世长辞了。朱德十分悲痛，不顾86岁的高龄和正发着高烧的病体，执意要人搀扶着向陈毅遗体告别。意志坚如钢的总司令凝望着年轻自己15岁的老战友，老泪纵横，呜咽出声，颤抖着行了一个庄严的军礼，向这位自南昌起义后并肩前行的有着45年情谊的知交告别。朱德实在是哀恸难禁，为这位豪爽耿直、才华横溢的战友，也为多灾多难的祖国。回到病房，朱德仍然泪流不已，极其沉痛地叹息道："陈毅同志好啊，他死得太早了！"朱德已多年没有写诗了，这一次，在大恸之中，心声凝为诗句，是对亡友的至深至切的追念，也是对鬼蜮蟊贼的义愤填膺的挞伐：

　　一生为革命，
　　盖棺方论定。
　　重道又亲师，
　　路线根端正。

（冯锡刚）

亲如兄弟，胜于兄弟

——陈毅和邓小平

时间过得真快呀！陈伯伯已过 90 诞辰了！

在我的印象中，他还只有 60 多岁，还是那样的心宽体胖而精神抖擞，还是那样的手摇纸扇而笑容可掬，还是那样的人未到、声先至，而人一到则可使满堂生辉……

我还是很小的时候，就认识陈伯伯了。

那是 1957 年，我们家搬进中南海，一条胡同里一字排列着四个四合院。一院是李伯伯（富春）和蔡妈妈，二院是谭伯伯（震林），三院是我们家，四院就是陈伯伯和张茜阿姨。

打开了我们家的后窗，就是陈伯伯家的小前院。

我和陈伯伯的小女儿珊珊同岁，于是就成了好朋友。我和珊珊一天进小学，我还记得我们两人紧紧地手拉着手，靠在门边上，不敢进教室的样子。我和珊珊一起去少年宫学钢琴，有一次上台表演四手联弹，慌张之间把琴谱都放倒了。我和珊珊一起去少年体校学游泳，一个黑黑的袁教练教我们，她学的是蛙泳，我学的是仰泳。我们还一块儿跳皮筋、跳房、玩各种各样的游戏。

因为和珊珊是好朋友，我有一段时间几乎每天都要去陈伯伯家。

那时候我觉得，陈伯伯家真有意思呀！一进院子，有时就会听见张茜阿姨那细细的却是音调很高的叫声："珊珊！伟子！羊子！……"他们家还有老爷爷和老奶奶，是陈伯伯的父母。那个老爷爷的胡子又白又长又扎人。珊珊带我去看过陈伯伯的元帅服，吓，真棒，全是金晃晃的大勋章！我和珊珊还趁她哥哥不在的时候，摸进他们的屋里张望一下，小伟哥哥是中国科技大学的高才生，多神气，多了不起呀！把珊珊带大的刘妈，总在她的小屋里给我们两个人讲东讲西的，反正都是有意思的小故事。陈伯伯很忙，不是开会，就是外事活动，连饭也很少在家吃。但是如果他在家，家里就总是很热闹。因为他们家的人都是斯斯文文的，大概是张茜阿姨的遗传，而陈伯伯则是个大嗓门，他一在家，就好像家中的人口增加了一倍！

我那时候才是那么点大的孩子，所以这都是些直观的印象。不过我和珊珊的友谊的确不同一般，因此，陈伯伯和张茜阿姨去世后，爸爸说："别的人我都不管，就管珊珊一个，我收她当个女儿！"

小的时候，我就知道，爸爸、妈妈和陈伯伯、张茜阿姨的关系特别好。我们家的照片簿里，有一张有点发黄的照片，那是上海解放后，爸爸、妈妈和陈伯伯、张茜阿姨带着两家的孩子照的，陈伯伯坐在正当中，大腹便便的，很潇洒，也很有派头。张茜阿姨那么漂亮，头上还扎着头绳，一点儿不像3个孩子的母亲。我的爸爸妈妈也那么年轻，几个孩子也都那么小。而我和珊珊呢，那时还未出生呢。

爸爸和陈伯伯，都是中央政治局委员，都是国务院副总理，他们总是一块儿开会，一会儿是中央的会，一会儿是国务院的会，一会儿又是一组（毛主席）那儿的会。好像他们一天到晚总是在工作，总是在开会，总是忙个不停。

爸爸和陈伯伯都是四川人，四川人的通病就是嘴馋，陈伯伯尤其好吃。爸爸知道陈伯伯爱吃东南亚那种味道很怪的水果榴莲，于是每逢外国友人送来榴莲，爸爸定要把大半都送去给陈伯伯，而每逢此时，陈伯伯又定要约了另一个榴莲爱好者——廖公（承志），来共同品尝。有时候，爸爸得到一点好的葡萄酒，也总是送去给陈伯伯共尝。

在中南海里，吃完晚饭，是我们最高兴的时候了。因为我们的功课都做完了，而如果父母有空，就会带着我们去散步，有时候爸爸妈妈带我们去李伯伯、蔡妈妈家串门，有时候就去陈伯伯家串门，有的时候他们这些大人们聚在一起，有周伯伯、有陈伯伯、有李伯伯、有爸爸，他们一聊就聊得海阔天空，一聊就聊得十分开心，还常常会听到他们开怀的哈哈大笑。至于他们说些什么，我们这些小孩不去听，也听不懂。但长辈们之间的那种亲密无间的样子，至今还历历在目。他们那种明朗的、心怀坦荡的笑声，永远在我们的耳际萦绕。

他们那一代的人，一起战斗、生活几十年，相知甚深。他们是同志，是战友，他们之间的关系，亲如兄弟，甚于兄弟，就连我们这些孩子们，也好像是生活在一个大家庭之中，没有丝毫的隔阂与障碍。

慢慢长大了，我才知道，原来，父亲和陈伯伯的交往，并非一朝一夕。他们相知，已有几十年了。

父亲是1920年16岁的时候，离别了家人，万里跋涉，到法国去勤工俭学的，在那里，他加入了中国共产党，踏上了革命的征程。而陈伯伯，是于1919年赴法的勤工俭学学生。在法国，陈伯伯和其他勤工俭学学生一样，饱受了失学、失业的磨难，饱尝了资本家对工人，特别是对外籍劳工的残酷剥削，他和蔡和森、赵世炎、周恩来等一道，为生存、为求学而进行反抗和斗争，最后，遭到法国军警的镇压，并被法国当局驱逐押解回国。到西方寻求进步与文明的惨痛结局，使陈伯伯更坚定地投身于中国革命事业。在法国时，父亲与陈伯伯并不认识，但是，留法勤工俭学的共同遭遇和共同的革命道路，使他们的战斗友谊，更多了一层深情。

父亲和陈伯伯，是1930年8月间认识的。当时，父亲在上海的党中央任秘书长，陈伯伯是从福建前来上海向党中央汇报红四军的工作。后来，他们又曾一起在中央苏区的不同的革命岗位上战斗过。1934年10月，父亲随红军主力长征去了，而陈伯伯则留在南方，进行了艰苦卓绝的敌后斗争。

抗日战争时期，父亲与刘伯承一起率八路军一二九师在晋冀鲁豫地区，陈伯伯率新四军在苏北地区，他们各在一方，各率一部，共同抗击日本侵略者和国民党反动派。

1947年，父亲与刘伯承、陈伯伯共率我中国人民解放军中原、华东两个野战军，取得了淮海战役和渡江战役的伟大胜利。那时的总前委，常委是他们三个人，人一体，不可分割。指挥作战，他们都是胆略过人的军事家！并肩战斗，他们又是亲密无间的同志和战友。他们三人，军龄不同，性格不同，但却彼此相互分担了多少忧患和劳苦！

1952年，父亲从西南调中央工作，任中央政务院副总理。1954年，陈伯伯从华东调中央工作，任国务院副总理。从此，在长达12年的时间里，他们共同协助周恩来总理工作，到了1957年后，更是比邻而居，往来甚多。那些年代，我们共同度过了一些多么令人难忘的好时光啊！

但是，人世间的道路就是那样不平坦。1966年，极"左"思潮上升到了顶点，真正是"史无前例"的"文化大革命"爆发了。在我们这些孩子眼里，美好的太平盛世，眨眼之间变得面目全非。

面对这一哄而起的、自下而上的混乱状态，几乎当时所有的中央领导人也都惶惑了。我只记得中南海里的家家户户的长辈们，不是今天去这里讲话，就是明天到那里去参加"辩论会"，再不，就是到什么学院去看大字报。

为了应付日益混乱的局面，在中央一线主持工作的刘少奇和父亲，先后派出近万人，组成工作组，但是，他们受到了毛主席的批评。周总理、陈毅、陶铸、李先念等中央领导人再三地说服、劝阻、制止当时的各种疯狂过火行为。陈伯伯的讲话更是直率，他说："北京目前打的风气很浓，不能提倡！""工作组是我派的，工作组的错误由我来承担。""我的后台是谁？当然是毛主席了。各人有各人的账，我有我的账，不要用大帽子压人，压也是压不住的！"当时还传说，当外语学院的造反派斗争陈伯伯时，陈伯伯毫不退让，他拿出毛主席语录，大声地说："最高指示：陈毅是个好同志！"当然，这只是个传说，但这个传说反映了陈伯伯坚持真理，不向谬误低头的光明磊落的高贵品格。

1967年年初，父亲被正式地宣布为"党内第二号走资本主义道路的当权派"，倒台了。我们的家被抄了，父母在被造反派揪斗之后，又被软禁了。举国上下，都在高喊："打倒刘少奇！打倒邓小平！"那时的政治空气，真是紧张而又疯狂。

1967年10月，刘少奇和我们两家的孩子被赶出了中南海的家。在这之前，有一天，我和我的姐姐两人从家门往外走，当我们走到胡同口的时候，便看见陈伯伯带着警卫员，刚刚看完大字报，正在往回走。那时，为了"教育"这些还未理解"文革"伟大意义的高级领导人，要求他们都要去看大字报"学习"。我们看见陈伯伯人瘦多了，原先那脸庞上的红润没有了，往日那慈祥而又动人的笑容也消失了，但他的腰板，还是挺得那样的笔直。我们已经很久没有见过陈伯伯了，也从未见过他这样一副严肃和沉默的样子。我们正要绕道走开时，陈伯伯一眼看见了我们，他的脸色一变，眉头一扬，老远的几步就跨过来，他叫着我们的名字问："都好吗？"当时，我的心头一酸，忍不住一股热泪就要夺眶而出。我们强忍住泪水说道："都好。"陈伯伯连声说道："好，好。"说完，他就走了，缓缓地向着巷子的深处走去……

我们怎么也没想到，这竟然是我们最后一次见到陈伯伯。

秋凉的时候，我们被赶出了家门，不久以后，就"上山下乡"，各奔东西。直到3年后，我们又才被允许和在江西软禁的父母相见。

又是1年多的时间过去了，我们在江西从广播中听见，陈伯伯于1972年1月6日逝世了。闻此消息，我们全家人都十分悲恸。后来才知道，陈伯伯和林彪、"四人帮"进行了针锋相对的不妥协的斗争，但终因忧国忧民、心境不爽而身患癌症，不幸辞世。

后来又听说，陈伯伯的追悼会，原定由周总理和政治局成员参加，不想就在追悼会之前，毛主席突然决定参加，而且连衣服都未换，睡衣外面套上一件大衣，就匆匆赶往八宝山。张茜阿姨看见毛主席亲自前来，抓住主席的手失声痛哭。主席说："陈毅同志是个好人，是一个好同志，陈毅同志是立了功劳的，他为中国革命、世界革命作出了贡献。"

这个时候，一心想篡夺党和国家最高领导权的阴谋家林彪已于头年"九·一三"自绝于党和人民。如果林彪不自取灭亡，如果他还和"四人帮"一道继续祸国殃民，那么，陈伯伯是会死不瞑目的。

1973年年初，父母亲带着我们全家回到了北京，一到北京就听说，张茜阿姨也因心情悲痛而身患癌症。一天，爸爸妈妈带着我，去301医院看望了张茜阿姨。那时，正好珊珊刚刚从国外学习回来，也在医院。父母亲和张茜阿姨相见，真是有说不出来的万千思绪压在心头。张茜阿姨身穿一套过于宽大的医院病服，人已相当消瘦，额骨显得更高，眼睛显得更大。她给我的父母讲述了"文革"以来他们的遭遇，讲述了他们在林彪"一号通令"以后被下放到石家庄的生活，讲述了陈伯伯追悼会的情形。她说："好在陈毅同志看到了林彪的灭亡！"她的双眼中饱含着热泪，但她的泪光中，闪烁的是坚毅和一股傲然之气。

（毛　毛）

诗笔传韵事
——陈毅和黄炎培

1952年冬，黄炎培（任之）先生来南方，陈毅特地在南京以茅台酒宴来欢迎他。席间，陈毅祝酒说："当年在延安，读任之先生《茅台》一诗时，十分感动。在那个艰难的年代，能为共产党说话的，空谷足音，能有几人?!"

陈毅当场步原韵和词二首，答谢任之先生。诗曰：

金陵重逢饮茅台，万里长征洗脚来；
深谢诗笔传韵事，需在江南饮一杯！

金陵重逢饮茅台，为有佳宾自下来；
服务人民数十载；共祝胜利饮一杯。

任之先生非常感动，也当场和诗一首：

万人血泪雨花台，沧海桑田客去来；
消灭江山龙虎气，为人服务共一杯！

要说清陈毅所说的"诗笔传韵事"，其实是贯串了10年政治风云的一段鲜为人知的佳话。

陈毅在延安读到的任之先生的《茅台》一诗。诗曰：

相传有客过茅台，酿酒池中洗脚来。
是真是假我不管，天寒且饮两三杯。

这首诗,直直落落,明明白白,天真自然,纯正朴实。

诗,作于1943年11月3日。当时,国民党当局掀起了第三次反共高潮,重庆的政治空气,犹如山城的浓雾一样,低沉污浊。那天,任之先生去看望沈钧儒(衡山)先生。他俩是政治上的老战友(同为中国民主同盟领袖),艺坛的诗友和生活上的近邻(由观音岩下坡,黄任老住南坡的张家花园"菁园",沈衡老住北坡枣子岚垭"良庄",仅一坡之隔)。他俩同声相应,同气相求,互相砥砺,同舟共济。

在沈衡山先生寓所,衡老的儿子沈叔羊正伏案作画,以此慰娱衡老。画了一个条幅和一轴长卷。沈衡老请任之先生观赏画卷,并为之题诗。他在长卷上题了两首七绝,诗曰:

刚肠矢愿不平平,折角朱云老有声。
公退萧萧书百卷,石交冷卧座纵横。

未妨画本抵吟笺,雨障晴州好景全。
应识白华馨洁意,舞将美笔为延年。

他看那条幅上,画了一壶酒和几只杯子,上书"茅台"二字。他想起一个传说,说二万五千里长征中,共产党人在茅台酒池里洗脚。他针对这个谣传,题写了上面那首七绝《茅台》加以讽喻。

任之先生在当天的日记上记道:"11月3日,沈钧儒先生70初度,其子沈叔羊就枣子岚垭楼居所见,画以娱之。为题三绝句于其上。"

不久,叔羊同志在重庆中苏文化协会举行了画展,这几幅画也都展出了。

想不到,这幅诗和画的知音在延安。

1945年7月1日,任之先生应中共中央和毛泽东主席之邀,访问延安。2日,到杨家岭去看望毛主席。杨家岭是中共中央所在地,走上山坡不远,便是毛泽东主席接待客人的会客室。长方形,光线很充足,中间安放着长桌,四周围了一圈椅,可容二十多人。四壁挂着清清疏疏的几幅画,其中就有沈叔羊画的、任之先生题了《茅台》一诗的被陈毅元帅所称赏的《茅台》画。任之先生慨然说："料不到，这幅画挂在共产党领袖的客厅里！"

那时，中国共产党举行第七次全国代表大会以后，高级将领都还在延安。任之先生飞抵延安时，陈毅元帅也和毛泽东主席、朱德总司令等一起到机场欢迎。当任之先生与陈毅握手时，他原以为此番是第一次见面。不料陈毅却笑着说："我们近30年不见了！"任之先生十分惊讶地说："我们何时何地见过面呢？"陈毅告诉他说："1919年我去法国勤工俭学时，在上海交通大学操场上开欢送会，你代表江苏省教育会在会上发表了讲演。讲演者共3人，另两位：一为蔡廷幹，一为朱少屏，还记得吗？"黄老大悟，连说"好记性，好记性"。两人相视抚掌大笑。

任之先生在延安的那几天中，陈毅天天来陪他。3日一早，陈毅就来看任之先生，长谈并陪他到杜甫川的光华农场参观。陈毅说：杜少陵从35岁到48岁，一直在秦中，说不定来过这地方，也许没有来过，反正古来名人总不免被人拉拉扯扯的，所以，有这么个"杜甫川"地方吧！

4日晚上，军委总部设宴，为他们饯行，高级将领都来作陪，陈毅与任之先生同席。席间，任之先生谈了对中共高级将领的印象。他说："一般人一定想象你们中共许多鼎鼎大名的高级将领，个个都是了不得的猛将，说不尽多么可怕，飞扬跋扈得了不起。哪里知道，一个个都是朴实稳重，沉静笃实中带着文雅，谈笑风生，随便得很，一点没有粗犷傲慢的样子。我们无话不谈，恰如古人说的'如坐春风之中'，真令人敬佩！"陈毅笑着说："我们这班人，到底年纪都是50上下了。过去的经验也不少了。不知不觉中在那里起变化。加上近年来经过整风学习，更有些新知识，也是促使我们态度有改变的一种因素。"黄炎培认为，这些话值得深一层更深一层寻味。这大概就是他1952年和陈毅诗中"消灭江山龙虎气"之句的蕴意吧！

黄炎培回到重庆，无所顾忌地多次演讲在延安的所见所闻，揭穿了国民党造的谣言，告诉国统区人民：边区是如何自由、温暖和光明，共产党鼎鼎大名的将领也都是那么温文尔雅。他还专门撰写了《延安归来》，把真理和事实昭告天下……

1949年，上海解放后，任之先生特别作长诗一首，书赠陈毅。诗很长，分四部分，共140行。这里仅录其第四部分：

将军，将军！
吾问你：
这十几年来，
你究竟打过多少胜仗？
你究竟带过多少大兵？
怕连你自己也搞不清。
你部下的指战员，
到处秋毫无犯。
你这位大将军，
却又逢人谈笑风生。
唔！我记得了，
你何尝是军人，
你是文人，
是诗人，
你是三十年前，
上海交通大学草坪上，
听我演说，
被我欢送出洋的一位留学生。
谁能料到三十年后的上海。
靠了你，
靠了你们，
变拘捕埋杀为自由；
昏天黑地为光明。
将军，将军！
我用泪写成一部诗史。
写的是书生爱国——
艰难悲苦的人生；
你却用血写成一部史诗，
写的是人民革命——

雄奇灿烂的前程。
将军，将军！
我是你五年前延水的吟朋，
是你今天上海市一个幸福的市民，
不，不，
是一九〇三年六月满清刽子手大刀下的
余生。

（尚　丁）

元帅使藏
——陈毅和班禅

藏历火猴年3月，正是公元1956年4月。

从通往被称为世界第三台阶的青藏公路上，一行200多辆汽车组成的车队，驰进海拔最高都市的"日光城"——拉萨。5万多拉萨僧俗聚集在西郊，通往八角街和罗布林卡到布达拉宫的大道上，十几座彩门悬挂着绚丽的宫灯，绘着金龙、彩图，欢迎着这支庞大的车队的到来。

自从吐蕃松赞干布与大唐和亲以来，这块亚细亚大陆隆起的背脊慢慢被人们所认识和了解。这期间，佛教传入，黄教兴盛，活佛转世，政教合一，延续1000多年的历史，愈发使这块土地散射着神秘的光辉。

终于，1956年4月17日，历史的法轮转到这一天。

经过长期协商酝酿，西藏将实行民族区域自治。由来自17个民族的800余人组成的高规格、大规模的中央代表团，经过长途跋涉，前来参加自治区筹备委员会成立的祝贺大会。

接官亭，早就布置得富丽堂皇，院内搭设了绣着彩色凤凰和八仙的大帐篷，在帐篷周围用金黄色的布幔围罩着。中央一顶最大的金顶帐篷里，挂着象征吉祥如意的佛像和锦幡。按照藏族最隆重的欢迎仪式，在通往中央帐篷的道路上，用白粉撒成各种美丽的图案。达赖喇嘛和班禅额尔德尼活佛，将在这里迎接中央代表团团长、国务院副总理陈毅元帅及其随行人员。

令人翘首以待的车队在接官亭前大道停下。达赖喇嘛和班禅额尔德尼活佛按照藏族最隆重的欢迎贵宾的仪式，向团长陈毅、副团长张经武、汪锋献上绣着经文的哈达。陈毅等人也向他们还赠了哈达。

是夜，陈毅住在距布达拉宫不远的西藏工委所在地，并出席了为庆祝筹委会成立举办的盛大文艺晚会。拉萨城沉浸在节日般的欢庆典礼中。

时隔几天之后的4月22日，西藏自治区筹备委员会正式成立的庆祝大会在新落成的拉萨大礼堂热烈举行。中央代表团团长、国务院副总理陈毅宣读了毛泽东主席"庆祝西藏自治区筹备委员会成立"的手书，接着又宣读了国务院的授印文件，然后把"西藏自治区筹备委员会"的钢印亲手授予毕恭毕敬双手接印的达赖喇嘛。这时，全体代表和来宾们在庄严的国歌声中起立，再一次响起热烈的掌声。接着，陈老总又发表了重要讲话："中国共产党和中央人民政府认为，只有西藏民族的领袖和人民有了一致的要求和决心的时候，西藏地方的改革才可以进行，而绝对不能够由别的民族去代替进行。"

早在1954年，达赖和班禅去北京参加第一次全国人大，陈老总与19岁的达赖和16岁的班禅就有过很多接触。次年，他们两位在祖国内地参观，陈老总陪周总理去参加万隆会议回国时，两位业已离京返藏。受周总理委托，陈老总专程从广州直飞成都，为返藏的达赖送行，不仅转达了总理的问候，还进行彻夜长谈，讨论西藏的工作。这次陈老总亲临西藏，更给他们留下深刻印象。但时隔仅仅3年，达赖就违背了他对西藏人民的诺言，在国内外反动势力策动下，只身逃往国外，用煽动西藏独立、分裂祖国的行径，写下了一幕个人历史的悲剧。而班禅活佛则与陈老总结为忘年之交，保持着深厚的友情。

拉萨短暂的几天中，陈老总在达赖陪同下，参观了布达拉宫；这始于公元7世纪营建的璀璨文明成果，使这位早年留学巴黎的革命家感到惊讶，他把布达拉宫比作法国的罗浮宫，他要达赖和班禅好好保护这里的文明，并使之不断发扬光大。

5月10日，在班禅的陪同下，陈老总率代表团前往班禅额尔德尼的驻锡地日喀则进行慰问活动。在临离开拉萨之前，深知陈老总健康状况的西藏当地领导再三劝阻："你还是不去为好，进藏后的艰辛，并不比入藏时少。"

"没啥子了不起，我陈毅吃饭不能吃半饱，到拉萨，任务只算完成了一半，回北京我咋格向毛主席交代？"陈老总毅然做出去日喀则的决定，重又登上旅途。

汽车时而在谷底峰尖穿云破雾，时而在羊肠小道上爬坡盘旋，下午3时许，来到雅鲁藏布江畔一个藏语叫大竹卡溪的渡口。江上无桥，在湍急的流水中，全靠一只大木船和几只羊皮筏子摆渡。

当前哨车戛然而止后，陈老总便和夫人张茜从那辆黑色小轿车里走出，警卫连很快在车队旁设下警戒哨。陈老总精神格外矍铄，他身着黑色大衣，脚上一双长筒皮靴，一副太阳镜，面带春风，站在江畔向四周眺望。当他把炯炯有神的目光聚集到脚下这条碧波激浪的大江时，连连自言自语地赞道："好一条雅鲁藏布江啊，大江之名不虚传！"

这时，前哨、通信、后勤工作人员的车辆依次上船，陈老总又兴致勃勃地点燃一支香烟，吸了一口，在江畔散步。老总身边的几位工作人员，也为这美景陶醉，触景生情地说："好美的雅鲁藏布江。"

"哦，你们也感到她美吗？"陈老总闻声笑呵呵地问，"能讲讲她的来历吗？"

"在拉萨时，好像听藏胞讲这江原叫什么巧藏布江。"工作人员小王久在陈老总身边，忙把一知半解的问题全端出来。

"雅鲁在藏语中不是江河，因为江河在藏语中叫'藏布'，传说'雅鲁'是初唐时的一位名人，因为他做过许多好事，名垂千古，藏胞们为了让后人永怀他的丰功伟绩，就用他的名字命名了这条大江。"

"陈老总，你讲得太对了，"站在陈老总身后一位身着紫色藏袍的老人用流利的汉语说，"这条江水是从最高的地方喜马拉雅山上流下，是最圣洁的水，传说她是女神的银腰带呢！"

是夜，中央代表团一行人就驻扎在雅鲁藏布江边。当一轮明月把银辉洒在江边的高山与流水中时，陈老总即兴挥毫写下："雅鲁藏布是大江，其源甚远流亦长。试看千里春波绿，宜林宜牧宜稻粱"的诗句，一时在代表团中广为美传。

在日喀则，陈老总在班禅的陪同下，参观了历代班禅驻锡地扎什伦布寺。这位于尼色日山下的宏伟寺宇，始建于明正统十二年，全寺建筑面积约30万平方米，错钦大殿前500平方米的讲经场，可容2000多人诵经。陈老总一边认真地看着听着，一边还不时地提问。而后又和夫人张茜去拜会班禅大师的慈母次仁卓玛。

次仁卓玛老人得知陈老总和夫人张茜来访，早早起床打扫了庭院，把院子里栽种的各种花草洒上圣水，换上一件深蓝印花的缎子藏袍，扎上一条洁白的腰带。她还亲自动手把糖果、奶点心、酥油茶、青稞酒一一摆好，恭候着远方的来客。

张茜这天特意换上一套藏族妇女最喜爱的节日盛装，系上一条五彩的丝围裙。讲起张茜的这套衣服，那还是刚到日喀则的头两天，几位藏族妇女来看望她时赠送的。张茜接过这套衣服，一边系上围裙，一边用汉藏掺半的话说："'图吉其'（谢谢），我非常喜爱这套藏族的珍贵'罗布'（宝贝），它象征着汉藏姐妹亲如一家的友情。"所以，张茜这天看望次仁卓玛老人时，就换上这套衣服。

次仁卓玛老人见到客人进来向她打躬问候，一边连连说："欢迎，欢迎。"一边忙把客人让进厅内。在欢声笑语声中，大家提出要次仁卓玛老人和张茜一起合影留念。警卫战士兼摄影小王正挎着相机在执勤的岗位上，急得心急火燎地怕错过了时机。老班长看到这情形，急忙推了小王一把："我替你，快去！"小王冲到前头，只见张茜和刚刚合影完的次仁卓玛老人放下互挽着的手臂，可他的照相机光圈和焦距却还未对好，只得懊丧地叹了一口气。谁知这一声叹息却被有心的陈老总听见，他马上对张茜讲："请等一下，让咱们的战士记者再拍一张，不然他会扫兴的。"

"好吧，再来一张。"张茜微笑着又与老人重新挽起了手，小王赶紧"咔嚓"一声抢下这个镜头。时如流水，事后这张珍贵的历史照片使当年的摄影者一时记不清那位与张茜合影的藏族老人是否真是班禅的慈母——次仁卓玛。还是后来他请阿沛·阿旺晋美副委员长看这张照片，阿沛副委员长立即挥毫在照片题名"张茜与藏族妇女×××合影"的空白处写下"尧西·次仁卓玛（班禅大师母亲）"的汉文。

班禅大师还向代表团每一成员赠送了一批纯银制成的小碗。他笑着对陈老总说："银碗虽小情意长，它可以装下比喜马拉雅山高、比雅鲁藏布江长的汉藏友情。"

当大家接过刻有"班禅赠"字样的银碗，才知道早在中央代表团到达日喀则前，班禅就请来能工巧匠，严格选料，设计图案，亲自监制而成。得知班禅的用心，这小银碗成了大家最珍爱的纪念品。

30多年过去，真是弹指一挥间。陈老总受迫害于十年内乱，而班禅大师英年早逝于他1989年再访日喀则之时，伟人均已作古，但"驱车飞驰数万里"的陈老总作为"京华西行使"，在世界屋脊矗立的祖国统一、民族团结的历史丰碑，永远留在人民心中。

（王震学）

让 房
——陈毅和傅作义

1949年9月，陈毅到北京参加政协会议。一下车，他就忙着会客去了，警卫员先来到下榻的老北京饭店。小伙子走进陈设华丽的大客房，电钮一按，灯光明亮柔和；床上一坐，真感到舒适，好像掉进了棉花垛。龙头一扭，冷水热水哗哗往外流。他想，501首长进上海快半年，忙得连上厕所都带小跑步，这次能在这儿安安逸逸住上一阵，真太美了！他手脚麻利，刚把东西安顿好，陈毅进门就嚷嚷："小鬼，收拾东西，搬家，搬家！"说着就要自己动手。

"搬哪去？"

"搬进中南海。那可是皇帝老子住过的地方啊！"陈毅打趣地说。

进中南海，车子拐了几个弯，在一排陈旧的小平房前面停下了。这是什么皇帝老子住的地方啊！那时解放战争还未结束，中南海大部分房子都未修缮。屋顶倒是黄色琉璃的，屋里却仅有一盏昏黄的电灯，灰蒙蒙的屋角里还有蜘蛛网。全部陈设仅有一张大木床，一张旧木桌，两把放不平的椅子。屋里别说热水龙头，连凉水也要跑好远去挑。

警卫员一边把军用被往床上铺，一边忍不住好奇地问："501，您把屋子让给哪位首长住了？"

陈毅正洗脚，漫不经心地回答："让给傅作义了。"

"他是哪个野战军的首长？"

"是国民党的高级将领，也是参加政协会议的，没地方住了。"

"什么？！房子让给他！"警卫员像受了侮辱似的喊道。

"你这个蠢人！"陈毅憋着笑骂道，"他光荣起义，使北平得以和平解放，贡献比你大了！人家在国民党里住惯了高楼洋房，现在叫他睡平房，他会觉得共产党对他不起，心里不舒坦嘛！我陈毅就不同了。不住大饭店住平房，不睡弹簧床睡板床，就是拿捆稻草睡地下，我也是一样打呼、一样工作、一样干革命嘛！要不算啥子共产党员嘞！？"后来，陈毅还代表上海市赠送给傅作义将军两辆名牌小轿车。

让房、赠车两件事传出去后，在部队引起很大反响。待开国大典后，陈毅回到上海，办公桌上已经堆了厚厚一叠信，其中有几封内容大同小异，都是对优待傅作义想不通。陈毅对这些老部下是从不讲客气的。他召集了一个领导干部会议，往台上一站，就"骂"开了：

"同志们，我的老兄老弟们，要我陈毅怎么讲你们才懂啊！我陈毅不住北京饭店，照样上班、照样骂人！他可不一样了！你们知道不知道，傅先生到电台讲了半小时话，长沙那边就起义了两个军！为我们减少了很大伤亡。让傅先生住了北京饭店，有了小汽车，他就会感到共产党是真心要朋友。"他越讲越冒火，用指节咚咚咚地敲着桌子："我把北京饭店让给你住，再送给你10部小汽车，谁能起义两个军！怎么不吭声呢？"他火气出完了，又心平气和地说："我们是共产党嘛，要有太平洋那样宽广的胸怀和气量啊，不要长一副周瑜的细肚肠噢！依我看，要想把中国的事办好，还是那句老话，团结的朋友越多，就越有希望。"

（闻　史）

"请投荣毅仁一票"

——陈毅和荣毅仁

1957年1月初，市人民代表大会二届一次会议就要开幕。私营工商业此刻已全面公私合营。如何在新形势下加强统一战线将是中心议题之一。为此先召开党员大会统一认识，我因采访人代会也参加了。陈毅同志本已上调中央做周总理的助手了，会议开始时忽然从后台走了出来。他身穿一件米黄色皮夹克，十分随便，先走近台边问候大家："同志们，久违了，想念得很呀！匆匆赶回来，因为毛主席给了我一个特殊任务，要我和上海的同志们商量一下，请投荣毅仁一票，把他选上副市长！"陈老总接着解释：毛主席说，这荣家是我国民族资本家的首户，在国际上称得起财团的，我国恐怕也没有几家子。荣家现在把全部企业都拿出来和国家合营了，在国内外起了很大影响。怎样把合营企业搞好，还有大量工作要做，上海先要创造经验，从荣家推选出代表人物参与市政府的领导，现在就十分必要了。陈老总接着介绍了荣毅仁同志的简历、学识和品德，诙谐地说："实不相瞒，他已是我的要好朋友之一，我要以老共产党员的身份为这位红色资本家竞选，因为他确实既爱国又有本领，堪当重任；而且凭着他的特殊身份，在国内外资产阶级中还能够发挥出我陈毅起不到的作用哩。"陈毅同志于是举出一例：一位法国大资本家访问我国，指名要和荣毅仁单独用英语会谈。事后这位客人又对陈老总说，谈得很开心。陈老总感到很新鲜，便问荣毅仁究竟讲了些啥，荣毅仁说不过讲了些家常话，说荣家人生活仍然很优裕，又不担心敲诈绑票，工作的、读书的都感到有奔头，所以更想为国家民族多做点事，也给荣家多留下一点好名声；钞票再多，对荣家来说也不过加上几个圈圈，实在没啥意思了，倒宁愿把定息拿出来每年替国家新开一爿纱厂。陈老总讲到这里问大家："你们说把荣毅仁选上副市长该不该？"一席开心话使会场顿时出现欢声笑语，大家由衷赞叹党的统战政策。

在公私合营高潮以后，不少私方人员和家属又纷纷主动捐献存款和黄金，想为新企业添砖加瓦。陈毅同志就此在党员大会上提醒说：对他们的爱国热忱应当充分肯定，捐献却要婉言谢绝，定息更应当劝他们按政策照拿。如果糊里糊涂接受这些捐献，会使一些人误解我们真的"共产"了，会败坏公私合营的声誉！陈毅说："对私方人员的改造着重是进一步提高思想认识，并不要他们降低生活水平；我倒主张由政协或工商联出面，搞一处或几处漂亮一点的俱乐部，办一些高级文化娱乐，也供应一些名点名菜，让这些私方人员有个好去处，钱也有地方花，在欢欢喜喜中接受改造，何乐不为呢?!"

（徐　行）

一封请帖
——陈毅和刘靖基

新中国成立前，刘靖基先生是经营纺织工业的，青年时代就担任了上海安达纺织厂的总经理。在旧中国三座大山的压迫下，他的"实业救国"的美梦是根本无法实现的。抗战胜利以后，他满以为中国的民族工业可以振兴、发展了。然而，蒋介石卖国政府滥发金圆券，造成通货膨胀，脆弱的中国民族工业又遇到了新的灾难。刘先生对蒋介石政权是不满的，但由于蒋政府多年来的反动宣传，他对共产党却是害怕的。所以，当人民解放军横渡长江，解放南京之后，他匆匆忙忙地逃到香港，并设法把上海的资金和棉纱棉布，套运到香港，准备把上海的工厂迁到那里。刘先生说："那时，我既害怕共产党，又实在舍不得离开亲人、朋友和多年经营的企业。到了香港，在黄炎培等爱国进步人士的开导下，了解到共产党的统一战线政策是保护民族工商业的，才带着试试看的心情飞回上海，等待解放。"

5月27日，上海解放了。在那欢腾的日子里，刘先生却疑虑丛生，忐忑不安。然而，事实给了他最好的答案。刘先生说："上海解放时，解放军给我第一个印象是纪律严明、秋毫无犯。他们宁愿睡在马路边、屋檐下，也不愿去惊动一介市民、一爿商店。古今中外哪有这样好的军队？但是，真正消除对共产党、解放军的疑虑，还是同陈毅将军接触以后的事。"刘先生告诉我们，上海解放初，他经常见到陈毅，多次聆听陈毅的亲切教诲，如果说他30年来能在党的领导下为人民做一些事情，那首先应该归功于陈毅的帮助、教育。

刘先生第一次见到陈毅是在上海刚解放不久的6月10日。

"那天上午，我突然收到一封请帖，邀请我参加茶会，主人的具名是中国人民解放军第三野战军司令员、上海市市长陈毅。"刘先生回忆当时的情景说，"我手捧请帖，惊喜交集，心里久久不得平静。当时，陈毅将军在我的想象中还是一个张飞、李逵式的人物。他邀我赴会，会不会给我难堪？但转而一想，像我这样的资本家，居然能得到陈毅将军的请帖，不正是说明共产党对我们民族资产阶级的关怀吗？我带着这样复杂的心情来到了外滩中国银行大楼参加茶会。到了大门口，我同许多穿军装的同志握手，很想看一看陈毅将军是怎样的一个人物，但又不认识。后来，一位朋友告诉我，刚才那位同我握手的就是陈毅将军。这时，我才恍然大悟。当时，我只见陈毅将军文质彬彬，和蔼可亲，穿一身褪了色的军装，风度翩翩，像个读书人。看到这个情景，我深为感动，想不到共产党的将军竟是如此平易近人，顿时，心里充满了敬意，刚才那种疑惧的心情也有所消除。茶会开始了，陈毅将军首先讲话，他同我们讲党的政策，说蒋宋孔陈四大家族干的坏事太多，共产党不客气，把他们的财产全部没收归公了。民族资本家同他们不同，也是受到帝国主义和官僚资本主义压榨的。现在解放了，只要爱国，同共产党合作，共产党是欢迎的，是保护的。陈毅将军还诚恳地询问我们有什么困难，讲出来让人民政府帮助解决。陈毅将军的一席话，像一股强劲的春风，吹散了积压在我心头里对共产党的疑团。所以，我很激动，即席起立发言，表示愿意和共产党合作。"

刘先生说，他那时表示的这个决心并不是偶然的，是经过了一番思想斗争，对共产党和国民党作了对比、权衡之后的结果。他告诉我们这样一件事：上海解放前一年，国民党上海市市长吴国桢召集纺织业代表开会。开会的意图是施加压力，把打内战引起的财经困难，转嫁到民营纱厂头上。

当时，刘先生在会上说："纺织业很困难，民营纱厂这样下去，政府要负责，市长要负责。"他的话音刚落，吴国桢勃然大怒，拍着桌子骂他太放肆，还要追问他的后台。其后，国民党的特务经常来敲竹杠。后来走了一些门路，一场风波才算平息。刘先生讲到这里，无限感慨地说："两次会议，目的完全相反；两个市长，态度截然不同。"

此后，因为社会活动的关系，刘先生常常接触陈毅，陈毅的一言一行，一举一动，对他的教育很大，使他看到人民政府是真正代表人民的政府，只有走共产党、毛主席指引的康庄大道，国家才会富强。他说："上海解放初期，有的工厂缺乏原料，有的缺少资金，有的产品卖不出去，陈毅将军及其领导的市人民政府——帮助解决。比如说，棉花原料不足，人民政府就想办法到解放区去运，不管运费多少，一律按原价卖出。那时，上海工商界流传着陈毅将军领导的人民政府解决'二白一黑'的佳话。'二白'是棉花和大米，'一黑'是煤炭，也就是解决了我们当时生产与生活的困难。这是国民党政府从来不可能解决的问题，共产党执政后在短短的几个月内就解决了。两个政府，哪一个好，哪一个坏，我逐步有所认识了。"

刘先生一口气谈了半天，仍没有倦容。他继续说："当然，我们这些从旧社会过来的工商业者，思想也不是一下子就转变过来的，中间是经历了一些反复的。解放初期，我国的国民经济处于恢复时期，有些私营纺织厂生产困难，一时发不出工资，劳资关系十分紧张。我们开厂的有点惶惶不可终日，担心工人起来造我们的反，因而对党的政策不免又产生怀疑。然而，面临这些情况，陈毅将军亲自把我们一些工商界代表找到他的办公室，了解情况，指明出路。事后，他指示有关部门负责同志妥善地解决资金周转和劳资关系以及恢复生产等问题。这使我感到共产党保护民族工商业的政策，确是可以相信的。眼前的困难，是暂时的，是能够克服。在'五反'运动的时候，我们工商界人人要交代，看到这情景，我心情很紧张，因而又想，'早知今日，何必当初'，当初要是在香港不回来就没事了。但是，党的政策是实事求是的。经过帮助与教育，使我进一步认识到要跟共产党走，真正做到爱国守法，就不能搞违法的行为，这也是对一个新中国公民的最低的要求。"

在党的政策感召下，刘先生把自己的私人外汇从香港调回来买了公债，又把在香港的机器、棉纱、资金统统调回上海，还新建厂房，把过去在瑞士订购的全新机器设备，全部运来安装，为建设社会主义增添一份力量。

(施宣圆)

"我们是能很好合作的"
——陈毅和赵祖康

陈毅在上海工作期间，坚定不移地贯彻党的统一战线政策，团结各阶层人士，在党的领导下，共同建设新上海。

赵祖康曾经满怀深情地写下了这样的诗句：

沧海变桑田，顽石点头改。
沐恩我最深，戴德怀统战。
难忘陈老总，不忘我驽劣。
合作建新城，推诚以教诲。

赵祖康常说："陈老总是我一生最难忘的人，因为我的新生，是和他的名字连在一起的。"

赵祖康是一位富有爱国心的知识分子。他是搞市政与道路工程的，在旧社会，他日夜都想竭尽全力，以发展公路交通事业，来挽救苦难的祖国。然而他的抱负始终没有实现，反而屡遭排挤，后来只得返回故里，在上海当了一名工务局局长。

1949年5月24日凌晨，解放上海的炮声已在上海郊区轰响。国民党上海市政府当局仓皇逃窜，把代理市长的头衔安在赵祖康的身上。

上海解放的第二天下午，陈毅在其他领导同志陪同下，来到市府大厦。等待接管的赵祖康，心中又喜又愁。他庆幸自己听从党的召唤，为上海的解放作了应有的贡献，但也担心作为旧政府的要员会不会得到谅解和宽容。

就在他忐忑不安、不知所措的时候，陈毅满面笑容地走了进来，亲切地和他握了手，请他在办公桌前坐下。陈毅亲切地询问了一些情况之后，就让赵祖康把旧市政府的工作人员召集到二楼会议室，和大家见面。

陈毅庄严地宣布：上海解放了，从此将开始一个伟大的变革。他要求大家服从命令，各安职守，好好移交，协助接管。并郑重地说：共产党是不会埋没人才的，对旧政府人员，也将量才录用。

陈毅的话，使许多旧政府人员的心平静了下来。

和大家见面之后，陈毅又和赵祖康促膝谈心，亲切地和赵祖康商量，请他担任市人民政府的工务局局长。一开始，赵祖康心里有疑虑，他向陈毅提出，办完移交之后，打算脱离政界，到大学去教书。

陈毅听了畅笑一声，连连摇头说："赵先生，我们是能很好合作的，不要有别的想法。你留下来很好嘛，国家需要人才，你可以发挥自己的专长，为上海市政建设贡献力量。"

陈毅随即向赵祖康询问了许多有关上海市政建设的具体问题。新市长的一席知心内行话，感动得赵祖康难以再启口推辞了。

但是，赵祖康还有一件不安的事。当时他的家属还在福州，那里尚未解放。他向陈毅提出，希望关于他的任命，待福州解放以后再予公布。

陈毅当场一口答应。果然，言而有信，当年8月17日福州解放，次日，关于赵祖康的任命正式在《解放日报》上公布了。

赵祖康担任了新市政府工务局局长不久，被上海科技组织推选为代表，到北京参加全国自然科学工作者大会的筹备会议。当时工务局的其他人事安排尚未就绪，赵祖康对此放心不下。临行之前，他特地去找陈毅，要求等他回来后再作最后决定。陈毅非常尊重他的意见，满口答应。等赵祖康从北京开会回来后，陈毅派了几位同志，亲自与赵祖康一起商量，采纳了他提出的意见。陈毅还特意挑选了一位懂业务的党员同志协助赵祖康工作。陈毅再三嘱咐这位同志说："一定要尊重赵先生，搞好关系……"

这一切，都给赵祖康留下了极为深刻的印象。

（季　雨）

"这一路来得不易啊"
——陈毅和谭震林

3月，一个春光明媚的日子。

国民党三战区想在江南挑起大规模武装"摩擦"没有得逞，又指使皖西李品仙、苏北韩德勤加紧策划对付新四军，江北局势急剧恶化。陈毅接连几电催促项英加快东移部署，没有明确消息。这天，陈毅又要发电报催促，门卫报告：

"陈司令，外面来了一位姓林的老板。"

陈毅接过名片一看，姓林名俊。止不住哈哈大笑。招呼大家："走，欢迎林大老板去！"

林老板礼帽长衫，颇有风度，站在警戒线外，已和哨兵打起趣来：

"听说你们陈司令会骂娘，真的吗？"

"胡说！"战士没好声气回答。

"小同志别生气，我是随便问问。"他一点也不在乎，"听说你们的陈司令和'小白菜'正在谈恋爱，真的吗？"

"胡说！"战士大叫，"你再乱嚼舌头，我一枪崩了你！"

林老板哈哈大笑。这时，陈毅、粟裕一行已出现在门口。大家一看：林老板，原来就是谭震林，不禁失声大笑起来。

"你个老谭！"陈毅大声说，"不会是在我的兵里搞策反吧？"

谭震林摇头大笑："你的兵铜皮铁骨，滴水不漏，不要说策反，想抓你点小辫子都抓不到呢！"

陈毅对哨兵说："这位是三支队的谭司令。"

战士脸红了，连忙立正道歉："请首长原谅。"

谭震林高兴地说："很好很好，我就喜欢你这样的兵，回头我和陈司令说说，你就跟我到东路去吧。"

到了司令部坐下，陈毅打量着老谭和与他同行的6个干部、一个警卫员说："这一路来得不易啊！"

谭震林朗声笑说："还不是你陈司令给我们讨的这份好差事！"说着，把同行樊道余、杨绍良、白书章等向陈、粟他们一一作了介绍。

简简单单两句话，却已道出谭、陈两人许许多多心照不宣的心曲。他老谭之来江南，的确是颇不容易的。先是陈、粟建议要能"独当一面"，项英掰着指头排来排去有些犹豫；随即陈毅直接建议请谭震林，项英就有些不高兴了。谭震林在铜、繁前线，也像陈、粟，经常搞得军部提心吊胆。可谭震林自己却很踊跃：在老项的眼皮底下被管得太紧，不如江南的天高皇帝远，可以放手大干；因此，一听到消息，就先把夫人和刚出生的孩子往江南送。项英一看，又有些不高兴。可是，军部既要东移，他想来想去，能"独当一面"的还数老谭合适，加上陈毅又催，终于拍板同意。

此刻，大家都十分欣喜：这是军部东移的一大步骤，说明了项英东移的坚定决心。

谭震林也是个急性子。"先听你们的还是先听我的？"他盼咐随行几位分头去和江南指挥部的有关部门交换情况后，迫不及待地对陈、粟、钟期光说。

谭震林1925年参加革命，早在井冈山时期就已经是中共湘赣边界特委的书记了。后来，他是闽西革命根据地的领导人之一，曾任福建省军区司令员兼政委。三年游击战争，他被留在闽西坚持斗争，和张鼎丞、邓子恢等发展了很大的一支部队。新四军成立后，他任第三支队副司令，但由于三支队司令是军参谋长张云逸兼任，张老不久又去江北组建新四军江北指挥部，三支队实际上一直是谭震林负责。他在铜、繁前线与日军打过多次恶仗，有名的铜陵大捷、繁昌血战都打得日本侵略者鬼哭狼嚎。在"扩军"、"双减"等建立抗日根据地问题上，也尝过许多甘苦。因此，大家都想先听听他的主意。

关于"人、枪、款"方面的问题，谭震林认为江南一直是新四军中的表率，不想再说；关于打击日军的问题，江南已打了大小千余仗，战果辉煌，经验丰富，他也不想急急忙忙地说些什么；他感到最急迫的是眼前国民党顽固派掀起的从华北到华中全国性的反共高潮问题，和我们的对策——集中力量发展华中的问题，因此，一开始就切入了问题的核心：茅山，东路，苏北。

"三足鼎立，进退有据，好！"谭震林由衷赞同皖南主力东移方针。

粟裕介绍说：为了迎接军部主力东移，江南一方面尽量和三战区缓和，一面已上升了一批地方武装，增加了一支指挥部集中指挥的机动力量。他告诉谭震林，不久前成立了一个新三团，随后又成立了新二团和独立团；除了已跨入江北的叶飞的"挺纵"（四个团）和陶勇的"苏支"外，茅山地区还有老二团、新二团、新三团、新四团、新六团、独一团等主力部队，以及"四抗会"辖下未上升为主力的地方武装。

"哟？！"听着粟裕的介绍，谭震林眼睛放亮，"你们的动作好快！请粟司令详细说说，那么多'新'字头的主力！"

粟裕了解谭震林的脾气：对武装的发展特别注意询问。他介绍说，江南武装都是从"号房子"开始，逐步发展、上升的。他说了说许维新、新六团等情况后，特别详细地给他介绍了一下最近成立的新三团和巫恒通的情况。

巫恒通，句容东乡人。据说在无锡师范学校读书的时候，与丹北管文蔚是同学。他当过小学教员、中学教员，还当过校长、督学，抗战爆发前夕是泰兴县的教育局局长；抗战爆发后，回家乡与兄弟巫全仁等从3条枪6个人开始拉起了一支几十人枪的抗日自卫武装。陈、粟入江南不久即接受"号房子"，归新四军领导。他对陈毅很是钦佩。在他心目中，陈司令文有文才，武有武略，而且待人宽厚，爱才如命，既是个盖世奇才，又是位贤达长者，从初次见面开始便有"以身许之"的决心了。唉，读书人有个"士为知己者用"的古训；有时这话会把一些人引上不能自拔的泥沼，有时又会使一些读书人摒除自高、自负、自用、自洁的毛病，为某个手执真理之灯的人捐躯赴难。巫恒通在陈毅面前，颇有这点"劣根性"。他听陈毅说要迎接军部东移、向北战略展开，需要有更多的地方武装上升为统一机动的主力后，欣然同意成立新三团，并毫不犹豫地接受了团长职务（后来，巫恒通率领新三团转战茅山周围，打了许多胜仗。1941年秋，在与侵略者的血战中负伤被捕，于狱中绝食至死；铮铮铁骨，使劝降的汪伪财政部部长和日军官兵都惊得目瞪口呆，成为一位江南抗战中流芳千古的民族英雄)。

粟裕给谭震林介绍了巫恒通从接受"号房子"到成立新三团的发展过程。谭震林听了,啧啧称羡,大概在他胸中已酝酿着东路的发展了吧?他停了停问:"东路的情形如何?"

"东路已有'挺纵'二团活动,"粟裕说,"江抗"西撤整编后,早把二团派回东路发展了。"只是,局面的发展还不十分理想。"

陈毅插进说:"有你这位大老板,东路那'一足'还怕不很快立定!"

谭震林笑笑,也不客套。他在皖南动身以前,就已制订了一个发展东路的具体方案。他满怀信心,是希望在"三足"中,把东路一足扎深立牢,以应付全国性突然事变的。不过,他不忙"表现"自己,他的两眼瞪着苏北,苏北既是一副重担,又是解决华中问题的关键,他关心着陈毅。他问:"苏北方面情形如何?听说'两李'有些动摇,半塔又已开打?"

陈毅默然片刻,微微颔首。

窗外,熏风拂拂,春阳丽丽。祠堂边的柳已黄了,桃已红了,绿茵似的田野点缀着无数紫的、白的、红的云英。春天,在江南,呈现出的生命力是旺盛的、强大的、朝气蓬勃的。

陈毅笑了笑,平静地说:"最近,韩德勤在苏北已占了我们一个先着。"韩德勤发现陈、粟"战略转兵",把发展、进攻的矛头指向苏北,而"两李"又想坐收渔人之利和新四军暗通款曲后,曾急得跳脚大骂。他马上采取了几管齐下的方针:软硬兼施,压迫"两李";命令何克谦的保四旅和张少华的保九旅加强泰州东线防御,以断阻"挺纵"东向南通、如皋、海门、启东一带发展;派出主力八十九军和独立第六旅各一部,插入扬州、天长、六合、仪征地区,突然"剿灭"陈文领导的游击队,以防止被新四军利用;派兵"监视"罗炳辉的五支队,以防堵罗炳辉与陈、粟各部联系。结果,"两李"发生动摇,"挺纵"受到阻碍,"苏支"到达指定地点后也遇到不少困难。经过陈毅亲自出面联络,"两李"问题很快解决了;陶勇率"苏支"也很快站住了脚跟,开始和罗炳辉联系。但是,韩德勤又突然派主力包围了半塔集五支队的教导大队和党政机关、后方医院,挑起了武装"摩擦"。"不过,"陈毅冷笑说,"韩德勤想当华中反共的急先锋,不会有便宜的。"停停,又大声说:"我已命令叶飞星夜驰援了;给他个以眼还眼,以牙还牙！"

说这话时，陈毅脸上已升起一股怒气。

谭震林不动声色，呷着茶，体味着陈司令在江南、苏北两个方向上运用策略的高妙：南边，尽量避免冲突，像钟山那样的可用之势也予避开，以求缓和；北边，积极进取，对韩德勤的任何挑衅都坚决给予反击；这正是目前新四军继续发展抗日大好局势和配合全国打退反共逆流最精当的一着。"好！"他想着，情不自禁赞叹，"对韩取攻势，对冷取守势，陈司令有远见！"

正说间，机要员兴冲冲跑来报告：半塔集保卫战的捷报已到。

捷报给这次见面增添了许多喜气。大家无不欢欣鼓舞。

谭震林更是兴致勃勃。"现在该轮到我向你们汇报了，"他朝陈、粟等伸出了两个指头，"这是我到东路的第一个打算。"

"二"！"二"什么？

200！"到了东路，我希望能通过办教导队等方法，尽快培养出100名连长、100名指导员共200名连一级的军、政干部。"

谭震林向以做事志壮心雄、大刀阔斧著称，说话也讲究"效果"。陈、粟一听，止不住两眼放光：这老谭！

其实，此时谭老板身边，除了从皖南一起来的6个干部和先已来茅山等候、准备随他一起去东路的刘飞、张开荆、温玉成、戴克林等几个人外，并没有其他更大的"资本"。但是他雄心勃勃。他有自己的想法：不把目标定高一些，就不容易调动大家最大的积极性。因此，他在泾县北门外新四军兵站准备出发来江南的前夕，曾召开了一次全部8人参加的动员"大会"，鼓励大家说："上海郊区，苏、常、太地区，澄、锡、虞地区，有的是人才，有的是干部，缺少的只是现成的干部；只要我们弄得好，弄得顺利，就能把这批干部训练出来。"

接着，谭震林又给陈、粟他们伸出了一个指头："这是我到东路希望争取到的第二个目标。"

"一"！"一"什么？

10000！"我想在过去'江抗'和现在'挺纵'二团活动的基础上，争取尽快把人枪弄到10000。"

从十几到 10000，这个目标当然也十分遥远。但是，再困难，谭震林也决心争取；没有足够的人枪，是无法应付一旦发生的突然事变的。还是在那个动员会议上，他说："困难的确是大的，但信心必须树立。东路要钱有钱，要人有人，要枪有枪，问题就看我们做得好不好。你们看，叶飞半年，不就在东路从 500 发展到 5000 了吗！关键是第一步：先把 200 个连的干部培养好；然后'招兵买马'，发动参军，一个连就是 100 人枪，10 个连就是 1000 人枪，东路有'江抗'活动的群众基础，还是很有希望的。"

谭震林哈哈笑说："这接下去，当然就是向党军、铁军的目标奋斗，向收复上海、解放上海努力啰！"

听了谭震林介绍，陈、粟也深受鼓舞。这老谭！不但雷厉风行，大刀阔斧，还想得远哩！当然，东路的困难是大的。老谭自己也切实看到：这个"二"和"一"的目标，只能是一个比较长远的、整个形势不致恶化得过于迅速的情况下的计划。但是，老谭的这一股子劲，已经像一股盎然春意在大家四周翻涌。过去受束缚太多，一旦放开手脚，老谭是多么想加倍猛干呵！

"鼎立三足，"陈毅高兴地说，"重心是在苏北。我们手头准备的这点力量，就是准备到苏北去应付日寇和韩德勤的；军部一过来，我们就全力北上。因此，'大老板'此去东路，我们也不能有更多'资助'。'挺纵'二团在那儿，就让二团听从你这位大老板的指挥吧。"

谭震林十分欣喜："好啊！我从皖南来的时候，还是两袖清风的假老板，这下子可真成腰缠万贯的真老板啰！"

晚饭，陈毅当然竭其所有，尽了地主之谊。谭震林一边吃，一边笑呵呵地和陈毅开玩笑："你那个'小白菜'怎么样了？我老谭做了开路先锋，你还不加点油啊！"

陈毅和谭震林同岁，又是从井冈山起并肩战斗的老战友，向来十分随便。他一看谭震林还不知道自己和张茜的秘密，便也假痴假呆地和他玩笑说：

"不敢和你这位'大老板'比呀！你可以通天，我当然只好甘拜下风啰。"

"我看你老陈还是胆子小。你为什么敢当军师不敢当大将啊？要不要我来帮你个忙？"

陈毅止不住哈哈笑了。当初老谭谈恋爱，项英不同意，陈毅给他出了个主意，直接向中央打报告请示。果然，中央很快就批准了。这老谭，敢情是准备"报恩"了。

正说之时，张茜已吃完晚饭朝这儿走来。陈毅给她介绍了"谭司令"。谭震林就和她开玩笑，问什么时候能喝她和陈司令的喜酒。张茜不好意思，朝谭震林敬个礼就回身跑了。陈毅哈哈笑道：

"好！抗议啰，抗议啰！"

谭震林在江南指挥部住了3个晚上，进一步和陈、粟研究了东路的发展规划。陈、粟则和他详细讨论了军部主力东移后的江南工作。他们商量：江南的迎接工作均已准备就绪，建议军部早派先遣队沿途勘察布置，军部率主力也应早日行动。

谭震林一行由"挺纵"二团派一个连接护，过东路去了。他们在东路，很快就重整了当年"江抗"的局面，巩固和发展了澄、锡、虞、苏、常、太根据地，建立了两个支队的有力武装，随又发展为第十八旅，已是后话。

送走了谭震林，陈毅立即动身去了泰州一趟，向"两李"解释前嫌，取得了令人满意的结果：江南主力北上已无问题了。此时，军部回电也已发到：江南指挥部派员组成勘察组，与军部勘察组同时相向而行，勘察军部东移路线。陈毅立即命令作战科科长吴肃挑选人员，组织执行，即日出发。

至此，军部东移，江南主力向北战略展开，重整东路，总算有个头绪了！

（松　植）

斯人虽已去，风范永存留

我和陈毅同志相识于延安。距今已40多年了。

陈毅同志是我们党的老战士，开国元勋。人们喜欢称他"元帅、诗人、外交家"，这大致可以概括他一生的主要经历和活动。他对党和人民的功绩，已永垂史册。本文只是记述一些我同他交往中的琐事，以寄托我对他的深切怀念。从这些往事中很可以窥见陈毅同志的为人、胸襟和品格。他的豁达大度、光明磊落的精神，尤其感人至深。

一

1944年3月，陈毅同志由新四军军部回到延安，参加整风运动和党的七大。我比他先到了一步。当时，整风运动已进入总结阶段。4月12日，毛泽东同志在延安高级干部会议上作了著名的《学习和时局》的讲话。大家"放下包袱，开动机器"，认真学习和研究党的历史经验。我和陈毅同志就是在这时认识的。

记得初次交谈，谈得很融洽，彼此介绍了自己的经历。我谈了在天津等地做地下工作和在山西做统一战线工作的情况，以及工作中存在的缺点。他主要是谈了古田会议前后的情况，给我的印象是直抒胸臆，感慨颇深。他说：不要把我们党内的生活看得尽善尽美，矛盾和问题多得很，我们走过的路并不平坦。1927年南昌起义南下失败后，朱德同志和我带领一部分起义的部队，从三河坝转战到湘南。1928年4月，会师井冈山，成立了工农红军第四军，朱德任军长，毛泽东任党代表。我们在井冈山，打过胜仗，也打过败仗。1929年1月，红四军主力转战赣南、闽西，革命根据地发展了，但随之新问题新矛盾也产生了。当时，红四军党内和军内存在着单纯军事观点、流寇思想和军阀主义的残余。6月在龙岩召开了红四军党的第七次代表大会，本来是想解决红军的建设问题，加强党对红军的领导，提高部队的政治素质。但是，条件不成熟，认识不一，会上发生了争议。有些同志不习惯于党对军队的绝对领导，强调"司令部对外"和军官的权威，认为"自上而下的民主"就是"家长制"，主张"走州过府"、扩大政治影响，不愿做艰苦的创建根据地的工作。这种意见占了上风，结果把毛泽东同志担任的前委书记给选掉了。会后，他离开红四军的领导岗位，到闽西搞调查研究去了，我被推举当了前委书记。说老实话，这件事我是有责任的，朱德同志也有一些责任。我挂了几天帅，感到自己不行。事情就是这样，你不在那个位子上干不知道，一干前后一比较，就察觉出问题来了。恰好这时中央通知我到上海开军事会议。当时，中央的工作实际上是由李立三同志主持，因为杨殷同志（中央军事部部长）被捕，军事工作由周恩来同志管。我把红四军的情况如实地向恩来同志作了汇报，认为红四军离开毛泽东同志的领导不行。恩来同志同意我的意见，他要我代中央起草一封给红四军的指示信，即"九月来信"。信的主要内容，就是把毛泽东同志请回来，重新担任前委书记。回到部队后，我就亲自去请毛泽东同志。他明确表示，先要弄清是非，然后再考虑复职，表现出很高的原则性，这是事先我完全没有想到的。共产党人就是要这个样子，是非面前不含糊，原则问题不让步。听了他的话，我心里是服气的。随后我同他一起召开各种座谈会、调查研究，听取意见，讨论如何落实中央"九月来信"的精神。12月，由我主持在上杭召开了古田会议，通过了毛泽东同志起草的红四军第九次代表大会决议案，批评了各种错误思想，坚持党对军队的绝对领导。毛泽东同志重新当选为前委书记。这件事我认为是办得对的。毛泽东同志和部队上下皆大欢喜，我也很高兴。

这次交谈中，陈毅同志还讲到打"AB团"的事。他说，从1930年上半年开始，根据中央的指示，在中央苏区首先开展了反对"AB团"的斗争。1931年年初，王明上台后搞得更凶了。在这个斗争中，捕风捉影的事可多了，简直是"八公山上，草木皆兵"，谁都可能被怀疑为"AB团"，结果使不少优秀干部和群众遭到冤枉，白白地被杀害了。我差一点也掉了脑壳，幸亏毛泽东同志救了我。当时把我关起来，硬要我承认是"AB团"，老子就是不承认，审我的人就动手打开了。刚好毛泽东同志碰上了，才把我救了。这件事毛泽东同志也曾同我谈起过。他说，打"AB团"，打过火了，把陈毅也打进去了。有一天我路过一个小庙，听到里面有人喊叫，进去一看是陈毅，于是把他救了出来。的确，在我们党成长和奋斗的过程中，并非一切都是光明的，都是壮举，错事、蠢事也干了不少。像这种党内斗争扩大化的错误和不文明的斗争方式就曾发生过多次。我常想，不论是党还是个人，对做过的错事、蠢事，应该永志不忘，永远记得它的教训，这样才是对历史对人民负责的表现，也才能使自己更成熟更进步起来。

二

1944年5月21日，六届七中全会在杨家岭举行。党的七大的准备工作已提上议事日程。根据中央的决定，七大由朱德同志作军事工作报告。开始起草的几个稿子，朱德同志不满意，于是决定由陈毅同志主持起草。为了写好这个报告，陈毅同志分别找各解放区战场的负责人谈情况。我同他的接触也就增多了。有一次，他来找我和安子文同志谈话，交谈中谈到林彪，他说，林对朱德同志有意见，认为朱是打乱仗的，没有章法。这个看法显然是偏颇的，无论如何不能这样讲。朱德同志不仅会打仗，而且此公就是有"德"。"敌进我退，敌驻我扰，敌疲我打，敌退我追"的十六字诀，最先就是他提出来的。长征途中，张国焘闹分裂时想利用朱、毛过去曾发生过一些分歧意见，要朱出来支持他反对毛泽东同志，朱德同志坚决不干，义正词严地予以斥责，这是很难得的。我这样说并不是在歌功颂德，事实就是如此。我同朱德同志一同上井冈山，又一起转战苏区，风雨同舟，甘苦与共。我赞赏他的军事指挥才能，更钦佩他的待人处事的长者之风。评论一个人，不管他资历深浅，名气大小，都必须公正，是则是，非则非，不溢美，不掩过。这样的评价才经得起历史的检验，也才有利于人们从中得到教益和借鉴，陈毅同志的这些话，无疑是有见地的，充满实事求是的精神。

党的七大之后，陈毅同志本应立即返回新四军，前方很需要他，但他却迟迟未走，天天下围棋。我感到有些奇怪，问他为何不走？说，我应该回去，但他们不让我走。"他们"是谁？我不便也无须深问，显然是指负责整风工作的同志，而站在前面的就是康生。康生讲过，如果陈毅不明确表示拥护饶漱石的领导，就不能让他回去。陈毅同志宁肯等着，也不表这个态。我是很佩服他这个硬劲的。且不说饶漱石后来变成了什么样子（历史已经为他做出了结论），在党内采取这种高压的办法来解决领导人员之间的分歧意见和矛盾，是不可取的。直到抗日战争胜利后，经毛泽东同志批准，陈毅同志才奔赴华东战场。建国以后，各大区军政治委员会主席都是由各大军区司令员担任的，而唯独华东例外，是由饶漱石担任，其由来大抵如此。

三

上海解放后，陈毅同志出任上海市市长。我到了北京，在华北局和中财委工作。1951年年底，党中央根据在增产节约运动中揭发出的大量的贪污浪费现象，做出了《关于实行精兵简政、增产节约、反对贪污、反对浪费和反对官僚主义的决定》，随后于1952年1月26日又发出指示，要求在全国大中城市，向违法的资产阶级开展反对行贿、反对偷税漏税、反对盗骗国家财产、反对偷工减料和反对盗窃经济情报的斗争。这就是"三反"、"五反"运动。当时，我担任中央节约委员会主任，主持"三反"、"五反"的日常工作。"五反"开始后，在上海引起了很大的震动，不时传来了资本家跳楼自杀的消息。为此，毛泽东同志派我到上海去。我跟陈毅同志说，发生跳楼事件不好，在掌握上以稳当为宜。否则，不利于斗争的进行。现在各地都是进行"面对面"的揭发，采取这种方式，难免言辞激烈，空气紧张，对当事人压力很大，容易过火。上海是不是可以考虑改个方式，进行"背靠背"的斗争。陈毅同志同意我的意见。我还为他起草了一篇讲话稿，请他召开大会，作个报告。陈毅同志很会讲话，着重讲了要防止过火现象。这次会一开，上海的资本家稳住了，跳楼事件的影响也很快平息下去。1952年3月11日，政务院及时公布了《北京市人民政府在"五反"运动中关于工商户分类处理的标准和办法》，把工商户划分为守法户、基本守法户、半守法半违法户、严重违法户、完全违法户5类，以便区别对待。为了正确贯彻实施这一处理办法，既打击违法行为，又保护民族工商业者合法经营的积极性，需要分类确定一些具体的"标兵"。荣毅仁同志家是当时上海最大的民族工商业户，究竟定为哪一类，我和陈毅同志反复进行了商量。陈毅同志说，还是定基本守法户好。我也同意这个意见，并报告了毛主席、周总理。很快就接到总理办公室的电话，说毛主席、周总理的意见是定为守法户。这个"标兵"一立，影响是很大的。总的看来，上海的"五反"运动搞得是比较稳当的，保护了一切有利于国计民生的民族资本主义工商业。对此，陈毅同志是有功劳的。我离开上海时，陈毅同志对我说，这一段工作上我们合作得不错。你就要走了，虽不是"西出阳关"，怎么样，一块吃顿饭吧！我来掏腰包，反正我是馋得不行了。但有言在先，你回去报告不报告？不报告的话，我就请。我笑着说，你陈老总愿意破费，我当然要吃的。东西吃下去了，大概不会报告了。在场的同志也都笑起来。当时，我们党的纪律是严明的，党政机关从领导到一般干部是廉洁奉公的，吃喝的现象很少，动用公款请客更在严禁之列。那时党在群众中的威信很高，声誉很好，我想是同这种为政清廉的作风密切相关的。对一个执政党来说，这种优良作风任何时候都丢掉不得，丢掉了就会脱离群众。

四

1954年，大区一级党政机关撤销。陈毅同志调中央工作，担任国务院副总理，后来又兼任外交部部长。我同他的交往也就比过去更多了，并经常交换工作中的情况和意见。记得有一次，他谈到毛泽东同志对外交工作讲了8条，也就是提出8个问题请他思考。并对他说，不管是搞外事还是内政工作的，脑子里要经常想几个问题，留心考察，注意研究，不可懈怠。否则就会遇事无策，陷于被动。韩愈所说的"行成于思毁于随"，此之谓也。1956年以后开始的全面建设社会主义的10年里，中央曾多次召开工作会议，陈毅同志由于外事工作繁忙，很少参加，而我由于主持工业、交通工作，则是每次会都参加了。凡是他没有参加的会，会议一结束，他都要找我谈谈，了解一下会议的情况。1959年的庐山会议，他就因为有事未能出席，会后我们交谈中，他明确表示不赞成这样批判彭德怀同志，认为批过头了。他说，党内有不同意见，应该让人家讲。不能提点不同意见，就说成反党，是右倾机会主义，那样谁还敢讲话，还谈得上什么党内民主！我是赞同陈毅同志的看法的。当然，这些话当时也只能在私下谈谈。这也说明党内生活的不正常状态。陈毅同志对在会上跟得很紧、批评调子很高的一些同志，也表示很不满意，认为党内不能这样搞。

1966年"文化大革命"开始后，我们这些高级干部，大都处在疑惑不解、人人自危的境况之中。8月23日，毛泽东同志主持召开政治局会议。陈毅同志和我都参加了。会上，中央文革小组的人，一个个气势汹汹，硬逼着少奇同志去清华大学向学生"交代问题"。这时，毛泽东同志不说话，全场鸦雀无声。没想到陈毅同志站起来发言了。他说，少奇同志有什么错误，可以在政治局这个范围内来解决，要他到清华去，这种方式好不好？我看不好，到时让他下不了台。当少奇同志表示同意去，并请王任重同志帮他起草讲话稿时，陈毅同志又站起来，再一次表明他不赞成这么做。在这样的时刻、这样的会议上这样仗义执言，确乎非同寻常，是需要很大的勇气和胆量的。显然，陈毅同志已经把个人的得失与安危置之度外了。这不只是为少奇同志讲了公道话，而且是对"文化大革命"的错误做法的公开抵制。

半年以后，1967年2月，陈毅同志和其他一些老同志，在怀仁堂一次会议上，再一次慷慨陈词，坚决反对"文化大革命"的"左"倾错误的果敢行动，更是在党内和全社会群众中传为美谈。而这时我已被"监护"起来，不能出席党的任何会议了。

8月政治局会议上是我同陈毅同志的最后一次会面。9月3日，我被戴上"走资派"的帽子揪了出来。从此，也就失去了自由，再也未能见到他。1979年，当我重新出来工作时，陈毅同志已离开人世6年了。

世界上从来没有什么十全十美的完人。陈毅同志当然也不是完人，他也有自己的弱点和缺点。但他一生严于解剖自己，知错必改。他曾在诗中这样写道："几次'左'与右，细节不必陈。中夜赏自省，悔愧难自文。"由此也足见他的无私无畏，光明磊落。

共产党人在进行社会变革和推动历史进步的过程中，谁都难免犯错误，重要的是要有革命的敏锐性，要有自知之明，发现了缺点、错误，能够及时纠正，总结教训，继续前进，就无愧于历史和人民。

我敬重陈毅同志一生的功业，更深深地敬重他的为人。斯人虽已去，风范永存留。我想，无论是当年的战友、同事，还是后来的人们，都会从陈毅同志留下的业绩和精神财富中，学到自己应该学到的东西，从而更加奋发地致力于实现四化、振兴中华的伟大事业。

（薄一波）

两位将军的一次秘密会见
——陈毅和罗荣桓

1945年10月上旬，解放不到一个月的临沂城，人民欢欣鼓舞，到处充满着新生的喜悦。这时候，山东军区司令员罗荣桓，正和华中新四军军长陈毅，举行一次秘密会见，一次有历史意义的会见。

罗荣桓和陈毅的感情很深。早在井冈山时代，他们彼此已认识，互相敬佩。后来陈毅任江西省军区司令员，罗荣桓当政治部主任，两人相处得很融洽，在几次反对蒋介石"围剿"的战争中，结下战斗的友谊，成了亲密战友。红军长征，陈毅留在闽赣边区，艰苦卓绝奋斗了3年，罗荣桓参加了举世闻名的两万五千里长征到达陕北。抗战中期，陈毅任华中新四军军长，罗荣桓是山东八路军一一五师的政委，彼此隔着一条陇海铁路，但电报来往，情报相通，互相配合作战。1943年陈毅得知罗荣桓患了严重的肾病，曾经邀请他到苏北治病，如今分别两年的老战友在临沂重逢，喜悦的心情无法形容。

两位战友感情深切，性格却截然不同。罗荣桓欣赏陈毅性情豪放，刚直不阿，敢说敢干，肝胆照人。陈毅佩服罗荣桓善于思考，勇于创造，谦虚谨慎，沉默寡言。然而他们都有丰富的斗争经验，目光远大，运筹帷幄，决胜千里，所以能在不同的战场上，取得一个个的胜利……

一个月前，罗荣桓接到中央电报，林彪从延安出发，准备来山东工作。

不几天又收到电报，中央任命林彪为东北人民自治军总司令，林彪已折往东北，陈毅即将来山东主持华东局的工作。罗荣桓考虑山东的战略地位，既是新四军的后方，又是连接华中和华北的枢纽，自古兵家必争之地，因此在调兵遣将当中，处处为继任者着想。这时候，苏北新四军部队开始北上，罗荣桓已经派人做好接待工作，准备粮食蔬菜，动员群众腾出房子，打扫宿营地，沿途设茶水站……为了让新来的部队有像回到老家的感觉，让新来的领导人顺利工作，一切作了妥善的安排。

9月中旬，陈毅参加完中共第七次全国代表大会，离开延安返苏北，走到冀鲁豫地方，奉命转来山东。10月上旬，陈毅到达临沂城，为了保密，他和罗荣桓会见，不是在盛大的欢迎会上，而是预定在一间宽大的平房里。

那天上午，罗荣桓派参谋处一位负责人，代表他出城迎接陈军长。陈毅一行人员和护送的骑兵进入临沂，没等进入为他们安排的住处，陈毅就跳下坐骑，心急火燎地赶到罗荣桓寓所。罗荣桓半卧在床上看文件，等着阔别多年的老战友，听到院里响起脚步声，看见警卫员跑进屋说客人来了，喜悦使他忘了病痛，翻身下床走到门口。陈毅跨进门槛，握着罗荣桓的手，兴奋地喊着：

"罗司令员！你好啊！"

"陈军长一路辛苦了！"罗荣桓满面春风，回敬了一句。

"身苦命不苦，哈哈哈……"陈毅爽朗大笑，关心地问，"罗荣桓同志，听说你近来病又重了，还是躺在床上谈吧！"

"不用，"罗荣桓挺直腰板，"你看，我不是挺好吗？"

"你别装强，你的病情我很清楚，"陈毅说，"还是上床吧！"

"你听谁胡扯的？"罗荣桓站着不动。

"我是消息灵通人士嘛，哈哈……"陈毅开了个玩笑，"在延安就知道，一路上也听说，刚才你的部下还说哩！"

警卫员给两位首长倒完茶，走出门去。

"请坐，喝茶。"罗荣桓请客人坐下。

陈毅喝着茶，问道：

"罗大鼻子还在这里吗？"

"罗生特大夫还在。多亏他呀，不然我早见马克思去了。"

"马克思不会收你的,你的担子更重了,什么时候去东北?"

"等着你来啊!交代完了就走。"

"你带走多少人马?"陈毅问,又打哈哈说,"可不要连根拔呀!"

"哪能啊!"罗荣桓被他逗笑了,"遵照中央的指示,派遣7个主力师、1个警备旅、1个教导团、1个挺进纵队和4000干部,分3批从海陆两路出发。渡海的先头部队,已经到达辽东,陆路的部队也出山海关了。"

"嘿!你把主力师都派走了,给我留下多少虾兵蟹将呀?"陈毅风趣地问。

"给你留下40个团,20多万部队,不少吧?"罗荣桓认真地说,"鲁中的第四师,鲁南的第八师,军区特务团,新编第五师,都是能征惯战的老部队。还有10个警备旅和各分区基干团,战斗经验差一些,也是好兵好将啊!许世友、王建安、陈士榘、王麓水、孙继先,这几名战将都给你留下了,还不满意呀?"

"好,好,好!"陈毅高兴地叫好,"我知道你老兄不搞本位主义!"

两位将军轻松地谈着国家大事。一向严肃的罗司令员,在谈笑风生的陈军长影响下,不断发出乐呵呵的笑声,两人谈得十分开心。

院外传来一阵开饭的军号声。警卫员端来午饭,摆在桌子上。四菜一汤,一盆大米饭,外加一碟炒辣椒,还有一瓶酒。

勤务员端来一盆洗脸水,请首长盥洗吃饭。罗荣桓站起来,陈毅坐着不动,问道:

"你的婆娘娃娃呢?请他们一起来吃嘛!"

"孩子有保姆带着,林月琴不知忙啥去了!"罗荣桓说,"你跑了一路,早饿了吧?快洗洗脸,咱们先吃吧!"

酒足饭饱,离开饭桌喝茶。罗荣桓兴致勃勃,还想和他谈正事。陈毅怕他吃不消,起身告辞,说道:

"休息,休息,晚上再谈。"

晚上,罗荣桓到陈毅住处,两位将军谈了大半宿。

中共七大会议,罗荣桓当选为中央委员,他没有去延安开会,急着想知道会议的具体情况。陈毅详细介绍毛泽东、刘少奇和朱德三个报告,谈到《关于若干历史问题的决议》的产生过程,谈到一些同志的发言,末了,陈毅兴奋地说道：

"这是一次团结的会议，胜利的会议，对今后中国革命，将产生深远的影响。"

话题转到蒋介石邀请毛泽东去重庆和平谈判。陈毅告诉罗荣桓，当时有些同志不放心，怕蒋介石唱《鸿门宴》，劝毛主席不要去。毛主席叫大家放心，他说蒋介石虽然是个大流氓，但这次邀他到重庆，不会动他一根毫毛。中国现在列为世界四大强国之一，蒋介石要当中国的领袖，还想收买人心，不得不考虑国际和国内舆论的压力。如果不去谈，蒋介石就抓着理，说是共产党不要和平的呀！第二次世界大战刚结束，全世界人民反对战争；中国抗战刚胜利，中国人民不愿再打仗，希望国共合作，共同建设一个和平民主富强的新中国。我们要的是真和平，诚心诚意和他谈，蒋介石再耍花招、搞阴谋，全国百姓就明白，谁要和平？谁要内战？

"蒋介石搞的是反革命的两手，"罗荣桓说，"整个形势看来，内战很难避免！"

"我在路上跑了20多天，零零碎碎看了一些电报，"陈毅说，"毛主席去重庆 个多月了，和谈情况近来怎样？"

"国共双方代表，正在讨论一份和平协议，我方做了不少让步，最近可能签字，"罗荣桓说，"即使协定签字了，蒋介石也不会真正执行。"

"是的，蒋介石有美国撑腰，牛皮得很！"陈毅同意罗荣桓的看法。

两位久经沙场的战将，讨论当前的军事斗争。罗荣桓把蒋介石命令傅作义、胡宗南、孙连仲和李延年，率领四路大军入侵华北解放区的详细情况，向陈毅一一介绍完，又谈到美国军舰帮助国民党运兵：

"一个月来，美国舰队不断把蒋军从上海运到天津。有消息说，美舰还在越南和缅甸，准备把国民党的远征军运到东北。近来美国军舰天天在渤海游弋，空军在天上侦察，看来是想阻挠我军到东北去。9月29日，三艘美国军舰进到烟台港外，一位海军少将坐小艇到烟台，声言要清理美国人在烟台的财产，还要求让美国士兵，到烟台对面的崆峒岛上消遣……"

"消遣个鬼！"陈毅插上话，"还不是想摸我们的底，想占我们的地方！"

"10月4日，那位少将又送来公函，要我军撤离烟台，向他们移交行政权。"

"讹诈！耍流氓！"陈毅气愤地喊了起来，"坚决把他顶回去！"

"按照中央的指示，我告诉许世友，叫他寸步不让，做好战斗准备。"

"对头！他们敢爬上岸，狠狠地敲他一顿！"

接着，罗司令员向陈军长谈津浦前线的形势，研究如何打击李延年大军向山东进犯，一直谈到深夜。

以后几天，两位将军具体研究眼下的工作，讨论中共山东分局改组成华东局的问题，商谈新四军和山东军区领导机关合并的干部配备，进一步部署堵击徐州蒋军北上的作战方案。

10月10日，国共两党在重庆签订"和平协定"。消息公布，举国欢腾！山东军民也很高兴。两位将军心中有数，他们告诫部队要保持高度警惕，不要有丝毫的和平幻想，切勿放松战斗准备。

10月15日，中央军委来电指示："对于经平汉、津浦、同蒲、正太、平绥等路前进之国民党军队，必须坚决打击和阻止，作战重心应放在铁路线上，作战主要目的是消灭和阻止北进之顽军……"

陈毅看完电报，马上准备到津浦前线指挥作战。罗荣桓交代完工作，也准备动身去东北。林月琴在收拾行装的时候，从马褡子里翻出一床褥子，上面是一张完整的老虎皮。罗荣桓看见，和妻子商量道：

"月琴，冬天快到了，陈军长行李单薄，把这床老虎皮褥子送他吧？"

"好啊！"林月琴慷慨地说，"我正愁这些乱七八糟的东西太重，两个马褡也装不下。把这老虎皮褥子送给陈军长御寒，也是替我轻了装。快叫警卫员给陈军长送去。"

话音刚落，陈毅跨进门来，问道：

"送给我什么好东西呀？"

"送你一只大老虎，"林月琴摊开褥子，"东西不错吧？"

"嘿！黄斑吊额东北虎！"陈毅抚摸着皮毛赞赏道，"还是冬天的皮子呢！"

"山东天气冷，屋里没有取暖设备，"林月琴说，"陈军长留下铺床吧！"

"东北冰天雪地，零下50度，比山东冷多了！"陈毅推辞道，"罗司令员身体不好，还是带去用吧！"

"东北城市里有暖气，乡下有火墙热炕。"罗荣桓过来帮腔，"你留下更有用。"

"留下吧！留下吧！"林月琴边说边喊来警卫员，"把这床褥子卷起来，送到陈军长那里去。"

"莫急，莫急！"陈毅双手抱拳，向林月琴作揖，"谢谢夫人了！"又皱着眉头说道，"这一下子，我可要睡在老虎身上了。"

瞧他那般模样，逗得罗荣桓夫妇哈哈大笑。

当天晚上，陈毅军长和黎玉政委，率领野战指挥部，奔赴津浦前线，指挥山东和华中的部队作战。10月18日发起津浦战役，解放了邹县、滕县和大汶口，控制了临城到枣村的支线，堵击李延年进犯山东。

（白　刃）

"一块合影留个纪念吧"
——陈毅和聂荣臻

蓝天无垠，碧海万顷，白帆点点，海鸥翩翩。一片金色平坦的沙滩上，撑着一把红白相间的太阳伞。伞下，3位衣着俭朴的老人席地而坐，谈天说地，道古论今，一阵阵坦荡、豪放的笑声，被拂面而来的清新湿润的海风，送出去很远很远……

陈毅暂时离开301医院来到北戴河疗养，转眼已有20多天了。细算起来，这是陈毅担任外交部部长以来，到海边避暑时间最长的一次。因为8月份有好几个建交国家的国庆日，他历年此时都要出席招待会，8月份往往成为他外事活动比较集中繁忙的工作月。记得有一年，陈毅利用外事活动的短暂空隙，向周恩来告假一周，阖家来到北戴河，想痛痛快快地游游泳，晒晒太阳。陈毅偕同张茜和孩子们刚刚走进屋子，随身携带的简单行装还没打开，电话铃响了：毛泽东主席有事找陈毅。陈毅二话没说，立即上火车返回北京，身子连海水都没沾。

这次，没有公务缠身的陈毅，时间是充裕的。只是手术之后，由于放疗、化疗对肌体的打击,他已经不能下海游泳了。所幸,朱德、聂荣臻夫妇相继来到北戴河休养,3位老战友,晴天,朝同出,暮同归,徘徊于海滨浴场沙滩,留下脚印行行;雨日,他们相约登上居于山顶的军委疗养院顶楼,搬几把藤椅,推开阻碍视线的纱窗,向遥远的海天瞭望。这样朝夕相伴的聚会,几个月前也曾有过,但是,远非这样无拘无束、倾心、欢畅。

老同志陆续从各地回到北京,大都因为身体有病,需要治疗。301医院南楼,自然成了大家碰面的地方。陈毅手术前,朱德、李富春住在他的隔壁。自从九大以后,各自闭门思过,接着又疏散离京,今日得以相见,陈毅曾登门看望,叙谈各自的经历和见闻、身体及病情。

说也怪,话刚开头,医生进来查房,护士进来量体温、送药,卫生员进来送开水、拖地。他们你出我进像跑马灯。3个老人聊一会儿天,就要被几次敲门声打断。而平时,医生护士很少查房,暖水瓶里也经常是空着。80高龄的朱老总,有时还得自己提着暖水瓶打水。这样像在监视下的谈话,说者无趣,听者无味。有几次晚饭后,朱德与陈毅在走廊里缓缓散了会儿步,然后,落座在护士办公室门口的一对沙发上。仿佛是商量好的,40分钟过去了,两人并排而坐,谁也没开口说一句话。

朱德出院了。陈毅常常一人坐在沙发中。

一次,聂荣臻的周秘书走进护士办公室,那里有个磅秤,他去称一下体重。一出门,突然看见陈毅坐在拐角沙发上。他两步走过去,给陈毅行了军礼:"首长,您也住在这儿?!"

刚才双臂抱在胸前仰靠在沙发背上闭目养神的陈毅,认出了对方,脸上现出笑意,他点点头,请周秘书坐下,轻声问:

"聂帅怎么样?"

"聂帅在邯郸皮肤过敏总是不好,现在回来看病,今天刚刚住进来。"周秘书往走廊后面指指:"第三个门。"

"好!"陈毅与周秘书握握手:"你替我问个好!"

周秘书回到病房,将碰到陈总的事告诉聂荣臻。聂帅正坐在床上做治疗,他动情地说:"待会儿治疗完了,我去看他!"

陈毅离开沙发,从走廊西头踱到东头,又从东头漫步到西头,渴望立即会到老战友的心情再也压抑不住。他站在聂荣臻的病房门前,伫立片刻,情不自禁地伸手把虚掩的病房门轻轻推开一条缝，伸头进去望了望。

坐在床上治疗的聂荣臻听到门响，尽管背对着门，却高声招呼道："门口是谁？是陈总吗？你进来嘛，有什么呢？把门打开我们谈嘛，有什么问题呀！"

陈毅大步走到聂荣臻面前，两双大手久久地，久久地握在一起。

从这以后，周秘书来念文件，聂荣臻总是请陈毅过来一块听，文件念完，两个四川老乡兴致勃勃摆摆"龙门阵"。有次，聂荣臻又提起陈毅探头进屋那件事，笑他怎么变得如此谨慎、小心。陈毅痛楚地深深叹了口气，说："我怕连累你哟！我看的古诗，放在枕头底下，他们都要拿出来看一看呢！……"

相比之下，北戴河没有人监视，没有冷眼恶语，只有海风、松涛相随，潮声、鸥鸣相伴，几十年不凡经历，从哪里都能扯出话题来，3位开国元勋每天结伴，欢声笑语从未间断。

9月2日清晨，陈毅从海边散步回来，叫过管理员魏风歧说："老魏，今天是我70寿辰，我想请请客嘞！"

"请谁呢？"老魏憨厚地询问。

"请朱老总夫妇，聂老总夫妇，还有我们自己的同志，热热闹闹聚一次，好不好？"

对于生日请客，为陈毅管了十六七年家的老魏并不陌生。这么多年来，每逢陈毅生日，他总要让施师傅做两桌饭菜，把身边工作人员及他们各家的妻儿老小，都请到家里吃顿饭。名为过生日，做寿，实际是想借此机会，对在他身边工作的同志们，表达一点尊敬的谢意。

每次聚餐，陈毅三口两口吃完一碗面条，菜只上了一半，他已经抹抹嘴站起身，笑着给大家打招呼："你们慢慢吃，我下午还有会，要去休息一下，我就不陪你们了！老魏，你代我和张茜陪客，怠慢了一个，我拿你是问！"

融洽的笑声中，他与张茜先离席而去。老魏心里最清楚，陈毅夫妇是怕大家拘束，他们早点离席，能让大家吃得随便些、痛快些。

今天，老魏有些迟疑，说："请客是可以，只是……"

"只是什么？"陈毅反问，"你说说看！"

"老总，前几年，你去西山不也是吃吃饭嘛，人家就说你是开'黑会'，是'联络员'。今天如果请朱总、聂总来聚餐，会不会又有人说你们什么呢?!"

"嗯，也是的。"陈毅点点头，"朱老总离得远，就算了，可是聂帅紧挨着，总要请吧!"

"不用请，我自己送上门来了!"聂荣臻的声音从栅栏门外传来，一锤定了音。

席间，大家举杯祝贺陈毅70寿辰，姗姗充满感情地朗诵了一首《祝寿词》，这首词是二哥丹淮从部队驻地寄来的，是按《永遇乐》词牌填写的：

> 寿日皆欢，今度尤殊，七十古稀。
> 霜天淡云，松江初寄，正家门始离。
> 萧瑟复到，滦峰重贺，不觉十年满期。
> 忆风云，善恶终报，两鬓皆白何惜？
> 五十年内，才得宽余，谁知又斗病疾。
> 唯谢重恩，安乐晚年，秋风送家喜。
> 海滨情深，松涛散香，再领北戴深意。
> 放眼量，悠闲高龄，更添健力！

"忆风云，善恶终报，两鬓皆白何惜？"

陈毅动情地重复了这句："好！丹淮这首祝寿词虽说格律方面没有着意讲究，所抒之情却是真挚感人的！尤其是'忆风云'这句，我非常喜欢！"接着，他兴致勃勃地向聂荣臻和席间其他同志解释词中"不觉十年满期"的背景。

1961年，丹淮考入哈尔滨军事工程学院，他是孩子中第一个远离家门的。当时陈毅写诗送行，勉励孩子们千锤百炼，永远革命。丹淮在那年8月为陈毅60寿辰写了一篇五言百行诗，从陈毅"井冈领红兵"的光荣传统写到自己参加人民解放军的战斗激情，这就是"松江初寄，正家门始离"。陈毅曾提议把丹淮这首祝寿诗连同他写的《示丹淮告昊苏小鲁小姗》，再加上张茜和昊苏写的几首诗放在一起，编成一部家庭诗集，后来因为忙，没有付诸实施,可惜的是,丹淮那首诗竟找不到了……

饭毕,陈毅仍然毫无倦意,他挽着聂荣臻的胳膊笑吟吟地说:"聂帅,今天也是你的生日嘛。"陈毅见聂荣臻没听懂,又风趣地解释:"你忘了,今年是解放军建军45年,是我们参军45年了嘛,不也是你我的生日嘛!来,我们两个老战友、老朋友、老同乡又是老头子,一块合影留个纪念吧!"

"当然好嘛!"聂荣臻爽朗答应。

"要穿上军装噢!"陈毅又提个要求。

"可以。小鬼,给我去拿!"聂荣臻向警卫员招呼。

"我来给你们照。"张茜取出照相机微笑着说,"这两年闲着,我的照相技术可是大大提高了!"接着,昊苏也拿出了照相机。

石台阶下,藤条椅上,两位共同战斗近半个世纪的老战友,两位战功显赫的建军元老,两位威震天下的著名元帅,穿着一身普普通通、半新半旧的军装,面对着照相机,坦荡、庄重地笑着。

这是无产阶级革命家才会具有的必胜的微笑,这是彻底的唯物主义者才会具有的必胜的微笑,这是经过休整,准备继续为党为人民贡献自己的一切乃至生命的无私无畏的微笑!

(铁竹伟)

"江南处女战打得好"
——陈毅和粟裕

宝埝是茅山地区的重要集镇。镇江县像一个楔子似的揳入句容、丹阳两县之间,宝埝就处在"楔子"的尖尖上,成了镇江、句容、丹阳、金坛几县的中心点。这儿市场繁荣,交通便利,从水路可以直达苏、杭、上海。各县城和交通要道被敌人占领以后,这儿就更显得重要了。当时,镇江县流亡政府的"包袱县长"庄梅芳,表示愿意和我们共同抗日,带着百把人的常备队也活动在这一带。

支队司令部在宝埝大地主张皓明家顺利安下了。但是，由于连日来得不到先遣支队的消息，陈毅的心绪有些不宁。"打仗？你们这副模样的新四军也想和日本人打仗？"陈毅的脑子里老是浮动着庄梅芳含有这种表情的笑嘻嘻的形象。这表情分明宣告：不能打胜仗，新四军就别想在宝埝待下去；而打胜仗，对新四军来说，那是痴心妄想。陈毅想着，止不住有些气愤激动。

正在陈毅焦急不安的时候，先遣支队的消息终于来了。侦察员报告：先遣支队突过溧武路封锁线后，电台的灯泡烧坏了。粟司令命令一个连掩护电台在茅山隐蔽，其他部队照原方案已向下蜀铁路边行动。估计昨晚已经破路。

"好！"陈毅的一颗心已经放下，转身吩咐胡发坚：再派几个侦察人员到下蜀一带侦察。

续派的侦察员还未动身，下蜀方面的消息已到。可惜，这不是一个喜讯，更不是捷报；侦察员带回的是令人失望的消息：昨夜先遣支队在下蜀破路的任务未能完成……

陈毅的心一下子被提了起来，这第一仗……群众的目光，游击司令们的目光，纪振纲的目光，樊玉琳的目光，庄梅芳的目光……

这一夜，陈毅醒来多次。

第二天，陈毅发出命令，无论如何要在各活动地域，以最积极的态度寻机歼敌；活动在京沪线附近的一营，更要努力寻找战机。

宝埝指挥部里的气氛，显得有点紧张。

上午10时许，正在大家急切等待各方面消息的时候，楼院里突然跑进一个满头大汗的侦察员，兴奋地大叫："陈司令！打响了！打响了！"

陈毅急急忙忙从楼上跑下：

"怎么样？怎么样？"

"粟司令在韦岗打响了！打了鬼子的一个车队。具体结果还不清楚。后面的报告，估计很快就到……"

可消息灵通的宝埝却沸沸扬扬地奔走相告着令人极为不安的消息：新四军和鬼子打起来了；鬼子出动了3架飞机，20辆汽车，还有几十个轮子的坦克；狗强盗从飞机上扔下的炸弹比吊桶还大……

指挥部里兴奋的气氛变得紧张而严肃。

正在大家十分着急的时候，门岗高喊了一声："邹班长胜利回来啰！"

这一声，真像投入滚油锅里的一把盐，把整个指挥部里兴奋欢乐的气氛，一下子又重新炸了起来。

陈毅也像参谋干事、杂勤人员们那样激动，"嗵嗵嗵"地夹在他们中间跑到门口。这时，被派去和先遣支队一起行动的政治部警卫班邹班长也已经到门口了。他带了几个战士，抬着两只铁箱子。不等他"报告"，陈毅已接二连三地发问：

"都回来了？"

"都回来了。"

"粟司令呢？"

"被路上的群众围住了。"

"听说在韦岗打响了，情形怎么样？"

"粟司令指挥我们打了一个埋伏。烧毁了鬼子的汽车5部，打死了鬼子30多名，缴获了许许多多东西。喏，这两部留声机是粟司令叫我送来给首长的。"

"留声机？"

"大家都说是留声机。"邹班长说着，按了一下按钮，箱子发出了刺耳的声音：嘟——！

"哎呀，我的同志哥！"陈毅止不住捧腹大笑，"这是鬼子的保险箱！"

啊，是保险箱！大家也止不住哄然大笑起来。

陈毅又问了破路和老百姓传说的敌人出动飞机、坦克等情况。邹班长说："破路基本上是成功的，只是由于炸药失效，全靠手工作业，破得不够彻底，天亮后，敌人很快就修复了。我们还把一根铁轨丢到了池塘里！鬼子一辆火车出了轨，吓得派了7卡车鬼子来掩护抢修。大概侦察员同志被鬼子挡住了，看不到铁路边的具体情形。"邹班长嘻嘻笑着，又得意地说："在韦岗，鬼子派了飞机、坦克来是不错，还有17卡车的鬼子兵。可那是我们伏击成功后来给打死的鬼子送葬的。在他们疯子似的打炮、扔炸弹的时候，粟司令早带我们转移到另一个山头上看热闹了。"

原来如此！大家无不欢欣鼓舞。高兴之中，陈毅喊来总务科科长："马上给小邹他们搞饭，加两个菜。"随后又转身命令副官："备马！去迎接粟司令！"

在国民党的正规军不问日军多少，还远在几十里路外就跑得无影无踪的情形下，在两个徒手敌人可以吓跑200多户人家的整个村子的男女老少和有上百人枪的"游击队"的情形下，一举烧毁了敌人5辆汽车和击毙日军30余名，这一胜利的重大意义，断然不是江南以外的人可以理解和体会得到的。

陈毅等策马赶到东圩桥，早已看见先遣支队的同志已被密密麻麻的群众围得水泄不通。这些群众，大部分是从附近村庄赶来的；有的远在一二十里路外，也闻声奔集。他们之中，有不少年轻的小伙子早就跟着了；还有绅士、读书人、店员、老板，以及地方政府人员和附近各游击队或者刀会的"耳报神"；也有和尚与道士；当然最多的还是普普通通的男女老幼。他们用最朴素的语言和方式向战士们表示感激和祝贺。这情景，使许多先遣支队的战士热泪盈眶。

韦岗战斗的缴获有：日本国旗、日军军旗、日本钞票、日军指挥刀、步枪、手枪、大衣、雨衣、军装、钢盔、皮鞋、望远镜……在群众的要求下，已经在一座祠堂里就地布置成了一个临时展览。群众的热烈情绪深深教育了大家，也深深感动了陈毅。不错啊！只要能把真正抗日的旗帜举起来，人民群众是会争相来归的啊！他急急找到粟裕，第一句话就是：

"祝贺你，江南处女战打得好！"

粟裕把激动埋在心底，文静地笑笑，向陈毅详细介绍了从破袭京、镇铁路到韦岗伏击战的全过程。他讲得很平常，把自己亲临锋镝、差点遇险的部分全略了。

"你把最重要的一部分漏掉了。"陈毅笑着风趣地说，"从这漏掉的一部分里，至少可以总结出一点：在日寇强大和不可战胜的神话到处流传的时候，在此沦陷后还没有谁敢和日寇正面打过一仗的江南，指挥员带头冲锋陷阵，对鼓舞士气，消除对敌人的疑惧心理，有异常重要的作用。"说完，他高兴地拿起笔，写下了一首《卫岗初战》道：

故国旌旗到江南,
终夜惊呼敌胆寒。
镇江城下初遭遇,
脱手斩得小楼兰。①

粟裕也高兴地写道:

新编新四军,
先遣出江南,
卫岗斩土井,
处女奏凯还。

接着,利用那么多人参观的机会,先遣支队就在东圩桥召开了庆功大会。各界人士和群众纷纷杀猪宰羊,捧烟担酒,前来慰问。还有不少人把埋藏的枪支弹药挖出来送到新四军战士手里……

此后几天,陈毅又连续召开了几个大会,请粟裕给各部队的干部战士报告韦岗伏山战的详细情况。粟司令形象生动地给大家介绍了如何伏击,如何搏斗,如何击毙了敌军指挥官土井少佐和梅泽大尉,并用军事家和战斗指挥官的目光,详尽地分析了敌我双方的优劣,告诉大家:日寇并不可怕,日寇是可以战胜的。

韦岗战斗像一枚重磅炸弹在茅山地区炸响了。可它掀起的洪波还远远没有平静。江南人民把韦岗战斗当作神话一样四处传说。人嘴快如风。这消息甚至很快就传到杭州、上海。他们说,新四军在韦岗一个早晨就歼灭了敌人300、3000甚至30000,新四军战士一手能打一挺机关枪,50车敌人没有一个敢把头抬起……

群众这么传说的心情和用意不难理解。可也另有一种情况,使陈毅一时说不出是什么滋味。那天,粟裕告诉他一件"奇事",说下午先遣支队指挥部里突然来了两位持着国民党第三战区敌后游击司令部副官处副官的名

---

① 此诗发表时改为:"弯弓射日到江南,终夜喧呼敌胆寒,镇江城下初遭遇,脱手斩得小楼兰",诗中所写"卫岗"即韦岗。

片和龚旅长手札的人。他们在说了一大堆的"敬佩"后提出，愿意用一挺机枪换一支步枪这样的代价，换一套韦岗战斗的缴获品：军刀一把、手枪一支、步枪一支、望远镜一具、军大衣一件、军衣一套、军帽一顶、皮鞋一双，等等。粟司令客客气气地给他们让座，请他们喝水，说："不必换，不必换。你们要的，我们都可以奉送，只要你们请战区长官部给打个收条就行。"两个副官一听，只好悻悻"告辞"了。粟裕说完，陈毅哈哈一笑，却止不住摇了好一会儿头。

不久，由叶挺军长转来的蒋介石对韦岗战斗的嘉奖电也到了：

叶军长：所属粟部，袭击韦岗，斩获颇多，殊堪嘉尚……

叶军长来电中同时告诉陈、粟：三支队已在谭震林率领下挺进铜陵、繁昌前线；二支队也正在张鼎丞司令率领下向江南敌后挺进；希望粟裕立即到溧（水）、高（淳）边迎接二支队主力。

粟司令准备走了。在欢送他们的时候，陈毅特意把韦岗战斗缴获的一套日本军服穿在身上，在队伍前来回走了两趟。意思很明白：韦岗是开始，还要不断争取新的胜利。

（松　植）

司令·严师·兄长

陈毅老总逝世了。当时一连几天，我茶饭不进，辗转难眠。哀乐在我心尖萦绕，悲愤在我周身燃烧。旧事填膺，思之凄梗，如影历历。呜咽声声思陈总，思罢又号啕……看管我的解放军战士以为出了事，推门进来了，问："你哭什么？"我答："家里死人了。"他递给我一张《人民日报》，掩门走了。泪眼模糊地看报，陈总灵前，忠奸群立，人鬼混杂，丑类们掩饰不住地趾高气扬，尤使我恨之切齿。我哭，我骂，我击掌拍案，我捶胸顿足，忘记了窗外还是一片魔魇的世界。我愿白虹贯日，天发五雷，把句容县这座囚禁我们的小监狱击成齑粉，这样，我的游魂还可以到陈总灵前站一站。几十年了，陈总始终是我最崇敬的人，我不仅曾是他麾下的一个兵，他永远是我的恩师，是我做人的楷模。世道之坏，谗言蔽明，邪曲害公，方正不容。陈总这样雄才伟略、正道直行的开国元勋，竟被一批权诈宵小暗害，我还有什么值得留恋的，还有什么活头！我举头望天，日，冷冰冰；天，冷冰冰。窗外仍是苍凉肃杀的严冬……

  人终有一死。我本可能死在陈总前头。真是那样，也许倒是一种幸运。至少，我还可以去奈何桥头迎候他，像当年在扬子江北岸迎候他那样。我因癌症动了手术，本来也只是存着一线生的希望。1964 年，我到北京去治病，一天凌晨，忽然有电话通知我不要出门，说有中央首长来看我。我进京并未报告中央，谁会来呢？电话刚放下不久，陈总穿着拖鞋踢踢踏踏进来了，一见面就责备我："你这个惠浴宇，来治病为什么保密，不给我打个招呼呢？我还是在上海听说的。"我不好意思地说："陈总，您太忙了，我怎能惊动您？"他要我撩起衣服，轻轻地抚摸我身上的刀疤，心情沉重地说："你呀你，怎么生了这么个绝症！多年战友了，我再忙，也得来看你嘛！"他仔细垂问了我的病情和治疗情况，要安排我搬到钓鱼台去住，我婉言辞谢了。他又说："你 50 岁了，治不好，也够本了！索性这样想，反而能安下心来治病。需要我办点什么事，打个电话来，只要我这个副总理办得到的事，我无不尽力。"他的警卫一再催他回去吃早饭，他却在一再叮嘱我，要拿出当年打仗的劲头来，思想要开朗……陈总给我注入了战胜病魔的强大力量。我侥幸活了，难道是为了眼睁睁地看着他被害死吗？他病重的消息早就不胫而走，我却连表达一点慰问的机会都没有，更不用说效犬马之劳。哀莫大于心死，哀莫大于此！陈总殁了，竟然还被"四人帮"们装腔作势地亵渎！愤怒出诗，我这个从不写诗的人，恨恨地写下了两句话：

    残害忠良罪非浅，活像孔明哭周郎。

幸而毛泽东同志赶来参加了对陈总的悼念，传闻还对"四人帮"发了火。陈总的英灵，该是能有所慰藉了罢。天日昭昭，公理长青。陈总在逝世前看到了林彪的粉身碎骨，是直追到黄泉路上与林彪厮拼决战去了吧？善报恶报，留下我们在世上，是为了让我们亲眼看到恶人的恶报吧？

14年了，那帮狗男女早已受到了历史的严惩。我一次又一次地对着陈总大声诉说，一次又一次地提起笔来，也曾发表过若干关于陈总的记述，却总是难以表达我对陈总的感情于万一，更难以勾画陈总的伟大形象于万一。绵绵哀思，横无际涯，像扬子江的春水秋汛，年年汹涌无尽期。我只能今日记下今日所想，明日再记下明日所忆。虽则我知道，对于陈总，我或许永远也难于尽情尽意，但在我有生之年我总要点点滴滴地说下去，陆陆续续地写下去……

1938年初秋，溧阳竹箦桥附近的茅草房里，一大早我就坐着发呆。实话说，头天晚上我也没睡踏实。抗战前我坐了多年牢，出狱后进延安抗大学习了几个月，就经新四军军部分到一支队来了。面对江南敌后错综复杂的政治军事斗争，过去地下斗争、狱中斗争的那一套显然是用不上了。我适合干什么呢？完全没有数。听说陈毅同志要亲自接见我们，并分配我们的工作，我的心里直打鼓。红军时期陈毅就是功勋卓著的将领，又是新四军的创建者之一，党内军内，威望如山，据说还很严厉。他会对我们这些学生兵娃子说什么呢？会分配我做什么呢？我可是什么也不会呀！

我正忧心忡忡，一位披黄呢军大衣的同志走进来，他面庞黑红，眉宇间英气逼人。我以为是领我去见陈毅同志的首长，连忙站起来。他笑眯眯地问："你是惠浴宇？……我是陈毅。"慌得我又想敬礼又想找凳子，不知先干哪一件好。他拉我在床边坐下，亲切地聊起来。三言五语，我的紧张拘束就飞到九霄云外去了。他和蔼睿智的目光，一下子抓住了我的心。他听出了我的苏北口音，高兴地笑了，说："苏北人好！"我也不知好什么，跟着他傻笑。他严肃起来："就派你过江北去，和韩德勤做个对头！"我当他是说笑话，应声道："好，我就送去给韩德勤抓。"他摇头："不是他抓你，也不用你抓他，挤走他这个顽固派，我们好在苏北抗日。"我看他越说越当真，就急了，冲口而出："韩德勤自称有雄兵10万，我有什么本事能搞过他？单人独马，不是送死去吗？"刚说完，我就感到冒昧，初次见面，就在首长面前说这种泄气话,他不会把我看成孬种吧?

我们几个新来的拥着陈毅同志走到屋外,围坐在他身边。10月小阳春,煦风拂面,陈毅侃侃而谈。从党中央"向敌后发展"的指示精神,谈到新四军开辟苏中的战略前景……我意识到这些都是事关绝密的军机大政,不由得感激他对我们这些初相识的学生兵的信任。他率孤军深入敌伪统治中心江南敌后,肩负着东南半壁河山,而今却在从从容容地和我们议论风生。他自己掏钱叫人去买了半筐烘山芋,说:"今天我请客,欢迎你们来敌后抗日。"大家就这么一边剥山芋一边谈下去,一直到日头偏西。次日,他又把我召去继续谈了大半天,具体地了解苏北的各种情况,分析苏北抗战局势,布置建党工作。他鼓励我:"你们去苏北关系多,风情熟,便于开展统战工作,你有特殊的便利,大有可为!当然,不是叫你马上过江,也不是单人独马。来了,先熟悉情况,学一点行军打仗的知识……"

一顿山芋宴,一席长谈,教我们政策策略,教我们认识形势和任务,给我们勇气信心,同时工作也分配停当。多么巧妙灵活的工作方法,多么好的首长啊!我顿开茅塞,继而又暗自庆幸:如果碰到一位武断点的首长,一见面我就暴露出顾虑惶惑,他把任务给了别人,那我只好在江南的茅草房里发霉了。在陈总这样的首长领导下,有什么工作不敢做不能做呢?此后直到黄桥决战,近两年的时间内,我曾多次跟随他行动作战。他常结合实地实事,给我讲解抗日战争中的党政建设,统一战线,战略战术……特别是针对我的弱点,教我军事知识,在战斗中,他根据地形地物,告诉我哪里是死角、哪里好隐蔽,何处可以设伏,何处便于出击……

陈总这样对我,并不是对我的偏爱。每一个对抗日战争有用的人,陈总都爱护备至,抑其短而用其长。有一位知识分子出身的军事干部,战场经验不足。一些老红军出身的同志对此不满,有时会气得骂起来。陈毅同志总是出面保护他。陈总说:"会打仗也不是从娘胎里带出来的嘛!我参军时,朱老总也说过我这个留法国的洋学生会打仗吗?那时也真是不会打。我打仗也是在实践中锻炼的嘛!"陈总初到江南,发现丹北有一支抗日武装,是失散了组织关系的共产党员管文蔚同志领导的。他迅速请示中央,承认了老管的党籍,帮助他改造部队,并以老红军和抗日青年为骨干将部队改编为挺进纵队。"挺纵"在开辟苏北的斗争中发挥了重大的作用。陈总到苏北后，又启用名义上是国民党战地党政委员会中将设计委员的黄逸峰同志，批准他恢复党组织关系，任命他为联抗军司令员，李俊民为副司令。黄、李二位都是地地道道的"文人"，如今都投笔从戎，领导联抗军在苏中团结抗日的斗争中起了特殊的作用。这类事例真是不胜枚举，难以尽书。

泰山不让土壤，江海不择细流。陈总爱才，不是等人长成了才再去爱的。他循循善诱，诲人不倦，根据每个人的特点去教育培养。陈总用人，从不以某种固定的好人标准去寻找完人。他选能而任，常常是不拘一格。苏中以至华东战场上，人民军队从小到大，从弱到强，直到解放战争时成为人才辈出战将如云灿若星汉的百万雄师，这里倾注了我们陈总的多少心血啊！

我随挺进纵队过江后，短短的一年中，陈总曾突破敌伪顽固的封锁，凭一叶扁舟，四渡大江；曾轻车简从，亲入虎穴，三进泰州，这是何等的勇武！尔后在黄桥，孤军击敌，背水决战，又是何等的胆略！然而在某些问题上，他又特别的谨慎，甚至显得有点"胆怯"。当时条件艰苦，粗茶淡饭都难以保证，常常是饥肠辘辘，大家的嘴都很馋。江都地区盛产号称"扬子江中第一鲜"的河豚，因为有剧毒，价钱也极便宜，年年有人吃死却年年有人吃。陈总和我都慕名引动了馋虫，尤其在寡油少菜的时日里，陈总也曾多次发狠说过：我们也找个机会拼死去吃一顿河豚！其实机会是不用找的，河豚到处都有，陈总却视而不见，侧目而过，宁愿清苦以至挨饿。他说："想来想去不敢吃，我一个司令，你一个工委书记，效命疆场是我们的本分，万一吃河豚死了，就划不来了，悼词都没法写。"

陈总可不是总这样想来想去慢慢琢磨的，有些事也不容多想多琢磨。黄桥战后，我随他到战场上走走。此时的陈总，胜利的喜悦溢于言表，一路走一路说笑话："韩德勤自吹是仁义之师，行军过处，鸡犬不惊。鸡犬都被他们吃光了，当然不惊。""10万赏格，活捉陈毅，他捉我还是我捉他？"正说笑间，陈总发现战士们乱纷纷把缴获的武器装备往黄桥镇上集中。他立刻下令疏散。各部队首长都不在，战士们疲劳不堪，又不认识陈总，他们粗鲁地顶撞说："司令叫我们往里搬，你又叫我们往外搬，想累死我们啊？"陈总大喝一声："你那个司令没我这个司令大！"一声威喝，战士们不得不服从。我向战士们说明了陈总的身份，亲眼看到开始疏散了，才走开去。陈总对我说："最近的鬼子据点，离黄桥只有45里，万一奔袭过来，岂不全盘归其所有。麻痹松懈不得！"我明白了陈总焦躁的缘由，暗自佩服他的敏锐。我们转到了街上，碰见了某部的一个参谋，他斜挂着皮带，吊儿郎当地挤在人堆里。陈总把他拎出来，命令他立正站好，问："你远离部队，跑到这里来干什么？"参谋答："打了胜仗，来看看热闹。"陈总发火了："热闹是你看的吗？派你去友军工作你不做榜样，带头违反纪律，竟然丢下部队来看热闹！……"训了半个时辰，那参谋立正立得累了，偷偷地自动稍息了，陈总又呵斥他："谁要你稍息的？立正！"过后，我对陈总说："您把他搞得好紧张。"陈总说："我就是要他紧张一点。打了胜仗谁不高兴？但是上上下下骄傲轻敌，就危险得很，骄兵必败，此种倾向万万不可放任！"原来陈总并不是随便到战场上来走走的。

陈总发起脾气来真是排山倒海。怒火冲天，怒发冲冠，怒目圆睁，那目光像两条闪电的鞭子在飞舞，更不用说言重如金石，又像刀子般锋利。有次我所带的地方武装连队上升到主力部队去了。主力部队原来说好给我们留一部分枪械的，结果连人带枪一起收下了，只给了我们半纸烟箱子弹。地方干部纷纷发牢骚，有一位还当着陈总的面诉了通苦。我自己也有情绪，所以对那些牢骚怪话并不制止。陈总听说了，立即召集主力部队干部开会。他训斥那位主力首长说："你现在部队大了，本钱大了，胃口也大了，吃了人连骨头都不吐。你只能当个木匠，哪里能当指挥员？你的部队是从哪里来的？……"那支主力的政委站起来想分担些责任，陈总又训他："你不站起来我倒把你忘了，你那支部队还有政委吗？你个政委当得好哇。这就是你发扬的红军传统吗？亏你还做过几天红军，还有点资格给我们老红军塌台！……"全场肃然。听说那两位仁兄笔挺地站着，满头满脸汗珠直滚，我想陈总是在替我们地方武装出气呢。我倒真有点同情他们，说来说去，谁不希望多几条好枪呢？枪就是战士的命啊！过了两三天，主力送给我们两大筐弹药，我正得意呢，陈总把我叫去了，扎扎实实训了我一顿："地方支援主力，好人好枪输送给主力，是好事，也是应尽的义务。你们牢骚怪话那么多，还不都是跟你学的。你坐牢时，一根棍子也没有，不同样是革命？没有枪再去搞嘛！"像那两位首长一样，我也大汗淋漓。陈总这么两头一开刀，我们都懂得了维护团结，有了点小不愉快，大家尽量克制谦让，彼此都心照不宣：可千万别又惹陈总发脾气啊！

那次陈总对我还算客气的。我想：如果轮到我，挨陈总像骂那两位似的骂一回，怕是没脸活了。越是怕，越是轮得快。一年后，日寇大"扫荡"，我率县直属机关冒着大雨撤退，忙乱中没能顾得上，公安局把韩国钧老先生的一个亲戚给杀了。这个人虽有罪，但并不该杀，我也交代过不能杀的。但既然已经杀了，我也就没有多说。陈总很快就了解到此事，专门把我召去查问，我刚刚解释了两句，他就火了，手指戳着我的脑袋，说："惠浴宇你长了个脑袋是干什么的？你长了嘴是干什么的？脑袋是想问题的，嘴是吃饭的，你张嘴就杀人……"他越说越生气，用手掌鼓劲比画我的脖子道："我让你尝尝杀头的滋味，疼不疼啊？疼不疼啊？你知道疼，你真杀人家的头，人家就不疼？我不问是你们谁杀的，唯你是问！不然要你这个县长干什么？……"他又文又武地收拾了我半天，我这才意识到犯大错误了，又愧又悔又羞，不知道该怎么办才好，心想只有老老实实接受严厉的处分了。过了一天，陈总又心平气和地和我谈话，指出我这次犯错误的严重性，教我如何具体地掌握政策，交代我如何具体地去处理善后事宜。他语重心长地说："民族战争，阶级战争，流血总是难免的。正因为如此，就要特别珍惜人的生命。一个地方官，掌有生杀大权，在这个问题上要特别慎重。人命关天，杀错了就无法挽回。不仅影响一家，还将在千家万户长期造成坏影响，贻害无穷。历史上没有哪个朝代靠严刑苛法靠镇压杀人能维持长久的。共产党不能靠杀人打天下，更不能靠杀人治天下，切记切记！"

天下打下了，天下也治过了。陈总的这段话，经几十年的经验教训检验，愈加发人深省，引人反思。新四军北撤时，上级指示要镇压一批反革命分子。在我负责的地区，杀戒一开，头脑发热，很快就难以控制了。基层杀了不少真反革命，但因不明内情，或政策水平不高，也杀了一些虽有过失但曾公开或秘密地为抗战作出贡献的人，因此给尔后坚持敌后斗争造成了严重的困难。每念及此，我的脖子就发烫，深深地责备自己有负于陈总教诲。在当时也幸亏想起了陈总"靠杀人不能治天下"的警告，一见刹不住车了，火速把身边的几个警卫员侦察员派出去，不由分说地把一些重点人物绑到驻地保护起来。其中一位解放后见到我就作揖，说感谢救命大恩，侦察员去绑他时，民兵队长正在磨刀呢！我心里想：你应该感谢陈总呀。

我怕挨骂，但那一次陈总痛骂了我一顿，我除了认识到错误的严重外，并没有背什么思想包袱，反而有一种说不清的轻松感。这一点恐怕跟随陈总工作时间更长一些的同志感受更深。凡陈总部属，一次不挨他"骂"的大概没有。同志们都深有体会：挨陈总批，像洗热水澡，烫是烫一点，但洗掉了脏东西，也真是舒服。哪一位有了过失但还没挨陈总"骂"过，反而不踏实，这说明事情还没处理。他往往会抱怨："唉，陈总把我忘了。"陈总对于同志的缺点错误，决不肯睁只眼闭只眼，和稀泥姑息放纵的。他一定要一针见血一语破的地提出批评，同时提出纠正的办法。你是什么问题就是什么问题，该怎么解决就怎么解决，决不容你讨价还价，你不认错他是决不罢休的。但往往你认了错并且愿意纠正了，他也就处理完了，你就放心去好好干吧。他也决不会搞什么"老账新账一起算的"。有一次去监城军部整风，他在大会上严厉地批评说："你们这些部队首长，从海安过来过去，把个海安吃穷了吃光了，也是惠浴宇高兴请你们吃，你们是不是想吃光算了？……"会还没结束，出现了紧急敌情，我们当日就要走，他亲自送那些部队首长和我上码头赶回前线。陈总的批评，完全是对革命对同志高度负责的精神，是对部属深深的爱护。爱之愈深，责之愈严。

陈总的巨大威望和感召力，也使我们的工作更为顺利。一传下陈司令的将令，群众士兵莫不踊跃；一说是代表陈将军而来，工商巨绅莫不开门恭迎。敌酋伪首，闻陈毅而披靡丧胆；顽固军将，遇陈毅而兵穷理屈。1941年2月，李长江率部投敌，曾被陈总亲自批准为特别党员的颜秀五也跟随而去，分别做了汪伪的第一集团军正副司令。陈总立即发起讨逆战斗，将李逆部打得落花流水，攻陷泰州，俘敌3000人。过后，陈总又电令我，"大胆前往"颜秀五处，开展敌伪军工作。我去时，颜秀五在厅堂里摆开阵势，枪刀环立，"关、张、赵、马、黄"等把兄弟提着枪，虎视眈眈杀气腾腾。颜秀五问："你还敢来见我？"我只说了一句："陈司令派我来送给你杀头。"他立刻收起凶相，堆下笑脸，迎我进后房密谈。后来颜秀五引李长江来见我。我向李转达陈总训诫，竟把李说得涕泪滂沱。在陈总的部署下，我军通过各种渠道采用各种方式大做伪军工作，逼得苏中地区十之六七的伪军部队不敢与我为敌。1942年日寇大"扫荡",我们将兵工厂伤病员藏进了颜秀五的据点里,为摸清敌情,我曾多次出入颜秀五的副总司令部,日寇军情电文往来,尽收眼底。

土改时,他曾亲自过问了几位苏北开明士绅的情况,一位开明士绅被判了管制,据说因为他是破落地主,嘴又特别馋,影响不好。陈总十分生气地对我说:"我们掌了权,连人家嘴馋都不准吗?简直是暗无天日!你不馋?我不馋?当年不是还曾打过主意想吃人家烧的河豚吗?共产党怎么能干这种过河拆跳板的事!"在他的关怀下,一大批民主人士都做了很好的安置。陈总不给自己记功,但凡别人做过一点好事,他都记得特别牢。他调中央工作后,我们得以亲聆教诲的机会少了,偶尔去京,也不便多去搅扰。但他每次到江苏华东一带来,不论多忙,总要召我们去见一见,谈一谈。直到"文革"中,我已经被关起来了,他陪外宾来宁,还再三地询问:"你们的惠省长呢?"要知道他自己也是戴着"二月逆流黑干将"的帽子在坚持工作的,可他还在一再查问我的情况。好心人悄悄地把此事告诉了我的妻子,妻子激动地流了泪。那时在政治舞台上一批炙手可热的人物中,不乏与我相识之人,有谁肯斗胆垂问一下我呢?唯有处于逆境中的陈总!

1960年,陈总路过南京,特意把我找去,问:"人民公社究竟好不好?你们江苏究竟死了多少人?"按理说,在江苏我负责救灾,这些情况我当然熟悉,但是,庐山会议刚开过不久,谁说真话就可能有灭顶之灾。我斟酌着,按省委统一口径回答了。陈总失望地盯了我一眼,闷闷不乐。回到北京,他在中央的一次会议上感叹:在下面跑了几个省,谁也不敢说实话……江苏的惠浴宇含含糊糊,还是广东陶铸说了点老实话……"回想起来,这是陈总最后一次跟我谈工作了。他既然这样提出问题,说明他是经过深思熟虑的,是洞察到问题的严重和本质的。他敢于问,是把我引为知己,为什么我就不敢实事求是地回答呢?党风若不好,一切好的组织原则和组织纪律都可以为不说实话提供借口。真人面前不说假话,陈总是一贯以真诚待我们的。那一次他虽然没有直接批评我,我却比挨他割脖子还难受。我一直想找个时机向他检讨,谁知道这个时机却永远永远不会再有了……哀亦迟矣!悔亦难矣!

(惠浴宇)

"做政治工作，不能一厢情愿"

我初次见到陈毅同志，是 1934 年在赣南。乍见之下，见他器宇轩昂，颇感敬畏，又听说他是个很有学问的首长，以为他是一个很不易接近的人。

秉性刚直，胸襟坦荡，量能平等待人的好同志

其实不然。从 1941 年，我和陈毅同志有了较多的接触后，才知道他是一个秉性刚直，胸襟坦荡，最能平等待人的好同志，是一位循循善诱，乐于帮助和善于帮助下级的好首长，是一个深刻领会毛主席军事思想并能在实战中运用这一思想的好指挥员。

1941 年，我在新四军四师担任政治部主任。原来我们这个部队坚持在豫皖苏边地区，后来由于蒋顽勾结日、伪，疯狂向我夹击进犯，四师不得不转移到津浦路以东的皖东北根据地。就在这年的 9 月间，我受师领导的委托，到当时的华中局和新四军军部去汇报、请示工作。陈毅同志那时是新四军代军长，由于工作关系，我和陈毅同志的接触就逐渐多了起来。

到军部的第一次见面，把我原有的拘谨打消了。军部驻在苏北阜宁停翅港附近一个农家的四合院里。我和师的金库主任（管财务的）资凤同志同去的。去时，正是吃晚饭的时候，陈毅同志知道我们还没吃饭，忙招呼我和资凤同志和他们共同吃晚饭。这时，我的心里暖烘烘的，像到了家一样，当即感到陈军长是那么亲切。我们一边吃，陈毅同志一边和我们说着笑话，显得那么平易可亲。

因为有许多问题要请军部帮助解决，这一次我在军部住了一个多月。渐渐地，和陈毅同志更熟了。他工作之余，有时和我们一起散步，一起聊

天，有时邀我去和他一起吃饭，边吃边谈，他总是谈笑风生，使我们毫无拘束之感。

更使我难忘的，是我和陈毅同志一路同行了四五天，每天同行、同吃、同住，有那么多机会听到他推心置腹的畅谈。事情是这样的：1941年7月间，国民党韩德勤部乘日寇"扫荡"时，先后侵占我淮阴、涟水之间的大兴庄、陈道口等地。为了粉碎敌人这一进攻，陈毅同志要亲自到前线作实地观察，并亲自去指挥这一战役。此外，他还要到四师帮助我们解决一些问题，这样，我就陪同陈毅同志，连同随行人员，一起从军部出发了。

从军部到四师驻地半城，行程需四五天，有时经过我们根据地，有时还要经过敌占区，过封锁线。我们是这样安排的：白天过我们的根据地，夜晚通过敌占区。

那是10月上旬，正是秋收季节，但是祖国的山河正遭受日、伪、顽的蹂躏，不少田地荒芜，所经之处，多是断壁残垣。可是在这破碎的山河面前，陈毅同志充满了胜利信心，他认为我们一定能驱逐强虏，重建河山；当然，他也认为这不是轻而易举的，而是需要经过一番艰苦的战斗的。记得他当时豪情满怀，为了说明弱者可以战胜强者，他在马上还给我念了他1929年写的一首诗：

闽赣路千里，春花笑吐红。
铁军真是铁，一鼓下汀龙。

白天，他时常叫我和他并马而行，一边走一边说着话，但谈得最多的还是晚上住下来的时候。开始，我不愿和陈毅同志住在一个屋里，怕妨碍他休息，可是他不愿意，一定要我和他住在一个房子里。他说："不要把关系搞得那么复杂嘛！都是同志，住在一起好随便谈谈。"这样，晚上不行军时我经常听他谈到深夜。

"做政治工作，不能一厢情愿"

一天晚上，我和陈毅同志住在一个农家的小屋子里，屋子很小，我们两张床几乎靠在一起,小木桌上点着一盏小油灯,我们两人真所谓促膝谈心了。话题说到我军政治工作,陈毅同志问我:"你做了多年基层政治工作,你说,我军连队的政治工作主要要抓哪几个方面呀?"我说:"根据我实际工作的体会,连队的政治工作,主要是做战士的思想工作。因为首先要及时了解战士的政治、思想、感情的脉搏。"他说:"对,做政治工作,不能一厢情愿,你这个'脉搏'比喻得好,当医生的给病人吃药,还要先摸脉,才能对症下药嘛!"我说:"我还有个比方可能不恰当,就是:思想政治工作,要建立在一定的物质基础上,就是说在生活条件比较艰苦的情况下,一定要经济民主,让战士看到干部和战士确实平等;同时要尽量改善伙食,从生活上关心战士。"陈毅同志笑了,他说:"我赞成。三年游击战时,捉来一条蛇,都是共同分着吃的,大家很团结。条件差,也要搞好生活,这也是官兵团结,阶级友爱嘛!"说到阶级友爱,我说:"要从感情上真正爱战士,尊重战士,战士有思想问题,要允许他有个认识过程。千万不要简单粗暴,当干部的,不能和战士顶牛。"他说:"对,对,两个牛顶起来角对着角,就危险了。"他又说:"你们有具体工作经验,是很可贵的,要很好总结起来。"这次谈话对我启发很大。

"连连打了些败仗……
以后又由我把毛泽东同志请回来"

在这一路的谈话中,给我印象最深的,是陈毅同志对毛主席军事思想的深刻领会以及他对毛主席的由衷敬佩。那天因为要越过一段敌占区,白天不好走,我们这一行人很早就住下来,要到下半夜才好行动。在月光下,他又和我畅谈起来。因为下面要面临一场战斗,所以这次谈话多集中在打仗上,从"八一"南昌起义,讲到井冈山斗争。他说:"那时我们刚刚有军队,我们这些人也是刚带兵,仗是学着打的,所以有打胜了的,也有打败了的。大家都在指挥打仗嘛,后来我逐渐发觉,毛泽东同志老是打胜仗,以后呢,他积累了一整套游击战经验,所以我在井冈山初期就是很信服他的。"他追溯到1928年,他说:"那时也走过一些弯路,曾一度更换过毛泽东同志的前委书记职务,不让他管军队了。部队一旦没有毛泽东同志的领导,便连连打了些败仗,使部队受到了一些挫折。我看这样下去不行,到中央去反映了情况，以后又由我把毛泽东同志请回来的。"说这些话时，他对毛主席表现了由衷的尊敬。陈毅同志非常率直地说："那时候，我们这些人还都年轻，又是刚聚在一起，没有什么很深的了解，我对毛泽东同志的尊重以至到心悦诚服，也是到后期才形成的。"当联系到当时的抗日战争时，陈毅同志说："现在看得更清楚了，毛泽东同志的思想，就是中国化了的马列主义，没有毛泽东同志的领导，哪会有现在的抗日局面呢？"接着他说到了发生不久的"皖南事变"，他说："新四军在皖南遭国民党的暗算，主要是没听毛主席的。"我说："中央肯定你在这段工作中是正确的。"他说："之所以正确，也是因为听了毛主席的！"他颇有感慨地说："这就是事实，这就是最能教育人的事实：我们要胜利，要不失败，就得听毛主席的！"他神态显得格外庄重。我听得出，他不是在作一般的谈论，在语气中，满含着对我的启发与教导。

在政治生活中，识大体，讲团结；
在原则问题上从来不调和

在日常生活上，陈毅同志待人赤诚、宽厚。在政治生活中，陈毅同志识大体，顾大局，讲团结。当然，在原则问题上，他从来是不调和、不妥协的。这在他与饶漱石的斗争中，表现得最为明显。

回忆1941年秋，我到军部汇报工作，陈毅同志带我去参加一个干部会议。在这个会上，我第一次见到饶漱石。后来在闲谈中，我向陈毅同志问过饶漱石的事，陈毅同志说："对他的过去，我不太了解。据说在'皖南事变'受挫后，他是化装成神甫，跑出来的。"再问下，他就沉默了。我看得出，他对饶漱石是有看法的。尽管如此，陈毅同志还是顾全大局，维护了团结。

但斗争是存在的。为了反对饶漱石在整风中搞阴谋诡计，陈毅同志愤然离开军部所在地黄花塘，不愿和饶漱石住在一起。即便在这种情况下，当有的同志问到他和饶漱石的分歧时，陈毅同志说："思想上的分歧是不可避免的，我有意见都和他当面讲了，背后就不要议论了。"再看看饶漱石是怎样对待陈毅同志的呢？1943年冬，陈毅同志已去延安了，收拾房子时，在陈毅同志房子的壁橱里发现一副围棋，饶漱石当着很多人的面就说：

"嘿，围棋呀！我也会下，但是我不下，因为一下起来，就费时间，就耽误工作。"在场人都知道他这句话是什么意思：前半句是表扬他自己，后半句是影射陈毅同志。

当高岗、饶漱石反党联盟被揭露后，陈毅同志坚决地向高、饶做了不调和的斗争。

有了功勋"手莫伸"，"慎之又再慎，谦逊以自束"

陈毅同志为党为人民立下了卓著的功勋，但他却时刻告诫自己："手莫伸"和"慎之又再慎，谦逊以自束"。1951年秋，我在上海参加华东局召集的会议。会议期间，欣逢《毛泽东选集》第一卷出版，与会的人，每人发了一本。大家都十分高兴，如饥似渴地学习起来。我见到书中数处提到陈毅同志，就说："陈总，这时出版毛主席的著作太好了，书上有些事情，你是直接参加过的，一看就明白了。"陈毅同志听了很不以为然，严肃地说："毛主席的书，我们大家都要好好学，我陈毅更要好好学。"的确是这样的，会议期间，大家经常见到很深的夜晚，陈毅同志的窗子还是亮着的，他的那本《毛泽东选集》第一卷，不久就画上了很多读书记号。

陈毅同志经常教育我们，有了成绩和功劳，首先要想到毛主席，想到党，想到人民。1956年，陈毅同志已调到中央工作了。南京军区政治部前线话剧团在北京演出话剧《东进序曲》。在三座门招待所，由我主持，开了一个座谈会，请陈毅同志也参加了。剧中通过敌人的口，说出了这样一句台词："陈毅有大将风度。"陈毅同志指着我说："你这个肖主任哎，怎么能让剧本上写出这样的话呢？你让我陈毅听了往哪里钻呀？我要钻到桌子底下去了！叫我脸红呀！请你和作者商量一下，一定要把这句话改掉。"后来他还指示：东进，是毛主席、党中央的指示，要歌颂毛主席和党中央，剧中从始至终都不要提到陈毅的名字。事后我和几个剧作者商量了一下，剧作者们说："从实际生活来看，打胜东进这一仗，的确显示了陈总的非凡魄力与杰出的领导才能。陈老总不愿提到他的名字，这是因为他谦虚。"

（肖望东）

"我已替你想好了一个"

——陈毅和陶勇

为了更好地领导部队和发动群众开展抗日斗争，对付国民党顽固派的反共高潮，1939年11月7日，新四军一、二支队领导机关合并，在溧阳水西村成立了江南指挥部。陈毅同志担任指挥。

有一天，陈毅通知四团团长张道庸和二营副营长朱传宝、二营政委姜茂生，一起到指挥部来接受一项紧急任务。

他们3人到来的时候，陈毅正在一张八仙桌上摊开了一张地图，他连忙招呼大家说："来，咱们先研究一下形势，然后再给你们谈任务。"

接着，陈毅打着手势继续说："现在，苏北地区形势很复杂，日伪顽三种力量并存。国民党顽固派韩德勤，执行蒋介石的消极抗战、积极反共的政策，暗中与日伪勾结，摧残抗日力量。"

张道庸他们3人等不得了："那我们怎么办呢？"

"你们说怎么办好？"陈毅问道。

"冲破蒋介石的限制，大胆地向东、向北发展！"3人一齐回答。

"对呀！向北发展才有出路！"陈毅脸上现出了异常高兴的神情，"党中央、毛主席已经下达了指示，向南巩固，向东作战，向北发展，壮大自己的力量。"

"那太好啦！"张道庸他们听了这话，心里都在动。

陈毅说："现在军部主要负责人反对这样做，我们要执行党中央、毛主席的指示，向北发展。今天找你们来，就是研究这个问题。"

陈毅点燃了一支烟，继续说："为了迷惑敌人，迅速插入敌后，顺利地开辟革命根据地，指挥部决定将你们二营改为苏皖支队，由张道庸同志负责领导。"

"那我们的具体任务是……"张道庸着急地问。

"嘀，沉不住气啦！"陈毅用手指着地图说，"你们把部队迅速开到仪征、六合、天长一带，在那里广泛发动群众，团结一切抗日力量，壮大革命队伍，建立稳固的根据地，争取尽快同西面的五支队，东南的挺进纵队联结起来。要记住，此举与打开江北抗日局面，和为大队渡江北进有重大关系哟！"

"是，我们坚决完成任务！"他们一齐回答。

陈毅满意地点点头，然后背着手在屋里若有所思地踱来踱去。他突然停住了脚步，转过身来问张道庸："张道庸，你改个名字好不好？"

"什么，改名？"张道庸不解地问。

"对！改名。"

"改名干啥？"

"为了斗争的需要。"陈毅解释说，"现在，蒋介石天天在找我们的事，说我们破坏统一战线，企图以此达到消灭共产党的目的。"

接着，他又说："当然我们也不怕他。但是也要尽量不给他们找到借口。"陈毅把视线对着张道庸说："我们打着苏皖支队的旗号，你再改了名，国民党就不知道是从哪里杀出来的队伍。"

"叫什么名好呢？"张道庸明白了事情的原委，很愿意改名。

陈毅说："我已替你想好了一个。"

"什么名？"

"前面去掉一个'张'字，剩下两个什么字？"

姜茂生在一旁抢着说："道庸啊！"

"对，我起了个和'道庸'音韵相近的两个字——陶勇。姓陶名勇，乐陶陶的'陶'，勇敢的'勇'，你们看怎么样？"

姜茂生和朱传宝一齐回答："这名字起得太好了，团长，这回你可更神气了哟！"

"那当然，陈司令员起的名字还能不'帅'。"张道庸格外高兴，"首长，我们什么时候出发？"

"你们做好思想动员，做好准备工作，14号出发行不行？"

"行！"他们3人一齐坚定地回答。

陶勇率领的苏皖支队按时出发了，他们在新的地区，开始了新的战斗。

（季　雨）

"再谈一刻吧"

1938年7月上旬,我到丹阳县延陵附近的一个村子去见陈毅同志。

我在晚上10点多钟出发,越过两道封锁线,当晚赶到眭巷附近的一个小村庄过夜。这里设有我们的通讯站,以后改为兵站,离封锁线有20余里,离丹阳城也有相等的路程。通讯站把我安置在一个比较安全的地方睡了一觉。天明时,通讯员带我继续向一支队司令部驻地赶去。

大约上午11时左右,我们到达目的地,走到一家朝东向的房子的门外停下。门口站着一个战士,他看到我们,就走上来问:"你们找谁?"通讯员对他说:"我们是来见陈司令员的。"那个战士转身走进门去,只听里面有人说:"请他进来!"

战士领着我进门去,陈毅同志已走到门口。他对我端详一下,就说:"你是管文蔚同志吧!"

"是!"

"你昨天晚上过来的?过沪宁路封锁线便当吗?"

我说:"便当。"

陈毅同志是一个中等身材、长得很坚实的中年人,较瘦,但神采奕奕,双目炯炯,落落大方,平易近人。我初次见到他,就觉得遇到了一个很好的领导者。

陈毅同志边说边领我走进屋子,在一张八仙桌旁面对面地坐下来。桌上放着一叠信纸、一支毛笔和一块小方砚,看样子是刚写过信。

初次见面,我想把丹北的敌、我、顽的情况详细向他汇报。他说:"不忙,今天我们先谈谈其他一些事情。"

我一时摸不着头脑,他要和我谈什么问题?还有什么问题比敌情更急的?以后才知道,在丹北地区被我们赶走的一批国民党顽固派分子和被我

105

们杀掉的几个特务分子的家属，还有一些地痞流氓分子，在新四军一到江南时，就纷纷到陈毅同志这里告我的状，说我"杀人很多"，"不赞成国共合作政策"，"反对国民党、地主、资本家"，等等，要求新四军从速将我消灭掉，否则贻害无穷，等等。

这些情况当时我一点也不知道。陈毅同志对我说先谈别的事，指的就是这些流言飞语中所涉及的政策思想问题。那时，陈毅同志对我的思想状况大约有一个估计，认为我从"四·一二"反革命政变后，在"左"倾思想的指导下进行了好几年的工作，又带着"左"倾的思想路线关进了监狱，对遵义会议后的精神一点也不知道。出狱后，发动群众的一套做法基本上还是"左"倾的那套办法，对地主资本家的看法还是旧的观点，对国民党的看法还是旧的观点。因此，政策把握不准，杀人过多。陈毅同志对我的估计，是符合实际、符合思想发展的规律的。所以见面时，他认为首先必须解决我的思想问题，要把"左"倾路线的思想根源向我彻底地做一次剖析。

陈毅同志的这个意图，当时我无法知道，他当然也不便直接对我讲，怕我一时接受不了。而我呢，只想到自己坐了7年多牢，受尽折磨，哪里想到还会存在一个什么"左"倾路线的思想问题？当时我还相当幼稚，思想水平较低，马列主义的书看得很少，加之党内斗争的经验不足，对陈毅同志所说的"先谈谈其他一些事情"，很感到茫然。于是，就只好默默地听他讲。

"老管，你听说过党的统一战线政策吗？"陈毅同志很和善地问我。

"我在报纸上看到过，今年5月，上海党派来的何克希同志与李青（据说是托派分子）也和我谈过。对那些意见，我想不通。"

"他们说的什么？"

"国民党报纸宣传说：共产党放弃阶级斗争了。国共合作，即阶级合作。共产党归国民党收编，军令、政令都统一了。这不是一派胡说吗？何克希同志说，我们与国民党合作，对抗战有利，但我们不能挖国民党部队的墙脚。这话还是有道理的，李青讲的就不像话了。他说抗战要靠国民党，共产党力量很小，要全心全意帮助国民党抗战。我不同意他的观点，和他吵了大半天，谈不拢。"

"哦！"陈毅同志对李青的说法似乎感到吃惊，他说，"那样讲当然是错误的。统一战线的政策，各个党派、各个阶级根据他本阶级的利益都有他们自己的解释。"他立起身来走到门口喊道："警卫员！拿一包烟来！"然后又回到自己原来坐的地方继续说："他们必须按照我们党中央和毛泽东同志的解释，来向同志们和各党派各阶级作正确的解释。"

　　警卫员走进来，把一包老刀牌香烟连火柴一起放在陈毅同志的面前。我把手伸进口袋里，摸着我带的一包前门牌烟，想拿出来，又不好意思，最后还是把手抽出来，接过陈毅同志递到我面前的一支老刀牌香烟。

　　"你们这里最好的是什么烟？"

　　"前门的，大的镇市才有卖。"

　　"我们继续谈下去，"陈毅同志说，"我们党对统一战线的解释是：凡是一切愿意抗日的政党、阶级或团体、个人，都要联合起来抗战，形成一个伟大的抗日阵线，当然汉奸是除外的。这与我们内战时期，领导农民工人同地主资本家作斗争，是两种不同的政策。如果我们还是死抱着过去那种狭隘观点和政策去指导抗战，必然把地主资本家甚至附属他们的小资产阶级知识分子，一起赶到日本鬼子那里去了。如果这样做，抗战一定不能取得胜利。但是，这个统一战线必须由共产党领导，其他党派是不能担负这个责任的。"

　　他继续说："抗战这面大旗，国民党要扛着，我们更要扛着，各民主党派各人民团体都要扛着。谁不扛着，谁就休想得到全国人民的拥护。但是，我们一定要看到，国民党与我们一起抗战，是有他的目的的，是不怀好意的，他想利用抗日这块招牌，借日军的刀子把我们逐步消灭掉。他们的办法是把八路军、新四军活动的地方限制得死死的。他们不准我们成立民主政府、征收公粮、扩充部队、发动群众等，就是很明显的证明。这一点，在我们不少的同志中不愿意讲出来，怕破坏统一战线，这是错误的。"

　　陈毅同志停了停又说："我们抗战的目的是明确的，是为了祖国，为了民族，为了我们子孙万代的幸福，不是为了别的。因此，我们除努力抗战外，必须不断地扩大自己的部队，发动群众，进行二五减租，成立三三制的民主政府，等等，来打破国民党的阴谋。如果我们的力量不能扩大，抗战就不可能胜利，我们不少同志不愿意这样做，怕刺激国民党。"

"所以，我们决不能受国民党的限制，要独立自主地干，一定要在抗日过程中把我们的力量壮大起来，逐步发展到和国民党的力量相平衡。到将来抗战胜利后，国民党就不敢欺侮我们了，中国就有救了。这一点，在我们党内有不少同志是不相信，也不敢这样干的。"

"这个统一战线的政策，很可能是我们将来的或者说是永久的战胜一切敌人的战略性的政策。"

这时，警卫员走进来问："可以开饭吗？"陈毅同志看了看表说："可以。"警卫员把饭菜端到桌上，是一碗青菜、一碗青菜汤、一碟炒鸡蛋。

"没什么吃的，但比我们三年游击战争好多了。吃！"陈毅同志热情地招待我。

我接过警卫员盛的饭问道："三年游击战争都是吃的什么？"

"大都是苦菜和竹笋。老百姓送的米是很少的。因为白狗子封锁很紧，老百姓不易送上山。"陈毅同志很有感慨地说，"不容易熬过来呵！革命是艰苦的、曲折的，困难很多，今天有，将来还会有，而且时间很长。"

饭吃完了，陈毅同志点了一支烟说："到门外走一走！"我们一同出了门，走到村外。陈毅同志停了脚，指着远远的高耸入云的茅山顶上说："那里住着一小队的鬼子兵，他们的任务是不让我们通过到他的后方来，可是我们天天从他的眼皮底下过来过去，他一点办法也没有。侵略者到了别人家的国土上，就好像瞎子聋子，天天挨人家打屁股，还以为是'伟大的胜利'。世界上就有这样的蠢货，外国有，中国也有。原因是什么呢？一句话，脱离了被侵略国家的人民群众。现在，敌后的群众从地主资本家到工人农民，都和我们一道打日寇，这就是我们统一战线政策的基础。所以，敌人只好孤零零地站在那高山之顶，天天听西风的呼啸，长吁短叹。今天这个敌人是这样，明天那个新的敌人也会是这样。我们要把全国人民团结在我们的周围，筑成一道铜墙铁壁，我们就无敌于天下了。"

陈毅同志又很风趣地说："谁要是没有群众的拥护，谁就要像茅山顶上那一小撮敌人一样，他们只有一条路可走：上天去！被西风吹上天去，化为烟雾。他们不能下地，下来就有千千万万的人民群众拿着长矛对着他。"

我想：陈毅同志这段话，可能是给我敲一下警钟，千万不要脱离群众，脱离群众迟早总是要被群众打倒的。

警卫人员走来，向陈毅同志报告："镇上有几个客人来找你。"

"请他们在侦察科坐坐，叫参谋先和他们谈一谈，等一刻我就来。"

陈毅同志和我一同又走进原来的房子坐下。

陈毅同志说："我们接着上午谈的问题，再谈一刻吧！"他就和我谈起党内"左"倾路线问题。当时陈毅同志尚不便公开指明王明的名字，只说李立三和某某同志。他说："他们的思想都给党造成很大的损失。'四·一二'反革命政变后，国民党和蒋介石叛变了革命，投降了帝国主义和封建势力，屠杀了大批共产党员、革命的知识分子和工农群众。一时间，天昏地暗，乌云滚滚。李立三和某某等就抛弃了统一战线的这个重要政策，走到极左方面，对地主、富农和资产阶级采取了过左的政策。不给他们生路，烧杀过多，从而使自己孤立到可怕的地步！"陈毅同志讲到这里，停了下来，又拿起一支烟点起火，向木椅子上一靠，慢慢地抽起来。

听了他这段话，一阵念头突然从我脑际闪过。陈毅同志这段话，不是明明对着我不久前的一些事情讲的吗？那是当年3月间，我在丹阳嘉山南麓上，一次枪毙了几个人，其中有的是丹北地区无恶不作的抢劫杀人犯，是丹阳、镇江沦陷时从监狱逃出来的；有的是国民党政权撤走时有计划埋伏下来的特务；还有的是流氓头子。这一行动，震动极大，特别是国民党分子中的C.C和F.F（国民党在江苏的一个地方派系）的特务分子，不少人就离开丹北逃命。从此，地方谣传就多起来了。陈毅同志是不是感觉到我还采用"左"倾时期的那一套旧政策，使自己孤立起来？我默默地看着陈毅同志，头脑里在紧张地思考着：我是否还存在着可怕的"左"倾思想？小资产阶级出身的分子，总是容易犯"左"倾冒险主义的毛病的。

陈毅同志接着说："我们党中央和毛泽东同志的思想路线与李立三和某某人的思想路线根本不同，一切政策、一切工作都必须从实际出发。毛泽东同志过去在苏区亲自对同志们反复地讲这个问题。他反对本本主义，就是反对从书本出发。李立三和某某人则一切从书本出发，凡是马列书本上没有的，他们就不讲也不敢做，遇到具体困难时总是从书本子上去找答案，结果没有不失败的。1927年冬龙源口战斗和一、二、三、四次反'围剿'，所以能胜利，就是针对当时敌我的实际情况，采取了正确的战略战术。五次反'围剿'犯错误了，把外国的书本上的战争办法搬来对付中国的敌人，牛头不对马面，而敌人却采取较实际的办法，结果把我们打败了。我们不得不卷起铺盖走上长征的道路。"

陈毅同志为了使我透彻地理解这个问题，举了两个生动的例子。他说：1905年俄国波罗的海水兵起义，向当时的社会民主党中央请示怎么办。他们也不知道怎么办，于是就翻开马克思、恩格斯的书找根据，找指示，但翻遍所有的书也没有找到什么办法。最后，只好眼看着水兵起义失败了。这是外国的事情。这种事情我们中国也不少。有一次，我们在赣南山里被包围了，有人就主张打电报向中央请示办法。我说，中央正在长征的路上，无法了解我们的情况，这种事向中央请示，中央有什么办法呢！李立三、某某人就是这样思考问题的。战争的情况是千变万化的，一味机械地照上级指示办，这种人能不打败仗？

我听了这段话，心服口服。但我又提出了一个问题："应该如何对待书本知识呢？"

陈毅同志想了一下，说："我们学习，主要是学习、吸取书本上的思想、原则、观点、方法，而不是记取书本的字句。看问题一定要注意问题发生的时间、条件、场合，而不能抛开时间、条件去照搬、照套。如果这样，一定要犯错误。"

"对待上级指示呢？"我问。

"上级指示的精神，一定要坚决地贯彻，决不能容忍借故不执行，否则就要受到党纪处分。共产党所以有力量，就是全党能遵守这个纪律，特别是军事命令。至于如何贯彻，一定要根据你那个地区的实际情况，有步骤地具体地贯彻下去。上级对这些是不应该干涉的。"

陈毅同志侃侃而谈，既生动又深刻，我从来没有听过这样精辟的议论。我一边听一边咀嚼这些道理，的确感到，迷信书本，不从实际出发，不会独立思考解决问题，是没有不把事情搞垮的。自己过去搞农民运动为什么垮掉了，不就因为不懂得这些道理，中了"左"倾路线的毒？而这个问题，我至今还没有很好地认识。陈毅同志初次和我谈话，就抓住了今后斗争中这个根本性的思想问题，对我教育是很深刻的，我永远不会忘记。

陈毅同志站起身来说："今天我们只能简单地谈这些，过几天我派刘炎同志到你那里去，你再和他细谈你那里的情况。你有什么意见，统统给他讲好了，刘炎是一支队政治部主任，他会回来告诉我的。今天我还有一个会要开，晚上要行军。"

陈毅同志把我送到门口，叮咛说："我们新到这里，情况还不够熟悉。土匪较多，沿途要小心一点。"他和我握了握手说："再会，下次来看你。"

（管文蔚）

"我们中国有个大陈毅、小陈毅，也可以"

一

陈总是我早已敬仰的人，军内也曾有"大陈毅"、"小陈毅"（我同陈毅同名，陈沂是后来改的）之称，但我同陈总见面还是日本投降后，在山东的临沂城。这次见面，时间不长，留下的印象却很深。一直到他逝世，都没有淡忘。每每想起当时相见的情景，仍依恋不已。

日本投降，给我们这些在敌后战斗8年的人，带来了空前的喜讯：我们终于胜利了。但是谁也没有想到，国民党蒋介石竟发动全面内战，和我们争夺胜利果实。毛主席不顾个人安危，到重庆去和国民党谈判，争取和平，但也同时告诫全党，准备迎接内战。他在重庆和周恩来一起，在同延安的刘少奇、朱德等中央领导商量后，定下了"向北发展，向南防御"的大计，决定山东八路军、新四军三师开赴东北，其他新四军各部北撤苏北和山东，与山东军区合并，称新四军山东军区。华中局、山东分局同时撤销，新成立华东局，饶漱石任书记，陈总任副书记兼新四军山东军区司令员。陈总就是在这个决策下，奉党中央、中央军委之命来山东，就任新四军兼山东军区司令员的。

这时山东部队已由陆地、海上先后开赴东北，新四军各部已逐步北移，军部先遣人员有的已到临沂。罗荣桓——山东分局书记、山东军区司令员兼政治委员，还留在临沂未走，他是在这里等待和陈总见面。一来是听陈总谈七大和延安的情况；二来是他也要向陈总介绍山东的情况；三来是他俩从井冈山、中央红军时期建立起来的友情，也要叙一叙。

陈总来山东，他同罗荣桓的谈话，加深了人们对国民党蒋介石发动内战的认识，特别陈总讲的"我们奉陪到底"，更增加了人们反内战的决心和信心。也可以说是一次战斗动员。罗荣桓离开临沂前，把一条虎皮褥子送给陈总，要他留下防潮。陈总收下后，幽默地说了一句："人说老虎屁股摸不得，今后我要睡在老虎的身上了。"一旁听的人都明白话外之音：今后他要同国民党这只老虎斗到底了。

不久，陈总要到津浦前线去迎接国民党军队的进犯。临行前夜，我去看了他。我对他说：中央已任命我为华东局宣传部部长，彭康为副部长，但我还是想同罗政委（我们当时称罗荣桓为罗政委）到东北去，那里虽是新区，但有我熟悉的部队和各级首长，可以得到新的锻炼；而且我这些年，一直跟罗政委，在他直接领导下工作，上下都较为相知，可能罗政委已同你说过。陈总听后点点头。我希望陈总对华东局和饶政委说说。我还讲了新四军能人很多，彭康、钱俊瑞（军部宣传部部长）完全可以担负起我的工作，而且一定比我干得更好。

我真没想到，陈总是这么个痛快的人，这么个体谅下情的人。听了我的诉说后，他对我说：你的想法是对头的，要求也是合理的，荣桓熟悉你，你也了解他，到他那里去工作，于公于私，都更有好处，我完全同意，我可以给华东局和漱石说，等彭康、俊瑞来后，要他们就放你走。不过，他稍停了一下又说，现在你还要安心工作，等彭康他们来。我说，这是自然。

陈总一向说话算话，他到前线后，还给张云逸副军长来电话，要他帮助我早日成行。1946年2月，我带领一批早经领导批准的政工干部，由胶东渡海，进入东北，在安东见到了罗政委，他要我早些到四平前线去，那里急需搞政治工作的干部。我立即经本溪、抚顺、梅河口，在东北局报到后，到了四平前线。在那里见到了东北民主联军的总司令林彪。在他决定和向东北局、中央请示后，我带去的这批干部成立了东北民主联军野战政治部，我被任命为副主任、代理主任。这一方面了却了罗政委当时只带军事指挥机关，未带政治机关的心愿。对我来说，到新区前线，增长才干，增加锻炼。所以我很感激陈总，至今都还怀念他。

二

　　一别6年，我第二次见陈总，是1952年在南京。那是我随第一届中国人民赴朝慰问团，从朝鲜慰问归来，到上海和华东地区宣传向志愿军捐献飞机大炮。我原以为一定可以在上海见到陈总，没想到他已回到南京，专任华东军区司令员，而上海市市长之职，照他说已是挂名的了。但在上海，我却听人们讲了不少关于他当上海市市长的故事，成为我后来请沙叶新编写"陈毅市长"话剧的绝好素材。

　　由上海到南京，因为时间安排得很紧，我没有立即去看望陈总，但我怎么也没有想到，我竟在作抗美援朝报告时，见到陈总在台下第2排听我的报告，不时还带头鼓掌。我真惊叹不已，感动不已。报告一完，我急忙走下台去，来到他的面前，先向他行了个军礼，然后同他握手，连声说道：你怎么也来听我这个讲话？不料他当即回我：我怎么就不可以来听你这个讲话？听前线回来的人讲话，比看报纸要丰富得多，深刻得多。

　　说完，他对我说，抽个时间到他家去坐坐。他知道我不是四川人，却是滇、川、黔大同乡，他要请我吃顿四川饭。他说，听说你原同我的名字一样，也叫陈毅，现在改成陈沂了。改不改有啥关系！世界上同名同姓的人多着哩。俄国有大托尔斯泰、小托尔斯泰，法国有大仲马、小仲马。我们中国有个大陈毅、小陈毅，也可以。我在此文开头说的，军内盛传的"大陈毅、小陈毅"之说，指的就是这么一回事。

　　回到住处，吃了饭，洗完澡，我上床休息。躺在床上，脑子里就想起了陈总，他还是跟我们在临沂初见面一样，那么爽朗，那么亲热，那么让人喜欢听他说话，心中油然升起敬仰之情。

　　如约，第二天晚上，我到了陈总家里，那是一座两层楼的小洋房。门开后，警卫员把我从车上接下来，行到台阶，陈总站在这里欢迎我，并上前与我拉手，说：这些年我们虽未见面，但听说你到了总政文化部，我听过你在全军宣教文化工作会上讲话的录音，我与全军搞文艺工作的人一样都很喜欢你。我一时说不出什么话，只连连摇头，表示不敢当。进入客厅，张茜也在一旁招呼我坐。我是第一次同张茜见面，但她与陈总的结合，早已在新四军、八路军中传为佳话，人们已经说得很多了。我最近在一篇纪念陈总和张茜的文章中看到："有人议论陈总和张茜年龄相差很大，张茜对她的挚友说，我和陈司令员年龄差距确是很大，但主要的差距不是年龄，而是政治思想水平。我要和他相称，成为他的伴侣和助手，只有拜他为师，奋起直追，这样也就能做到基本相称。"从这里，可以看到张茜的为人和品德。

一阵烟茶之后，一起坐在沙发上对谈。

他首先问我这次捐献飞机、大炮的事。这是在志愿军司令部听了彭总谈到敌机肆虐，我们没有空中优势所带来的一些不必要的损失，以及我们的慰问团沿途所见，也感到这是个问题。所以在彭总的欢迎宴会上，我们慰问团的成员、上海关勒铭金笔厂的陈已生提出，在全国开展向志愿军捐献飞机、大炮的运动。回国后慰问团总团长廖承志通过新华社向全国提出这个捐献倡议，很快得到全国各地响应。单是上海，据说就可以捐献80架。

陈总听后，连连点头。他说，这不仅显示全国人民的抗美援朝热情，也确是对我们建设人民空军，增添了一份力量。陈总接着说，陈已生此人我很熟，是上海有名的爱国资本家，他的倡导好，令人尊敬。

接着我向陈总谈了一个问题，有人说，谁人捐献的飞机，最好都能写上某某号，如北京号、上海号、山东号，常香玉剧团捐献的，可否叫香玉号？他想了一下，猛吸一口烟后说，这个意见可以考虑，也是一种鼓励捐献人的积极性。你们回去也可向总理提提。

然后，就问起朝鲜战场的事。我给他说，五次战役已经结束，麦克阿瑟圣延节前结束战争的幻梦已经打破了。但朝鲜战争看来不是一时能结束的，要准备长期作战，中央军委已批准了彭总提出的持久防御。各部队已按这个作战方针在做准备，有的部队已由挖散兵坑到修筑坑道，这就是后来讲的地下长城。由于我们还没有空中优势，不仅影响战局的发展，还影响到运输，不能及时把弹药、物资送上前线。彭总正在考虑成立志愿军后勤司令部。

陈总听后说，战争不是短时期内所能结束，采取持久防御的方针是正确的。我们华东的九兵团，早已开过去了，听说在长津湖一带打得还不错，出现了英雄杨根思，不知你们去看过否？我说，华东分团去看过了，慰问团回来在北京总结工作时，专门报告了九兵团在朝鲜的战斗情况，生活是很苦，但士气旺盛。陈总听了很高兴，说，九兵团在华东部队中也是很有战斗力的兵团，在淮海战役中立过大功的，希望他们在抗美援朝中再立新功。

说到朝鲜战场的运输情况，陈总说：朝鲜不像我们国家地方大，战争已经毁了他们的家园，不可能出现我们当年那种用小车推到前线的情景，还是要抓紧恢复铁路交通，加强汽车运送。这点，华东地区还可以出点力。我顺便向他谈了朝鲜妇女修路的情景，朝鲜人民军的女战士开始在公路上设防空哨。他听后说，战争锻炼人民，人民也会起来支持战争，这是一切被压迫人民起来进行人民战争的经验，我们在这方面的经验最丰富。你们把祖国人民的关怀带到朝鲜去，又把朝鲜人民的志愿军的业绩及其心愿带回来，互相交流，互相鼓舞，战争一定会取得最后的胜利。

张茜在一旁催我们吃饭，陈总起来伸了个懒腰说，一谈就没个完，战场上的事太丰富了，你的肚子怕早已饿了，入座吧！地道的四川口味，我想你会喜欢的。你不会喝酒，多少可以喝一点，不喝你们家乡的茅台，喝我们四川的泸州大曲。说罢让张茜给我斟了满满一杯。不好拂陈总意，我勉强喝了半杯，边吃、边谈，陈总还给我夹菜。

最后陈总说，朝鲜战争给我们带来很多新问题，但劣势装备可以战胜优势敌人这一根本军事思想，在朝鲜又经受了一次考验，仍是我们今后要遵守的。但我们又不能长期满足于这一点，必须急起直追，发展我们的军事科学，不断改进我们的装备。首先在军事科学上，要研究军工生产，干部培训上，要大步赶上去。伯承不是明天要你去汇报吗？你可对他讲得更详细一点，他翻译的《合同战术》已经出版，这是苏联卫国战争中的总结。我们今后也必须考虑。朝鲜战场已经感到了，单一兵种作战不行，必须诸兵种协同作战。军事学院就是适应这个情况建立的，伯承就是在这个方针指导下办学。明天伯承会给你谈的。

不觉已过了 10 点，陈总宣布吃饭结束，让我坐下再喝杯茶，喝茶中，他还问了彭总和金日成首相。我告诉他，我们这次都见到了，他们都很健康，而且常常见面。陈总听后连说，这就好，很好，这就可以保证战争的最后胜利。

然后，他就起身送我，一直送到台阶，看我上了车，他才回去。

三

抗美援朝战争出了不少英雄模范，解放战争也出了不少。我作为解放军的文化部部长，有责任组织作家创作。华东军区有"三沈"——沈西蒙、沈亚威、沈默君。他们都是长期在战争中，一面打仗，一面从事写作。为此，我趁到军事学院讲课之便，专门去拜访了陈总，谈组织"三沈"进行创作，歌颂三野和华东部队，同时也是歌颂整个人民解放军。

陈总很赞成我的这个意见，并当场赞扬了"三沈"的才华。他说，他们虽然年轻，文化水平也不那么高，但他们长期生活在部队，了解部队，热爱部队，只要好好领导，各方支持，尽可能出点好主意，是可搞出好作品的。接着他又对我说，你在宣教文化工作会议上的讲话，不是也提倡领导与作家结合，我看在一定条件下是可以这样做的。因为我们部队的作家，首先是革命战士，然后才是作家，他们少不了领导的帮助，他们也希望领导给予帮助，只要领导是真心的帮助，又懂得创作规律，不是瞎指挥，作家也是会欢迎的。

最后我请他考虑哪些题材可以组织作家去生活和写作，他提出"渡江侦察记"、"南征北战"、"杨根思"、"霓虹灯下哨兵"，当然，这些剧名是以后根据发展才定下来的。这里可见，陈总不只是指挥打仗，他本身又是诗人，很懂得艺术规律，也很会领导艺术。我在"把人民解放军的创作提高一步"的论文中，曾总结和推广了陈总对文艺创作工作的领导。

告别陈总，我去找三野政治部文化部副部长吴强，由他出面，请来了"三沈"，还有其他一些有关同志，等于开了一个小型创作会。大家对陈总如此关怀军队文艺创作，总政文化部又亲自出面抓，感到信心很足，表示一定要把陈总提出的这些创作要求搞好。沈西蒙、沈默君都是搞戏的，但从未接触过电影，表示有些为难。当我们见陈总的时候，谈到这个问题，陈总说："学嘛！解放军打仗，也是逐渐学会的。只要肯学，就没有办不成的事。"陈总着重讲了电影"南征北战"的主题。"南征北战"反映新四军大踏步进退的作战战略，目的是在运动中消灭敌人，因为那时敌人在装备上还占有相对的优势，我们还有不及敌人之处。因此，必须打运动战。我们还有个最大的优点，是在解放区内打，有广大人民支持，比如带路、送情报、送给养、抬伤兵、安置伤员，而所有这些，都是敌人所没有的。这注定我们必胜，敌人必败。还要看到我们的士气，一直是高涨的，有时说两句怪话，也是很自然的，回避反而不好，显得不真实。所以，应该表现的还是要表现，不过要掌握好分寸。

陈总的这一席话，不仅说明他是个军事大家，也是文艺行家，在座的人听后无不信服。

因为电影要等制片厂拍摄，解放军那时没有自己的制片厂，所以由陈总给上海有关部门发了指示。我又同吴强专门到了上海，从请导演，找演员等都和上海电影主管部门商量，得到了他们的大力支持。这中间特别得到了夏衍和于伶的帮助。孙道临第一次演兵，一方面说明他爱兵，以兵为荣，另一方面也为他的艺术开辟了一个新的途径。汤晓丹第一次拍军事片，对他本人的艺术创作也是一个突破。《渡江侦察记》拍成，既显示编剧沈默君的才能，也显示了汤晓丹和孙道临的才干。这部影片获得了成功，放映后受到千万观众的欢迎。从此，奠定上影厂拍摄军事片的基础。此后他们就是在这个基础上拍出了《南征北战》、《霓虹灯下的哨兵》，乃至后来的《高山下的花环》。拍片一部比一部好，一部比一部受欢迎。抚今追昔，不能不感激陈总的指导。

这里，我想谈谈《南征北战》的几句台词的问题。"反攻反攻，反到山东，一张煎饼，两根大葱。"这是当时战场的实情，也是战士心里的话，应该说这是很有戏剧性的语言。我记得当时在临沂，有些新四军战士撤到沂蒙山，吃白面就不习惯。对山东战士来说，能吃到白面就很不错了。新四军习惯吃大米，一时吃不惯白面，也是很自然的。战争发展到白面都吃不到了，而吃煎饼，新四军战士说这几句话，即便是牢骚，也可以谅解。剧作者把这几句话写进了剧本，有些人不赞成，说是歪曲战士形象。剧本送到我手上，我觉得可以，不能删去。因为这是生活的真实，也是艺术的真实。最后送给陈总，他同意我的意见，不必删去。他说，战士能说这样的话，说明战士朴实可爱，作家们是想编也编不出来的。

四

以后陈总调北京任副总理兼外交部部长，我们相见就更多了。那时，我也分管一部分军队的外事工作，主要是同社会主义国家的文化交往。这方面不论是接待计划，出访计划，节日安排，都送陈总审批。突出的感觉是我们送得快，他批得也快。没意见就算，有意见就及时提出，使人心中有数，心悦诚服，都觉得他在外交方面继承了总理的传统，原则性、灵活性掌握得很好。他常常告诫我们：干外交工作，在遵守一定的原则下，要掌握好分寸，还要讲礼貌。记得一次接待蒙军文工团，我没有穿军服，他当场就指出，并要我立即回去换了再来。他说，你是军队的文化部部长，又是接待方面的主要负责人，穿不穿军服，并不是什么了不得的大事，但在这种场合就是大事。一定的服饰，代表一定的礼貌。总理在旁，也点头称是。

这里更使我体会到，在外交场合，凡事都要做到严肃认真，不能有半点马虎。

下面我谈点我在反右前后的情况，说明陈总在这种大是大非前的原则立场，对人对事，爱憎分明。

马寒冰是《新疆好》歌词的作者。1957年夏天，他被任命为中国青年艺术团的团长，到莫斯科参加世界青年联欢节。一切都已准备妥当，整装待发，忽然总政治部机关党委说他有问题，不能出去，要他回来做检查。他当时还是总政治部下属的文艺处处长、编审出版处处长，作为军人，他当然得服从。服从归服从，但他想不开，当天晚上就在家中服毒自杀。文化部得知后，即报总理，因为要换团长。文化部的报告，先送到陈总那里，陈总当即批示，并报总理：此人有才，又是归侨，死了可惜。建议可安葬八宝山，由总政开追悼会。总理批示，是否开追悼会，由总政定，可以安葬八宝山。

从这里看出，陈总待人处事，是非分明，合情合理，令人信服。总理、陈总批了，不得不照办。但要马回去检查的人却说，安葬八宝山可以，但碑上只能写马寒冰，不能写马寒冰同志，理由是自杀属叛党。这事一直到我1979年平反后，说明情况，才在马的墓碑上加刻上"同志"二字。

此后不久，在天桥剧场看苏联新西伯利亚芭蕾舞。我的座位5排1座，毛主席的座位6排1座，陈总和苏联大使尤金，坐在主席的左右。主席进场时，我们都起来欢迎，我正和主席对面。那天我穿得很整齐，佩戴将军军衔。主席一见我，来不及同别人打招呼，就和我拉手，说：你翻身了！我听了一时还明白不过来。主席接着又说，前些时右派攻得你好苦。主席指的是前些时我们部队的几个同志发表了一篇题为《我们对当前文艺问题的意见》，遭到社会上一些人的批评攻击，说我们是教条主义，"毛泽东的御林军"。我当即回答主席，我说：是你的六条标准保证了我翻身。接着主席又说，毒草总是要出来的，不要怕，出来就锄嘛！我说，主席，我哪有您老人家的海量。说罢，主席坐下，给陈总打招呼："你认识他吗？他是军委的文化部部长陈沂同志，他们是左派。"陈总笑着回答："我们常打交道，我们是老朋友了。"然后主席又把我介绍给尤金大使。

陈总是亲自听过主席对我的这次讲话的，所以当他得知有人要打我为右派，并已批、斗多日，他感到惊奇，也非常愤激。他给当时的总政主任打电话，说："不是那回事嘛！他这个人就是嘴巴子厉害一点。"对方回答："你不了解情况。""啪"的一声把电话放下了。后来陈总见我爱人时说："好家伙，人家是那样一位重要的领导，一级组织，我是元帅也难耐他何。"

今天我回忆这些，虽然事过30多年，我仍感到心痛，同时也更加怀念陈总。

1962年，陈总同总理陪西哈努克亲王到哈尔滨参观。他知道我在哈尔滨，就给我通了电话，问了我的情况，并说要见我谈谈。后来实在因为时间安排不过来，临时在车站上见到为他们送行的我的爱人说，你告诉陈沂，实在抽不出时间，请他原谅。你过几天到北京去找我，详细谈谈，我会帮助他的。

不久，我爱人到了北京，在中南海见了陈总。陈总讲了他当年给总政主任打电话的事，又回忆了当年在天桥剧场听主席对我讲话的事，还问了我的情况和全家孩子的生活状况。最后陈总对我爱人说，要他给总理写封信，总理一定会批给我办，我就给他催办。可你不要说是我说的，说完他笑了。

事情发展得比较顺利,在中央召开的7000人大会上,主席讲了平反的问题:有反必肃,有错必纠,全错全平,部分错部分平,不错不平。事后,总政对我的问题进行了甄别,决定平反。陈总通过他的秘书告诉了黑龙江省委。这当然给我和我的家人带来了不亚于当年在山东听到日本投降的喜讯。

但是谁也没有料到,北戴河会议又来了个"千万不要忘记阶级斗争"。我的平反问题又搁下不算了,我又被下放到双城县拖拉机站继续劳动。从此,我再也没有见到陈总。我思念之余,有时捧读他的《梅岭三章》,从中寻找继续生活的力量。

党的十一届三中全会后,在小平、耀邦同志的关心下,我的问题得以彻底平反,重新回到党内、军内,并奉派到陈总曾工作过的上海来工作,我心中感到十分慰藉,然而又十分悲痛和怀念,陈总已经先我而去了,留下千古遗恨。

我此时此刻,只能写下这篇文章,以寄托哀思。尊敬的陈总:小陈毅将永远怀念你。

(陈 沂)

"行!接受陈司令的令箭"

故国旌旗到江南,终夜惊呼敌胆寒。
镇江城下初遭遇,脱手斩得小楼兰。

陈毅同志这首戏作《卫岗初战》,我在1938年秋从延安刚到皖南新四军军部时就拜读了。那时,我从军政治部出版的《抗敌》上已看到许多新四军活跃在大江南北英勇杀敌等战斗报道。传闻第一支队陈毅司令员是一位出色的儒将，我读了这首诗，颇有如闻其声，似见其人之感，留下了深刻印象，我作为一个读者，可说是开始和诗人通音见面了。

1939年，我在军服务团任秘书，奉命随一个由几十人组成的分队出差到一支队工作。这时，才有机会和久仰的陈司令员正式见面相识。他非常重视政治工作，关怀部队的文化教育和文艺活动，对服务团十分珍重，有演出必看，并随时谈观感、提意见，及时帮助改进工作。有一次，陈司令回访国民党第三战区前敌总指挥冷欣，特地带我们这支文艺队伍同行。出发前，他向大家讲了话，嘱咐我们使用好演戏、歌唱、朗诵、绘画等武器，向国民党官兵大力宣传坚决抗日主张，提高民族意识，加强抗战必胜信念。冷欣将军派他的剧团和政工人员接待我们。经过交谈，有些富有抗战热情和正义感的青年，悄悄对我们说出了内心话，对新四军英勇善战十分赞赏，一谈到陈司令就表示敬佩不已。他们情不自禁地讲了这样一个在三战区盛传的故事：有一次，冷欣邀请陈司令吃饭、参加阅兵式，为了答谢陈司令几次赠送缴获日军的战利品，冷欣特地安排了一个节目：由几位将军陪着陈司令去看一个日军俘虏。来到现场，翻译郑重其事地在俘虏面前，把几位将军一一作了介绍，俘虏兵听了冷冷淡淡，不理不睬，但最后介绍到"这位是新四军的陈司令"时，俘虏立刻肃然起敬，朝陈司令注目行礼。翻译不解地问："对陈司令为什么这样尊敬？"回答是："新四军，陈司令大大地，仗打得好……"一位将军满面羞愧地嘀咕着："这俘虏很左。"从此，就传开了这个"左派俘虏"的佳话。在这次短短的出访日子里，服务团同志们对陈司令在统战活动中出众的政治气魄，非凡的战略远见，谈古论今，有问必答，义正词严，舌战群儒的广博知识、才能，有了耳闻目睹的了解，并引为学习榜样。

黄桥自卫战爆发前夕，我患霍乱症进医院急救。陈司令和钟期光主任得悉后，派人到医院探望，嘱我安心治疗，来人笑着告诉我："陈司令说，没有结婚的女同志少人照顾，组织应该多关心些……"这短短两句话蕴藏着多么亲切的阶级感情啊！我听了深为激动。

10月中旬，黄桥决战胜利后，政治部又派人来医院探望，并送来一些战利品。问我能否出院工作。我知道前方战后工作很忙，决定放弃了医嘱再休养几天恢复体力的打算，第二天就坐上一辆独轮车回指挥部。车行到海安镇附近,陈司令带着几个人正下乡视察部队,他发现一个穿军服的人坐着独轮车迎面而来,举起望远镜看了看,大概看出是我了,接近到10多米时,他从马上跳下来,挥手高兴地喊道:"指导员!你回来啦!我担心你出不了医院哩!"

我连忙下车行军礼:"谢谢陈司令,我可以工作了。"

"好啊!李守维①下八尺沟'洗澡'起不来了……"他兴致勃勃,一说诙谐话,四川音特别浓重,"有很多战后工作要做,政治部要调你去俘虏管理营当教导员……"

"派我和国民党俘虏打交道……"

陈司令见我有点迟疑,爽朗笑道:"我给你一支令箭,你上任时先放一炮,说你是陈毅派来管教俘虏的。"

"行!接受陈司令的令箭!"我点点头,振作精神补充了一句,"强将手下不应有弱兵。"

11月,处理完战俘,我回到了指挥部。一天晚上,我又去陈司令那里和张茜同志聊天。谈到八路军黄克诚同志率部南下和新四军会师问题时,见到桌上放着一张信笺,低头一看,原来是陈司令手书的一首七绝新作:

十年征战几人回,又见同侪并马归。
江淮河汉今谁属?红旗十月满天飞。

我反复吟读了几遍,深为诗句中洋溢的革命乐观主义和胜利豪情所激动。对后两句尤加欣赏,唯对第一句感觉有点偏于低沉。

陈司令见我低吟沉思,笑问道:"指导员对诗有兴趣吗?对此看了有何高见?"

我直率地说了读后感,他点头笑笑,没有直接回答我对第一句的近于非议的感受,侃侃谈起了十年内战,三年游击战争中可歌可泣的动人故事。回忆1936年冬,他在梅山被围20多天的情况,吟了《梅岭三章》,对许多

---

① 李守维是国民党八十九军军长,进攻我黄桥守军的主力,经我军反击,落水溺毙。

抛头颅、洒热血的亲密战友，英雄儿女，寄予终身难忘的怀念……我听了深受教益，顿觉自己经历浅薄，想法太幼稚，对真正的阶级感情还缺少体会，只有饱经风霜，出生入死的健将、勇士，眼见同生死、共患难的战友，被敌人夺去了宝贵的生命，才能噙住热泪，化悲痛为力量，变消极为积极。得到启示后，再综观全诗，作者对烈士的悲痛怀念之情，不是完全融化于胜利豪情和革命乐观主义之中，迸发出鼓舞人们斗志的巨大力量吗？

全国解放后，我在上海、福建多次见到了陈毅同志，聆听他畅谈国事、纵论今昔的生动报告；拜读了他的《如梦令·临沂蒙阴道中》、《平山呈朱德同志》七绝等写于自卫战争期间的诗词，读后，浮想联翩，犹似身处战争年月，享受着欢庆战斗胜利的快慰。

1956年10月初，我在北京应张茜同志之约，去陈毅同志家里做客，他一见我就热情地喊起了："指导员！指导员！"这种革命战争年代的普通称呼，在战后和平时期听来，倍觉亲切、悦耳，它洋溢多深厚的战斗情谊！我没有改称他陈副总理，仍然习惯地说："陈司令！你好！"

我和张茜同志叙旧时，他不时走过来听听，插几句风趣、幽默话，问问我的工作、健康、家庭生活情况。鼓励我要像战争年代一样，努力学习，积极工作，为社会主义作出贡献。

中午，我被留下吃便饭，注意到他们的日常家庭生活，仍保持着战争年代的艰苦朴素作风。为了招待客人加了两个菜、一瓶酒，我向他敬酒致谢时，他触景生情，谈起了1940年中秋往事；那天是他的生日，服务团团长朱克靖同志嘱我准备酒菜，请了粟裕副司令、钟期光主任等为他祝贺。在皓月当空的操场上，饮酒畅谈，度过了一个欢乐的中秋之夜。一谈起当时的情景、人事，他记忆犹新，兴致勃勃，举杯说："你今年40了吧！来为你的诞辰年干一杯！"饮毕，他捋捋略显斑白的鬓发说："……又过去16年了……我是老将了，你们还是少壮派啊！"

不料，再一个16年后，陈司令已与世长辞，这次会见竟成了永别。

陈毅同志虽然离开了我们，但他的音容笑貌，政治风度，大气磅礴的战斗诗篇，和他一生赤胆忠心，为党的事业所作的卓越贡献……仍然活在我们心里，永远铭刻在人们记忆之中。

（于　晶）

我跟陈总当秘书

一

陈毅的名字，早就深印在上海进步学生的心中，但我能见到并聆听他的教导，还是在1942年8月，我进入苏北根据地后的两个月光景。

上海沦为孤岛后，稍有爱国心的人，都感到窒息、苦闷。陈毅率领新四军突入江南，到达上海西郊，给人们带来希望。新四军出奇制胜，消灭顽敌的捷报，更使进步学生受到鼓舞。当年有一本《江南的新生》生动地介绍了陈毅支队充满阶级友爱的人际关系，一心抗日的献身精神。皖南事变消息传来，进步青年无限悲愤，在地下党领导下秘密募捐，支援受难的亲人。我们把捐款人的姓名，一个个绣在专门制作的背心里，托交通员同志带给"陈代军长"。珍珠港事变后，日寇占领了上海租界地区。当时不少青年学生不愿当亡国奴，都纷纷投向解放区，我也是其中一个。

"你们这批是去苏北阜宁新四军军部的！"在过了长江，穿过敌人封锁的公路，行走在苏北乡间小路上时，地下交通员才轻轻地把这喜讯告诉了我们。他还补充了一句："说不定你们还能见到陈军长呢！"我们高兴得跳了起来，直恨不得一步跑到阜宁去。经过伪化区和两面政权的拉锯区，终于来到了陈毅部队开辟的根据地。我们到达军部，穿上了军装，那时，根据地正在开展整风运动。

一天半夜，两点钟左右，集合的哨音响了。我们急忙起床，脑子还有点迷迷糊糊，匆匆吃了顿饭，就上路了。听说是要赶去抗大听首长的报告。我们走了18里路，东方才鱼肚白，当我们赶到会场时，报告已经开始了。

会场上，同志们席地而坐，树荫下放了张方桌和几条长板凳。一位身穿褪了色的灰军装，一口清晰的四川口音的首长正在做整风报告，当我打听到这位首长就是陈毅时，禁不住从地上探起身来，好看个仔细。

陈毅讲话是那么亲切、随便，时而坐在板凳上，时而站起来。当他讲到改造世界观时，就问一位坐在前面的戴眼镜的同志：

"你是从哪儿来的？"

"上海。"

"是学生？什么学校的？"

"沪江大学。"

"学什么的？"

"学化学。"

陈毅意味深长地接着说，在解放区，眼下还没有条件搞实验室研究化学。现在是战争时期，首要任务是打败日本帝国主义。你们过去是学生，现在参加了革命队伍，是职业革命家。这就要求你们首先在自己身上搞点"化学"，这就是在思想上来一个布尔什维克化。他详细讲了季米特洛夫关于干部布尔什维克化的12条要求。他还说，毛主席也告诉我们不能言必称希腊，要熟悉中国的情况。他还风趣地说：这可是一个不小的化学变化啰！听到这里，会场上顿时活跃起来。对于我们这些参加革命不久，带有较多罗曼蒂克色彩的知识分子来说，第一次见到我们的军长，第一次听说自己是"职业革命家"，还要求我们"布尔什维克化"，感到多么自豪，受到多大的鞭策啊！这深刻的印象，直到半个世纪以后的今天，还没有淡忘。

二

第二次见到陈毅并在他直接领导下工作，已是1946年3月了。那时，我在山东新华总分社当记者。

毛主席到重庆谈判，虽然签订了双十协定，宣布停止国共双方的军事冲突，但蒋介石蓄谋发动大规模内战，在调兵遣将的同时，在我各解放区前后不断制造摩擦。由张治中、周恩来、马歇尔组成的军事调处小组到各地视察停战情况。在他们即将到山东解放区之前，新四军司令部派骑兵来通知山东新华社要我随陈毅军长去济南、徐州临时担任英文翻译。

我急匆匆赶到司令部，心里又兴奋，又紧张，能在陈军长身边工作，多么荣幸，但我从来没有经历过这样正式的场面，心里不免七上八下。我对外交礼仪一点也不懂，在济南机场的一次隆重欢迎仪式上，我跟在周恩来副主席、陈毅军长、美国马歇尔将军旁边，走过仪仗队时，也学他们的样子，举手行起礼来。陈军长发现了，一边走一边连忙低声说："手放下，手放下！"我惶惑地放下手来。事后才知道，只有最高一级的主宾才向仪仗队举手还礼。这位叱咤风云的将军，能在细微处关心同志，有时他还要提醒我们，要把军装的皮带系上，把风纪扣扣上。

陈毅对工作的要求是严格的，他懂外文，他要求我们在翻译时，尽量要忠于原意。他说，"要是我讲不是不……你可不要译成就是……这个语气、分量不一样呵，你要是有听不清的地方，可再问我。"他在和美方人员讲话时喜欢引用一些古文。有一回，联合国救济总署派人到临沂，在欢迎他们的会上，陈毅讲话时引用了"老吾老以及人之老，幼吾幼以及人之幼"。怎样把这样复杂的意思，当场译成合适的英语呢？我急得直冒汗，翻得有点卡壳。但他还是微微点头，鼓励我再翻下去。在我翻完之后，他对美方人员说："我们这些同志忙着打日本帝国主义，外文有点生疏了。不过我相信，我们的这个小翻译是能正确传达我的意思的。"领导的支持对我的工作是很大的动力。当时在临沂山东省政府的交际处，也有从美国留学回来的，英文当然比我好，可有时陈毅说，要小翻译也上上。看来他是有意给我一些锻炼的机会。在这样的首长身边工作，既对你严格要求，又能帮助解决具体困难，放心地让你去完成任务。我原来的紧张情绪渐渐消失了，大胆地担负起并不熟悉的工作，自觉地设法提高业务能力，以适应工作的需要。

陈毅身居高位，却能平易近人，设身处地，替人着想。临时翻译任务完成后，我又回到新华社。那时记者要经常下乡采访，背上背包，步行几十里路。有时一个人翻山越岭，脚步越走越沉重。在这种情况下，在路上遇到陈毅，他会让司机停下吉普车，喊道：小鬼，快上车，我带你一程。那时候的"首长"和普通一兵没有什么隔阂。这些都是小事，但处处使我感受到革命大家庭的温暖。

三

1949年5月，上海解放了，我又来到陈毅同志身边工作，担任市长秘书。

进入上海后，陈毅市长分配给我的第一个任务，就是在接管旧市政府的那天担任记录。

为陈毅做记录，并不是第一次了。5月10日在丹阳集训干部那次，就是我做的记录。那天，陈毅站在一家茶馆的一张八仙桌后面，向接管干部做报告。他严厉批评了前几天发生的破坏纪律的事，强调纪律一定要严，入城守则一定要遵守。他说，"这就是我们给上海人民的见面礼"。后来，各级干部又花了一段时间逐条讨论入城守则，其中包括"不入民宅"。这一条是经过总前委、毛主席审查批准的。后来引起国内外瞩目、传为美谈的解放军进入大上海，冒雨睡马路的事，早在丹阳集训时就定下了的。为上海新旧政府交接做记录，却不同一般。在这个我国最大都市，帝国主义、官僚资本主义、封建主义盘踞最久的老巢建立人民政权，它是无数革命者抛头颅、洒热血奋斗28年所盼望的。我为能记录下这一历史时刻感到兴奋，也不免有些紧张。

5月28日下午两点整，浩浩荡荡的车队来到市府大厦。陈毅市长一行走上大理石阶梯，进入2楼145号市长办公室。

这间铺着华贵的深红色地毯，宽大的扇形房间，原是英租界最高权威——工部局头头的办公室，后来又成了国民党上海市市长吴国桢的办公室。对着门的正中，是一张宽大的办公桌，桌子后面是一把高背褐色的皮转椅。陈毅市长坐在转椅上，曾山（军管会的副主任）坐在办公桌左手，右手由我做记录。其余的接管的负责同志坐在陈毅左边靠墙的一排椅子上。陈毅市长让总务处处长熊中节请旧政府赵祖康代理市长进来。

赵祖康是4天前从匆匆逃走的前任手中接任的。他早已召集旧市府人员在会议室候命了。一听召唤，走进门来，深深地向陈毅市长鞠了一躬。

"你就是国民党市政府的代理市长赵祖康吗？"

"是。"

"军管会的命令你执行得如何?"

"条条照办了。"

"资产、档案呢?"

"完整无损,可一一查点。"

所有必须问的问题问完之后,赵祖康又连声说,我是技术人员,是搞市政建设工程的。他要求还让他回工务局去搞他的本行。陈毅觉察到他疑虑重重的心情,笑着说,赵先生,不要有其他想法,你能留下来,就是对共产党有认识,知道党的政策,你还是当你的工务局局长。谈话结束时,陈毅握着赵祖康的手,恳切地说,"我相信我们一定能够很好地合作的,共产党需要更多的朋友。"

陈毅每天上午到市府办公,看过当天报纸以后,就由秘书长、办公厅主任来汇报商议重大事件,边听汇报,边议论,有时还把经办具体事务的同志找来,听听第一手的材料。重大复杂的问题就召开会议解决。开会有结论,有具体办法,然后交给秘书长去落实检查。

秘书长、办公厅主任汇报结束后,就挨到我抱了一大沓公文、来信、文件请市长批阅了。他曾开玩笑地说:"秘书一到,大事不妙。"其实,送给他审批的公文,都是已经过科、处、厅几级审核,需要市长从大原则考虑定案的。对这些公文,有的听我的汇报,就签字了;有的签了字,但指出哪些具体细节还需要再去核实一下。他充分相信干部,各级干部也能层层把关,尽心负责。这样就具有很强的凝聚力,真正做到是为人民服务。

至于群众来信,陈毅关照,那些提批评意见的,甚至造谣诬蔑的,都要挑选出来给他看。至于恭维他的信;他说,这是党的政策,不是他一个人的功劳,所以不必看。有一回,有人写了首打油诗,对他诬蔑中伤,他看过后,一边说,这人小气不足,诗写得不高明嘛,改改才好。一边就提笔修改,他看成小事一桩,一笑了之。真是将军胸怀豁达大度。至于他的亲属来信,提出这样那样要求,他统统交给秘书长,按政策办事。还有不少他的老部下来信。记得有一封信说:解放了,组织上送我去学文化,但我没有钢笔,首长,你能帮我解决吗?陈毅认真地对我说,一定要帮这个忙。司令员和战士的关系,是何等亲密无间呀!

有一回,陈毅看见办公室墙角有个被包,就问是哪个的。我说是我的。

原来那时市长办公室电话不断,北京的中央首长有晚间办公的习惯,往往深更半夜来电话,再加上加急电报等,我就睡在办公室,晚上席地毯而卧,白天卷起铺盖,放在墙角。他听了我的回答后,连声说好,"我们可不能搞'五子登科'呀!"

接管那一阵,最辛苦的是陈毅同志。上午在市府,午后到华东局,晚上还要听工、青、妇、财、经、军各方面负责同志的汇报,同华东局的领导一起研究重大决策,常常开会到深更半夜。

1949年的8月,解放后的上海第一次遭到台风、潮汛侵袭,汉口路上全是水。那天一早,陈毅打电话来问市政府情况。我回答说,市府院内积水已到小腿肚子。

"我来看看。"

"来不得,水深,小汽车开不进,要抛锚的。"

"怎么来不了,上海我们都进来了,市政府怎么进不来?"

不一会儿,他坐了辆十轮大卡车,提了双凉鞋到办公室来了。我连忙紧急通知有关的局长来汇报情况,采取紧急措施。

接管上海,千头万绪,陈毅同志善于抓大事。涉及保卫国家主权,人民尊严,群众利益的,分毫不让;对群众呼声细心倾听,对解除群众困惑,调动群众积极性,关怀备至。

——银圆投机奸商,扰乱市场,引起物价暴涨,民有怨言。经陈毅建议,党中央批准,查封证券大楼,一网打尽。这件事震动华东,影响全国。

——美国驻沪总领事馆副领事威廉姆·欧立夫,无视军管会发布的交通管制令,擅自闯入游行区域,阻断队伍前进。陈毅毫不犹豫地下令:"违反中国法令者可以制裁。"副领事在被释放前恭恭敬敬写了道歉书,报刊报道了消息并全文刊载道歉书,轰动世界舆论,都说,东亚睡狮怒吼了。

陈毅兼职多,工作异常忙,而各界群众开会都想请仰慕已久、威望很高的陈毅市长去讲讲话。我常常发愁地说:"日程已排得满满的了,又来了几个会,都说一定要请你去。"

陈毅爽快地说:"那我就去嘛!以后各界开会,叫我去,要尽量安排时间去。"

"可是党内、军内还有那么多的事,群众想见见你的心情是可以理解的，不过你太忙了。"

"你搞错了，参加大会不是为了让群众见见我，我这个老头子，有啥子好看？是我想快点见见上海各界，向他们讲讲我的心里话。没有他们的支持，我这个市长就当不好。"

陈毅了解民心、民情，热情做群众工作，不但自己做，而且还发动干部、党员去做。我就是他动员的一个。

陈毅早年就认识我父亲朱少屏。他告诉我当年周恩来和他去法国勤工俭学的出国手续就是我父亲主持的环球中国学生会给办的。陈毅说："你父亲教了我们许多洋规矩，还教我们如何吃西餐，他是个热心人，知多识广，可是也会敲竹杠，还向我们收了5块大洋呢！"

有一天，陈毅问我现在家里还有什么人？我说："我还没有回家去过呢，我的家庭政治情况复杂，上海刚解放，还是先不忙回去好。"

他告诉我："不要自己革命了，就觉得家人都是落后的。"应该回家去看看，了解群众的情绪，群众的要求。"我们党搞的调查研究，就是要了解人心向背，这是决定我们的事业能否发展，能否胜利的大事。"

下班后，我就回到阔别多年的老家。由于长期音讯隔绝，家里的亲人们都又高兴又感到突然。邻居们也都赶来看我，很是热闹。

我有个哥哥，在上海市工务局工作，是个老工程师。他有好几个孩子。有一天我回家，侄女们正高高兴兴地在唱："年轻的中国共产党，你就是核心，你就是方向，我们永远跟着你走……"我哥哥就气呼呼地呵斥她们："叫侬唱！饭碗头也要落脱哉，还唱啥跟着你走！"原来，上海为执行反封锁六大任务，政府机关都在节约开支，裁员缩编。一批留用人员面临裁减的命运。我哥哥一家7口，万一失业，生活成问题，正在为此发愁，所以心情不佳。

后来，我同陈毅说起了这个情况。陈毅很严肃地说："你哥哥讲得很对嘛，人家连饭都吃不上了，怎么还跟着共产党走？我们是人民政府应该处处关心人民的疾苦，制定政策要考虑人心向背的问题。"

几天以后，在一次市政府会议上讨论到缩编裁减旧人员问题时，陈毅特别强调说："除了那些确有劣迹的反动分子和吃闲饭的冗员之外，人员的处理、裁减一定要慎重。有特殊专长的人，一定要保留。总之，要按毛泽东同志说的,三个人的饭五个人吃的精神办事,尽可能照顾好群众的生活利益。"

第二年的春天,我哥嫂要我一起去南京为父亲扫墓。我想,一个共产党的干部能不能向国民党官员的亡灵祭悼呢?我拿不定主意,还是去问陈毅同志。

陈毅说:"你父亲在抗战中,因不屈服,而被日本人杀害了,国民党也好,共产党也好,保持了民族尊严,民族气节,他为抗日而牺牲了,就是烈士。我们共产党人什么时候都要尊重历史。"

有一次,陈毅和我谈话中发现柳亚子和我父亲是莫逆之交,就交给我一个任务,"你去柳亚子先生家里看望看望,做做工作。"

我为难地摇摇头说:"向上层分子做统战工作,可不是我们这样的干部能胜任的。我以前去柳家玩,我父亲请他们一起吃饭,这种场合我参加过。去讲统战,可不合适啊!"

陈毅说:"不要把统战工作看得那样神秘,不能为统战而统战,首先要建立在感情基础上。人家对你信任了,才愿意说真心话,才能听得进党的政策。你自小就和他家人相识,这就是有利条件。"

然后,陈毅把1949年3月28日柳亚子写的诗和毛主席4月29日《和柳亚子先生》的诗的意思讲了一番,当时柳亚子有牢骚,陈毅有意要我先去劝解劝解。我到柳家后,谈得很融洽,亚老的夫人郑佩宜也在场,她也帮着劝解亚老。有了这些"前奏",不日后,陈毅穿了便服,戴上他喜爱的法兰西小帽,去了柳家,而且还请了他全家吃饭,气氛十分融洽、随便。

陈毅确实是雄才伟略,坦荡胸怀,他坚持马克思主义的基本原则,坚持党的根本利益,又能灵活处理一切问题,无私无畏,因此,无论刮什么风,都能岿然不动,为革命事业作出了巨大贡献。

(朱 清)

"我从未见过这么好的首长"
——陈毅和常志刚

常志刚到陈毅身边给他开车达10年之久，和陈毅家人相处得很好。说起常志刚给陈毅开车，还有一段十分有趣的故事。

常志刚得知组织上要调他去给陈毅开车时，他表示坚决不去。为什么？是他技术不好？不是。常志刚在1938年就跟舅舅学开汽车，以后又给车行老板开过卡车、出租汽车；1945年参军，到1946年他已有8年的"车龄"，技术相当过硬。他不去，是因为他不是共产党员。经过战争考验，组织上认为这个工人出身的驾驶员，虽不是党员，却是个完全可以信任的好同志，就选中了他。好说歹说他还是不愿去，后勤部部长就下命令了："常志刚同志，这是组织决定，革命军人应该服从命令，不去不行！"常志刚只好硬着头皮去见陈毅，但心里却想着随时准备走。

常志刚见了陈毅有些紧张，立正敬了个礼说："我是常志刚，开车的，向首长报到！"

陈毅要他坐下，叫警卫员给他倒了杯水，才说："你的情况我了解一些，是邝任农讲的。"

常志刚一听，才有些放心，看来陈总已经对他做过一番调查。

原来常志刚参军不久，就给五旅旅长聂凤智开车。有一天，鲁中军区副司令员邝任农（国共谈判时济南军调执行小组中共首席代表）到五旅视察，同聂凤智谈到，"我们出去都是坐美方的车，很不方便，谈话、工作均不好办，能不能给我部小车，派个驾驶员！"聂凤智一口答应，找来常志刚，要他去军调处开车。临走时，聂凤智告诉他："到济南和美国人、国民党打交道是比较复杂一点。你要注意两件事：一是宣传共产党的好处，把你亲自见到的解放区和我军的情况告诉他们；二是不能犯错误。要犯错误你在解放区犯，不能到国民党那边犯，人家瞪着眼睛看你这个共产党来的人，有一点事情做得不对，就会给你夸大宣传，造成极坏影响！"

聂凤智这次颇具性格的谈话，给常志刚留下很深印象。他到了军调处事事小心谨慎，时刻不忘自己是代表共产党方面的人。有一次，军调小组去济南，要经过一条大河，水虽不深，但没有桥，要蹚水过。到了河边，一共5辆车子，4部都是新的，只有常志刚开的车是从战场上缴获的一台旧的美式吉普。国民党的司机讥讽常志刚："你的车这么旧，能过得去吗？"常志刚明白他们的意思，心里想，一定要为共产党争这口气！答道："试试看吧！"第一辆，美军的车过去了；第二辆，国民党的车也过去了，但机器进水，发生了故障；第三、第四辆车，开到河中间机器进水，发生故障走不动了；第五辆，是常志刚的车，却顺利开过河去。美方代表向常志刚竖起大拇指，连声夸"OK！"国民党司机也不得不佩服。原来常志刚经验丰富，对机器性能了如指掌，过河前，他将汽车的风扇皮带卸下来，就不容易溅水，过河后再装上。

邝任农向陈毅汇报军调处工作时，顺便讲了这个小插曲，陈毅听得哈哈大笑。

常志刚给陈毅开的也是一辆美式吉普车，车上棚布简陋。那时适逢冬日，开动起来风往后灌，车上很冷。常志刚虽穿着棉衣，也冻得够呛。这天，他接到通知，晚上要出发，就去供给处要大衣。管理员告诉他，大衣是发给连以上干部的。常志刚碰了个软钉子，回来很不高兴。快出发了，警卫员叫出车，常志刚不吭声，也不出车。警卫员回去不久，陈毅亲自来了。常志刚一见，吓坏了！心想："糟了！这下肯定挨熊、受处分。"谁知陈毅却说："都知道了。供给处有规定嘛，我们也不能不遵守制度！"说着，就将身上穿的一件团以上干部穿的兔毛大衣脱下来，让常志刚穿上。常志刚赶紧推辞说："我不要。你是首长，应该穿，冻坏了咋行！"立即发动汽车出发了。这天晚上，那件大衣就丢在车上，陈毅没穿，常志刚也没有穿。过两天，供给部门修改了规章，凡是工作需要的人员都发大衣。

常志刚从那天起，就下决心跟陈总工作，赶他也不走了，"我从未见过这么好的首长！"

1948年6月，陈毅从华东来到河南宝丰皂角树，与刘伯承、邓小平共同主持中原局和中原军区工作。这是一次长途行军，要经邯郸，穿太行，过黄河，到洛阳，沿途山路崎岖，为了防空还得夜行。一路上，陈毅见常志刚开车十分辛劳，怕他打瞌睡出事，就坐在他旁边，讲故事给常志刚听，在平坦的地方，干脆叫常志刚休息；自己开车。遇到这种情况，总要经过一番争执，常志刚才让陈毅开一段路。由于担心首长的安全，常志刚的瞌睡早已无影无踪了。

有一次，车子正在路上奔驰，远处有一个小战士硬把车拦了下来。常志刚正要发火，被陈毅制止住，让这个战士上了车。陈毅问他有什么急事？小战士不知道车上坐的是谁，竟撒谎说是紧急任务，给陈毅司令员送信。陈毅很好奇，说我就是陈毅，把信拿出来吧！小战士一听吓得连忙检讨，坦白自己是想坐小车开开"洋荤"，逗得一车人都笑了。小战士急忙叫停车下去。陈毅怕他背思想包袱，还伸出头去向他招了招手，小战士才欢欢喜喜走了。

陈毅一向对战士亲切，从不随便发火，常志刚感受很深。

陈毅到南京后，改乘轿车。新来的警卫员小谷工作不细心，有次陈毅手搭在车门边上和人讲话，小谷没有看清楚，猛力一关，将陈毅一个手指的骨头压断了。常志刚火速将陈毅送到军区总院治疗。小谷吓哭了。陈毅没有发火，还安慰他。小谷感动得大哭。

陈毅在河南禹县时，有一天早晨，边洗脸边对常志刚说："常志刚，你可以入党了！"

常志刚毫无思想准备，愣了一下，才答道："我的觉悟不高，还需要锻炼！"

陈毅坐下来，喝了一口茶说："老常呵，你的入党申请书我已看过，你跟我工作3年了，经过战时、平时的考验，我看你够一个共产党员标准啦！张茜对你也是了解的，她可以当你的入党介绍人。"

不久以后，常志刚所在单位的党支部，通过了常志刚的入党申请。

常志刚对张茜的印象很深刻。他第一次见到张茜时，陈毅向他介绍："这是我爱人张茜。"

常志刚早就知道，张茜是"三八式"老革命，当过医生、机关协理员，该怎么称呼呢？叫协理员吗？已经卸职，就叫"张医生"！

张茜立即回答说："我不是医生，就叫我张茜。"

陈毅在一旁连声说："好，好，就这么叫！"

一次在南京，常志刚送张茜外出。路上，一辆不遵守交通规则的卡车，将小车撞到山坡下面，卡车闯祸后，逃跑了。常志刚被撞得昏迷不醒，张茜的牙齿也碰掉了两颗。陈毅正在上海开会，得知车祸，立即打电话给军区总院领导："你们一定要想一切办法把常志刚救过来，他是个很好的同志，家中还有爱人、孩子。有什么困难直接向我汇报。"常志刚昏迷了24个小时，经医院抢救才苏醒。张茜自己身体摔伤了，还不断询问常志刚的病情。

后来张茜已补好牙齿，陈毅和她开玩笑："你这次历险不死，是马克思保佑！事物都是祸福相依，你装了新牙，比以前更漂亮了！"陈总的这句笑话，引起了大家哈哈大笑。

陈毅最爱读书，工作再忙也要挤时间读，而且阅读速度很快。特别爱读历史、古诗词。每到一地，陶秘书就要用陈毅不多的津贴费，到书店买书，线装书不少。淮海战役还没结束，陈毅和刘伯承即奉召去西柏坡向党中央汇报工作，并参加了中央军委会议。陈毅回到徐州三野司令部时，开始准备渡江作战。为了便于行动，他精简行李。工作人员一起帮他整理东西。许多看过的书，陈毅都不要了，但一部多年来一直带在身边的线装《二十四史》（分别装在特制的木箱里），却舍不得丢。常志刚说："这么大的箱子还带着干啥？进城还怕找不到书，丢了吧！"陈毅边翻东西边说："老常呀，别的书可以丢，唯独这部书不能丢，我随时要翻阅的。不透彻了解中国的历史，还能干好中国革命吗？"

陶秘书也说："全国胜利形势已经到来，中国的江山要改换朝代了。二十四史，就是过去二十四个王朝改朝换代的历史。我们共产党的革命虽然不是封建王朝的改朝换代，但那些王朝胜利夺取江山的经验，总还是有可借鉴之处的。"

常志刚觉得陶秘书讲得很有些道理，没想到这时陈毅却表情严肃地说："看二十四史不光是为了夺取胜利！"

他的话出乎大家意外，一时弄不懂，"难道还是为了失败？"

陈毅接着讲："更准确地说，是为了避免胜利后的失败！"他指着大木箱："历史向我们敲了警钟！有一个朝代胜利的经验，就有一个朝代失败的教训！你们不是看过《李闯王》这个戏嘛，李自成的失败是从进到北京开始的，这就是令人深思的问题呵！"

胜利渡江进南京后，陈毅又谈起一些常志刚没有完全弄懂的事。他们到了"总统府"，常志刚看到蒋介石的侍从军官们逃跑时未及带走的呢军帽、呢军装，就说："这些龟孙子逃得真快，这么漂亮的衣服都来不及穿，说到头，还是我们进军神速！"

陈毅点点头："顺民者昌，逆民者亡！这个道理，古今一样。"

第二天，陈毅带着工作人员瞻仰中山陵。到了陵寝处，陈毅脱下军帽，对着孙中山的石像，恭恭敬敬行了三个鞠躬礼。大家也勉强跟着行了鞠躬礼。陈毅似乎看透了大家的心思：共产党人怎么还向国民党的创始人敬礼?！他转身对大家说："共产党人要尊重历史，要有宽阔的胸怀。孙中山是伟大的资产阶级民主主义革命家，他领导中国人民推翻清朝，结束了中国几千年的封建统治，功高日月！他主张联俄、联共、扶助农工，倡导国共合作，他是中国共产党的老朋友，我们应该永远记住他的丰功伟绩！"

陈毅又漫步观看壁上刻的《总理遗嘱》、《建国大纲》等文字，一面感慨地说："1925年，孙中山在北平逝世的时候，我也在那里，一面读大学，一面参加党的工作，我还参加了他的灵柩安放在西山碧云寺的迎丧会。他的许多遗愿，国民党办不到，我们共产党都为之实现了。"

这时，看守中山陵园的管理人员，捧出笔纸，请陈毅题字。陈毅提起笔，想了一想，他没有写什么空泛的赞誉之词，而是写了"保护中山陵"5个字，下面落款"陈毅"。原来陈毅想到的是战乱刚过，来往部队及人员甚多，自己身为中国人民解放军第三野战军的司令员，应为守陵人员留下一纸"尚方宝剑"，以维护这一名胜的安全。

陈毅要从南京调到国务院外交部工作了，征求常志刚的意见，愿不愿意一起去北京？当时陈毅是有所考虑的：常志刚已跟他开了10年车，任职是三野汽车队队长，正连级干部，再当司机就无法提升了。而地方正需要干部，常志刚应改行提拔了。但陈毅怕他会产生误解，所以征求他的意见。

常志刚也作了考虑，老伴在上海工作，家已安在那里，调动又要费周折，就提出愿到上海工作。事情就这样定了，组织上安排常志刚到上钢一厂当保卫科科长，行政级别定为17级。

临行，陈毅、张茜叫小伙房做几样菜，给老常饯行。

陈毅在吃饭时对常志刚说："烈士们流血牺牲，打出个新中国，要加紧建设，需要更多的老同志挺身出来挑担子！你为我开了10年车，没有出问题，我很感谢你！你到新单位要是干得不舒畅，就回来！"

常志刚是山东汉子，讲话直率："好马不吃回头草！首长放心，到新岗位我要努力工作，决不辜负首长多年的教育！"

陈毅沉默了一会儿，似乎在思考什么，接着说："你出去，只有一件事要记住。你参加了军调处工作，国共谈判破裂时，你们十几个人，在济南被国民党扣押了126天。后来双方交换人员时，你们是坐美国飞机回来的。你们表现都很好！但是，这段历史是没有结论的。有人来查，叫他们来找我，我可以给你证明，是没有问题的。"

（甘耀稷）

相从日浅，相知甚笃
——陈毅和韩国钧

一

太阳火辣辣地挂在天边，虽说已是初秋，天气仍十分炎热，姜堰至海安的公路上，几匹骏马疾驰而来，扬起一阵尘土。

新四军江南指挥部指挥陈毅、新四军挺进纵队司令管文蔚和几个警卫员一律灰军军服，黑色布鞋，腰束皮带，轻装策马，汗水不停地从他们的额头上滚下来。

"陈司令，那个韩国钧是个什么人？他有多少人马？"警卫员小李最爱刨根问底。

"多少人马？"陈毅反问一句，接着说，"他可是有千军万马哟！"说完，哈哈大笑起来,几个警卫员惊诧地议论开了。

"老管,下阶段决战要取得胜利,争取韩国钧是个十分重要的条件。我们此去看他,首先要虚心,特别要注意礼貌,他们这种人是非常注意礼仪的。"陈毅对并马驰骋的管文蔚说。

这是1940年的初秋,新四军在苏北建立了抗日民主根据地,然而,困难重重,阻力重重。日寇依仗着优势的兵力和武器装备,猖獗一时;国民党江苏省代主席韩德勤更有号称10万大军,竭力阻挠新四军东进;地方实力派、鲁苏皖边区游击总指挥部的李明扬、李长江独霸一方。

陈毅虽说还未与韩国钧见面,但对韩的情况却了解不少。

韩国钧在清朝光绪年间开始踏上仕途,"历仕宦40余年",先后担任过知县、道员、交涉使。民国初年和北洋军阀统治时期,历任江苏省民政厅厅长、安徽省巡按使、江苏省省长、代理督军等职,具有正义感和爱国思想。虽然他在1929年已退出政界,但他的门生故旧遍布各地,且多在军政界身居要职。因此,韩国钧在全国有一定的影响,特别是在苏北中上层士绅中威望很高。韩国钧的一言一行,对韩德勤、李明扬等的影响都很大,能否取得韩国钧对新四军的支持,对新四军在苏北地区站稳脚跟,打开局面,至关重要。陈毅刚刚对警卫员小李说韩国钧有"千军万马",也正是这个意思。

当时,中共中央对做好苏北名绅的统战工作也专门做出指示:"江浙为中国民族资产阶级的中心,韩国钧、黄炎培……均为江苏民族资产阶级的一部分著名代表……你们务须认真地研究和考虑争取他们的长期合作,并经过他们去争取江浙民族资产阶级与我们合作。"

早在新四军还未进入苏北时,陈毅就已通过江苏省商会会长陆子波的介绍,开始与韩国钧通信交往了。陈毅对韩国钧的学识才华表示钦佩,希望能得到他的帮助。

韩国钧在接到陈毅慰勉有加的信以后,甚为高兴,手书一联相赠。联语曰:

  注述六家胸有甲
  立功万里胆包身

联语虽有些溢美之词,但他对新四军的友善态度确是显见的。陈毅对这位80老翁的书法十分欣赏,作为礼尚往来,陈毅亦手书一联回赠:

杖国抗敌,古之遗直
乡居问政,华夏有人

韩国钧接读陈毅的联语,既高兴,又感动,他深为新四军中有如此兼资文武的儒将而钦佩,对陈毅也更添了几分敬意。

此后,陈毅曾多次致函韩国钧,希望他能理解新四军"被迫移兵苏北以求抗日之权的苦衷",对顽固派韩德勤咄咄逼人的倒行逆施予以规劝。韩国钧对陈毅的见解表示赞赏,他在复函中说:"敬悉救国救民之宗旨,无任佩仰",并表示对陈毅的建议将"筹划进行","本一致抗敌之宗旨,合力对外,不使内部摩擦"。现在,新四军已在黄桥等地建设抗日民主根据地,陈毅特意去登门拜访。

二

海安东街,一座宏广高轩的屋宇特别引人注目,这是韩国钧的宅邸,人称海安第一居室。

入门,大门内照壁前,两边置两只大缸,一米多高,缸中植有松树盆景,苍翠古老,似乎象征着主人的姿态气节。雪白的照壁中间,一个硕大的"福"字十分醒目。

陈毅一行来到韩国钧门前下马。陈毅吩咐警护人员一律留在二门外等候,然后亲自上前叩门。

"有请。"韩国钧的管家在禀报后请陈毅、管文蔚等入室。这是一间长方形的客厅,客厅正中挂着一幅韩国钧的肖像,身佩指挥刀,是当年主人当督军时所摄,很有几分气派。

陈毅、管文蔚等刚入座,韩国钧即走了出来。陈毅等马上含笑站立,持晚辈谒见长者之礼,谦恭有加。韩国钧当时已83岁高龄,鬓发全白,但步履轻快，气色很好。

"紫老（韩国钧，字紫石，故常称韩紫石）健好，神姿矍铄，乃是国家的祥瑞。"陈毅问候了韩国钧的起居安好后说。

"不敢当！不敢当！"韩国钧笑着连连摆手说。虽是初次见面，但韩国钧对陈毅的好感溢于言表。他清楚地记得9月初收到的陈毅的一封信，那是一封情辞激切、哀切动人的信，信中在详述了新四军在顽固派逼迫下所面临的艰险处境后指出："夫大敌当前，义无小我，抗敌苦力不足，而私斗精妙至此，感叹难言！长者与同慨也！宋明不亡于外寇，而亡于内部私战之争，东林旧事，南都宴安，思之心悸然！"在信的末尾，陈毅真挚地写道："秋气深，此最难将息之令，忧唯眠食珍重，为国自惜，居处不近，毅热望大局平定，有接席承教之一日。"韩国钧当时接信后激动难抑，在复信中说："奉手书指示详尽，征引宋明不亡于外寇，而亡于内部，痛心之言，闻之泪下！"今天亲见陈毅，果然是一员儒将，知书达理，气度不凡，交谈间不时显露出来的才略、识见和礼貌谦恭的态度，使韩国钧留下了深刻的印象。

谈话渐入正题。陈毅简明扼要地讲了我军东进抗日的情况，表达我党对他的尊敬之情，请他多多指教。韩国钧十分高兴，谈吐如同故父。不知不觉中，天色已晚，陈毅向老人辞行，韩国钧执意把陈毅送到大门口。

新四军在苏北抗战的局面渐渐打开了，但矛盾和冲突也接踵而至。尽管如此，陈毅常抽空看望韩国钧，与老人商谈国事。他们从历史上异族的入侵给民族带来的灾难，谈到日寇的野蛮侵略。

"本来，按照我们的国力，是可以打败日寇的。"陈毅对韩国钧说，"可是，现在国民党不是把两只眼睛盯住日本侵略者，而是狠狠盯住共产党，生怕把权力丢损，所以抗日的决心不大，只要日寇一进攻，往往只能弃城丢地，置人民生死存亡于不顾，忍看敌人烧杀奸淫，据了解，南京大屠杀，有30万军民丧生，老人、妇婴均不能幸免，六朝古都，几成废墟。"

"竟有这等事吗？"这个曾任江苏省省长、具有民族自尊气节的爱国老人，听了陈毅的一席话，不禁怆然变色。他已经听说南京沦陷后许多人被杀的情况，但绝没有料到竟有30万父老兄弟被杀，他们曾经是他管辖的"子民"啊！

陈毅接着说："中山先生曾经指斥清政府腐败的宗旨，宁予外贼，不施家奴。现在，国民党正是这样，举国上下对这种情况非常不满，强烈要求国共两党团结抗日，千万不要自相残杀。"

韩国钧仔细倾听，频频点头。抗战以来，他亲眼目睹祖国的锦绣河山不断沦陷，人民生命财产遭到巨大损失。他本人亦至离家百余里的兴化坂坨避难，家属离散四方，他曾愤然怒问："家在哪里？国在何方？"他对民族的前途感到悲观，他对国民党有些失望。他甚至想逃避这残酷的现实。他在给友人的信中说："眼时一切生死哀乐之事俱不置诸胸中，若能常处此如梦如痴之世界，则幸矣。"韩国钧已经了解到陈毅、粟裕率领的新四军挺进苏南敌后，曾经屡战屡捷，搅得日寇不得安宁。他也听说陈毅曾亲赴泰州和李明扬、李长江谈判……他还亲自给朱履先写信，了解新四军的情况和朱履先的态度。老人对新四军，特别是对陈毅有好感，因此他也乐意在国共两党之间进行调解。但同时，韩国钧的心情又是矛盾的，国民党是有全国政权、有军队、有钱的强者，加之他与韩德勤、与国民党有千丝万缕的联系，他希望保全韩德勤的势力，然而爱国心和正义感，又使他不忍看到抗日救国的大业毁于内部冲突之中。他觉得陈毅的话有道理，但共产党能担当起抗日的重担吗？能诚心与国民党合作吗？韩国钧心事重重，矛盾重重。

一次，韩国钧和陈毅在谈笑时，韩国钧笑着口出一上联："陈韩陈韩，分二层（陈）含（韩）二心。"陈毅听罢大笑："谁说我们分二层含二心？我陈毅不仅对你韩紫石大人是一层一心，对他韩德勤那个韩也是一层一心，因此我对的下联是：国共国共，同一国共一天。"

陈毅知道，要使韩国钧真正信服共产党，还需要时间，需要事实。

三

新四军自进入苏北以来，多次粉碎了日军报复性的"扫荡"，接连攻克了靖江境内孤山、西来等日伪军据点，当地的民众都说："新四军是天兵天将，打仗仗仗胜。"新四军的力量的确发展很快，成为苏中抗战的主要力量。新四军所到之处，建立抗日民主政权，筹款征粮、减租减息、救济灾荒、修堤修闸、兴办教育……老百姓无不拍手称好，特别是新四军军纪严明，秋毫无犯，官兵同甘共苦，不但使日伪难以得逞，而且使趁乱而起的地方土匪也逐渐荡平。

韩国钧多年涉足政界，他忠君守职，受传统思想的影响，他不可能跳出这个框框。他又是一个勤敏清廉的官吏，热爱祖国，同情民众，所以在任时有"韩青天"之颂声，离任时有"陈酒果，设香案，衷曲依依，垂泪相送"之场面。他看到了清王朝的垂亡，他不满和厌恶军阀的割据和混战，因而"绝意仕进"，"家居冷眼以观世变"。如今世道真的变了？韩国钧当此乱世而竟少动荡之感，不禁叹服之至。他说："新四军和国民党不一样，不贪财，不讲情面。几十年来，数经世变，凡大战兴起于城市，匪乱必起于乡间，战祸之直接损失尚小，战祸引起之兵荒匪乱使人民受祸甚大，不料苏北处在经常与敌伪对战中，大军转移吾村，月必数至，甚至日必数至者，而乡间秩序井然，无畏兵畏匪之累，此乃党政办事之得法，战后之天下太平可于此卜矣。"

然而，韩德勤仗着人多势众，咄咄逼人。陈毅致函韩国钧，希望他站出来主持正义："紫老为我省耆宿，德高望重，只要出来登高一呼，苏北军民一定会争相归从。"

9月中旬，韩国钧与苏北另一些知名人士黄逸峰、朱履先以及泰兴等8县代表15人，于海安故宅举行了"停止苏北内战，一致团结抗日协商会议"，即"联合抗日座亲会"。联合通电国共多方面军事长官，呼吁"停战息事"，"扫荡敌气，收复失地"，"体恤民艰，改进政治"。并提出5条具体建议，议决由韩国钧筹划，于曲塘再次召开苏北军事会议，"共同分配抗敌任务"，避免冲突。

陈毅迅即复函，率先表示"团结对外体恤民艰各节，用意至善"，"敝军同人"，"切实遵办"，"以最大忍耐力争对内和平"，并提出四项补充意见。

地方实力派李明扬等复函："原则上极表赞同"，"全部接受"。

韩德勤却仗着背后有蒋介石撑腰，一再拖延不予答复。后又在迟迟发出的复电中，要韩国钧转告我军："新四军如有合作诚意，应首先退出姜堰，再言其他。"

狂妄骄横，以势欺人，哪里有停战息事、合作抗日的姿态？韩国钧等人都感到这是一个棘手的问题。

退出姜堰，意味着将新四军将士流血牺牲、艰苦奋斗夺得的根据地送给韩德勤。但为了进一步促进国共合作，表明我真诚抗日的决心，也为了进一步争取韩国钧等民主人士，新四军指挥部研究后决定：退。

姜堰，正在召开苏北军民代表会议，陈毅在会上慷慨陈词："我军为达到苏北抗战合作的目的，愿意退出姜堰，只要有利于抗战，有利于苏北民众，虽血染田野，万死不辞。"

会场里鸦雀无声，所有的代表都全神贯注地听着陈毅讲话。不少人原都认为陈毅不会答应韩德勤的要求让出姜堰，此时听到陈毅一番话，又惊讶又欢欣，会场气氛似乎活跃起来。陈毅闪闪的目光掠过整个会场，待大家安静下来后，陈毅严正地说："各位先生是民众的代表，请转告省韩，我军退出姜堰完全是为了顾全抗战大局，如果省韩以为我们可欺，继续向我们进攻，我们也就不客气了，我们被迫还击，为祸为福，只好以将来的事实作证明，我不忍再言了！"陈毅的讲话入情入理，新四军忍让求全，光明磊落的作风，博得所有代表的同情和赞叹。韩国钧也被感动了，他看到了新四军对抗日的一片赤诚，看到了陈毅对国共合作的"一层一心"，也为自己的努力没有白费感到快慰。

新四军开始做撤退的准备……各界人士均感到有了希望。忽然，一封电报交到韩国钧手中，"新四军一定要撤出黄桥，开回江南，方可谈判，否则无商谈余地。"又是韩德勤的来电，出尔反尔，得寸进尺。

君子、小人，对比如此鲜明。韩国钧愤怒了，他对韩德勤出尔反尔、冒天下之大不韪的行径深表愤慨，颇有遭顽固派愚弄之感。

陈毅致函韩国钧，揭露顽固派"任何诚意均未表现，其咄咄逼人、甘作戎首之野心，实难令人忍受。"同时大义凛然地申明："独夫有悔过之心，则人民多来苏之庆，新四军求仁得仁，除抗敌救民而外绝无苛求，万一对方误解新四军立场，及人民意旨，再次冒险轻进，必招致严重后果。世有董狐，将知破坏抗战责任难属，可断言矣。"如果说，韩国钧原来对国共两党持不偏不倚的态度的话，那么这次他却"偏袒"新四军了。他痛斥韩德勤："贼子无信，天必殛之！"他对前去探访的管文蔚说："争战已无可避免，和谈已经无望，请转告仲弘先生，好自为之，得人心者昌，失人心者亡，新四军是得人心的。"韩国钧又亲自书写了一副对联曰：

暴雨袭神州，哀鸿遍野。
狂风卷巨浪，砥柱中流。

他对管文蔚说："以前我们赠联语，乃是初次相识时的一般应酬之辞，此联才是我对仲弘先生和你的诚意和希望。"韩国钧预言，韩德勤不是仲弘将军的对手，胜利是属于新四军的。

这次事件促进了韩国钧思想的转变，他的态度明显地变化了，他看到了韩德勤在政治上不顾民族大局的反动腐朽，在军事上以强敌弱的虚弱无能。同时，他也看到了共产党在政治上以民族抗战利益为重的爱国救民宗旨，在军事上以弱胜强的强大有力。在这场生死攸关的较量中，韩国钧站在民族利益上，起了很好的作用，陈毅称赞他"力持正义，忠于谋国"。韩国钧还两次致电蒋介石和国民党要员，揭露韩德勤"不顾御侮，只图内战"，"自毁实力，殃及民生"等罪行，使国民党蒋介石十分被动。

由于韩德勤的倒行逆施，黄桥决战不可避免地爆发了。得道多助，失道寡助，在苏北民众的支持下，新四军取得了决战的胜利，乘胜东进海安。

海安县城热闹非凡，海安商会会长、国民党区长等各界的代表都聚集在城东桥头上，也有一些老百姓提着茶壶，拿着碗在路边欢迎新四军。

"欢迎，欢迎！"见新四军的部队步履整齐，精神饱满地走过来了，许多人纷纷迎上前去。

"感谢各位父老乡亲！"陈毅身穿军服，神采奕奕，不时地向各界人士表示谢意，并和大家一一握手。

不远处，一辆黄色包车在街口等候，韩国钧身穿棉袍，坐在车上。原来，韩国钧老人这几天身体不适，不能步行，但他执意要来迎接新四军和陈毅，特意乘黄包车在此等候。

陈毅见韩国钧老人在此等候，便大步上前，双手握住老人的手说："惊动紫老实在过意不去。黄桥一仗，我军是被迫反击自卫，实在是让无可让，退无可退，事非心愿。"

"哈哈……"陈毅的话音刚落，老人即仰首大笑曰，"幸而将军指挥若定，战胜了省韩部队，不然老朽都是汉奸，在海安住不得了。"

原来，韩德勤遭到苏北各界人士谴责后，他见韩国钧也帮新四军讲话，恼羞成怒，便散布流言，在省韩战报上大骂韩国钧为老汉奸。当年，韩德勤、李守维等都给韩老递过帖子，算是他的学生，如今就因为韩老讲了几句公道话，韩德勤竟然翻脸不认人，甚至把汉奸的罪名加到老人头上。韩国钧对此耿耿于怀，十分气愤。

"多谢韩老多方斡旋，主持公道。"陈毅向老人致谢道。

"惭愧惭愧。"韩国钧连连拱手说，"我年老力衰，德薄能鲜，未能尽到责任，有负厚望。余知楚箴（即韩德勤）、守维（李守维）均非仲弘兄之对于，而且知其必败。韩主席的错误在不能审时度势忖德量力，李军长的荒谬则在骄傲自满，盛气凌人，平日李守维到海安必先来见我，此次则过门而不入，因讨厌老朽主持和议的缘故。当此国难深重，大敌当前，而犹拥兵内战，自然民心厌恶，士卒离心，以骄矜之将，遇必死之师，焉有不败之理！"韩国钧的一番话体现了老人深邃的观察力。

韩国钧对刚刚取得黄桥大捷的主将陈毅的谦恭极为感动，更令他意外的是，在完全可以将顽固派驱逐出苏北的有利形势下，陈毅向韩国钧郑重表示：只要省韩保证不再有破坏抗战的行动，新四军原则上同意与韩顽谈和，以共同抗日。韩国钧深为陈毅的政治家气度所折服，他断言："共产党如有十个八个陈毅这样的人才，一定能够得天下。"

（张静星）

"请陈司令接收改编我的部队"
——陈毅和纪振纲

1938年1月，新四军军部在南昌成立。6月，一支队司令陈毅，根据党中央"抓紧有利时机，猛烈地发展创造模范根据地，扩大新四军的影响"

的指示，亲自率领新四军一支队一、二两个团挺进苏南敌后，着手开辟以茅山山脉为中心的抗日民主根据地，奏响了新四军东进的序曲。

在敌伪顽三方夹击的险恶环境中，陈毅提出，我军要想在茅山地区站稳脚跟，除了模范的战斗、模范的纪律，还必须模范地执行党的抗日民族统一战线政策。陈毅同纪振纲的交往，是模范地执行党的抗日民族统一战线政策的生动表现。

一、一封亲笔信

纪振纲算得上是一个传奇式人物。他祖籍在湖北英山县六溪冲，父母务农，家境虽不富裕，却受过旧式教育，16岁时曾入县城"应试"。辛亥革命时，纪振纲在汉阳组织过"独立先锋营"，自任营长，响应革命。北洋军阀时代，他曾在黎元洪手下做过高级官员，因内部倾夺，离职卸任，到南洋群岛做生意。几年后回国，即以华侨巨商的身份在茅山脚下开了个庞大的"茅麓"茶叶公司，自任经理，专门生产、出售茅麓茶。20年下来，茅麓茶不仅在苏浙享有盛名，且远销外洋及东南亚各国，甚至在镇江的一次评茶会上，把杭州的龙井都击败了。纪振纲以防匪为名，组织了一支200多人的自卫队，配备了20多挺轻重机枪和大批新式的步枪，还有两门迫击炮，堪称茅山地区的实力派。他集军人、政客、士绅、民族资本家于一身，影响极大，举足轻重。

正是纪振纲这样一个有名人物，一时成了敌伪顽争夺的对象。鬼子对他表示亲善，要将他的自卫队改编成伪军，他耻于做日寇的帮凶，没有应允。国民党第三战区代表几次上门谈判，对他封官许愿，企图收编他的队伍，加以控制，他担心受国民党管辖早晚要被吞并，因此推托再三，不肯就范。

新四军应该怎样对待纪振纲？有的同志主张把他的这支队伍"吃掉"，用他们的好武器来装备自己。

陈毅坚决反对这种做法。他指出，像纪振纲这样的人是争取抗日的对象，而不是打击的对象。陈毅对参谋处干部讲："现在几方面都在拉纪振纲，如果他投靠了鬼子或国民党，对我们的抗日斗争威胁很大。必须抓住时机,千方百计把他争取过来。"参谋处干部认为此人很难说话,但陈毅决定亲自做纪振纲的工作。他亲笔写了一封信,派人送到了茅麓公司,邀请纪振纲到新四军一支队司令部相会。

纪振纲收到陈毅的亲笔信后,心里很是矛盾。他想来想去,觉得陈毅的这封信言辞中肯,对自己也很尊重,如果不去,反显得礼有不恭。于是,他坐上一顶轿子,在一群卫士的簇拥下,沿着崎岖的山路,向三茅峰走去。

陈毅热情地欢迎纪振纲的到来,笑着说:"久闻先生大名,今日得见,让我们好好叙谈叙谈。"纪振纲指着随行带来的两挑铁听茶叶、一挑专用泡茶的"天水"等礼物说:"不成敬意,还请陈司令笑纳。"

陈毅毫不犹豫地说:"好,收下了。"并立即吩咐勤务员:就用纪先生送的茶叶和天水,泡一壶茶来。

落座之后,双方便开始交谈起来。起初,纪振纲对陈毅仍怀有一定的戒备心理,情绪也较紧张。当陈毅说:"我们最基本的方针是动员一切力量争取抗战的胜利。我们认为争取这种胜利的关键是在于使已经发动的抗战发展为全面的全民族的抗战。今天请纪先生来,就是希望纪先生能踊跃参加到这全民族的抗战行列中来。"这时纪振纲紧张得不知说什么好。

二、论茶服绅士

幸好勤务员送上茶来,纪振纲找到了话题。他滔滔不绝地给陈毅介绍哪种叫"毛尖",哪种叫"春好"等各种茅麓茶的香、色、味的特色,还详细介绍了使用"天水"泡茶的方法及其存性的特效。

陈毅谦恭地听着,待纪振纲说完,他一面连连称赞茅麓的茶好水好,一面引据陆羽的《茶经》,也谈起茶道来:"纪先生说得有理。不过,据我所知,也并不尽然。天落之水固然好,但《茶经》论水,却以山水为上,江水为中,井水为下,又说要'拣乳泉,石池,漫流者'为上。以陆羽对茶叶的几十年研究,又遍游中国的名山大川,尝遍了天下的各种茶水,所说应该是不无根据的。要不,后人何以把他尊为茶圣呢?"

陈毅这一番论经品茶,使得纪振纲暗暗称奇,钦佩不已。他原以为论起茶道来,陈毅会是个门外汉,想不到陈毅不仅谈起政论话锋敏锐,大度恢宏，而且对一部很专的《茶经》，竟也如此稔熟。

这一下子把两人间的隔距缩短了许多，话语投机，纪振纲顿时消除了对陈毅的戒备心理，情绪完全放松下来。接着，两个人的谈话又转到了抗战的话题上。

陈毅说："先生不愿做亡国奴，武装自卫，我钦佩先生的民族气节。"

"陈司令过奖了，鄙人旨在经商，无心卷入军界，来去自由，不受约束。"纪振纲连忙说。

陈毅将心比心，坦诚相告："日寇侵吞中国的虎狼之心国人皆知；国民党消极抗战，大家心中早已有数。先生想洁身自好，自由经商，走中间道路，恐怕时局不允许。我们共产党领导的新四军，到茅山的宗旨是打日本鬼子，希望先生能和我们携手团结，互相合作。"

纪振纲也道出了真心话："国民党把你们新四军推到日寇的钢刀之下，你们虽然纪律很好，但人少枪少，装备太差，凭你们这些人能打败鬼子吗？"

针对纪振纲的怀疑和悲观，陈毅详尽地分析了新四军的天时、地利、人和等诸因素，最后肯定地说："如果与日本侵略者相比，无论天时、地利、人和，其利均在我方。"

最后，纪振纲表示了自己起码的态度："抗日是我们每个中国人的本分啊。不过，我和陈司令不同；40万投资，20年经营，我有这么大一个茅麓公司啊。当然，请陈司令放心，鄙人不会做汉奸，也不愿做亡国奴。我会支持抗战的。"

第一次相谈就能争取到这一步，这是很不容易的。

临别前，纪振纲对陈毅说："我向来喜欢字画，陈司令如给面子，就赐点墨宝吧。"

陈毅欣然应允，他铺纸提笔，饱蘸浓墨，略加思索，挥笔写就10个闪亮的大字：

  一览众山小
  豪唱大江东

字迹刚健遒劲，清秀流利。纪振纲看得入神，由衷地赞叹："陈司令上马知征战，下马善书文，真是儒将风度啊！"

三、三顾"茅麓"

为打消纪振纲新四军人少枪少装备太差难以同日军较量的顾虑，进一步争取纪振纲，一方面，陈毅同粟裕筹划打好江南处女战，取得了"卫岗斩土井"的胜利；另一方面，陈毅三次去茅麓公司登门拜访纪振纲。此间陈毅还派出文工团到纪振纲的自卫队进行慰问演出，让新四军部队和纪振纲的自卫队一起联欢，增进彼此的友情。纪振纲手下的一个军官感慨地说："三国时，刘备三顾茅庐，请诸葛亮出山。如今，陈司令三顾'茅麓'，请纪司令合作，真是难得一片诚意啊！"

陈毅三顾"茅麓"，对纪振纲的思想震动最大。他从陈毅的言行举止看到了共产党人光明磊落的胸怀，真诚待人的品格。他看到新四军纪律严明，对百姓秋毫无犯，对抗日事业一片忠心，对他的部下亲如弟兄，心悦诚服地对陈毅说："你们新四军称得上是'王者之师'呀！"

1938年7月7日，在陈毅筹备下，镇江、丹阳、金坛、句容4县抗敌委员会总会在宝埝成立，纪振纲当选为主任。这个"四抗会"实际上是4县的军政权力机构，基本上取代了4县的国民党县政府。领导江南抗战的大旗由新四军高高地举了起来。

此后，纪振纲为新四军做了许多有益的工作。当时新四军缺乏西药，纪振纲就设法替新四军在上海募捐，采购到药品以后，又从上海运到茅山来。有一次，鬼子大部队到茅山地区"扫荡"，纪振纲得知风声，急急忙忙地赶到新四军驻地向陈毅通风报信。陈毅作了周密的军事部署，运筹帷幄，指挥若定，粉碎了鬼子的"扫荡"。接着又奇袭新丰车站，一连打了几次大胜仗。不久，应纪振纲的请求，陈毅派部队配合作战，一举消灭了"茅麓"与纪振纲势不两立的残匪，为民除了害，也消除了他长期以来的一块"心病"。这一来，纪振纲的自卫队还主动协助新四军站岗，担任警戒任务。1938年冬，新四军没有棉衣，陈毅派人去找纪振纲，他出头召集了几十位绅士，为新四军募集了近5000套棉衣。

四、微斯人，吾谁与归

1939年年初，新四军正忙于歼击日寇。突然，国民一〇八师把茅麓公司包围了。他们最嫉妒新四军和纪振纲合作，趁陈毅忙于打东湾和延陵晖之机，对纪振纲下手了。然而，日本鬼子也早就盯着茅麓公司，岂能相让！立即派出"皇军"武力解决。"皇军"一出，"国军"就跑，纪振纲落入了日本侵略者的手中，胁迫他出任金坛、丹阳、溧阳、宜兴、武进"五县剿匪总司令"。

陈毅闻讯后，立即做了精心安排，派人秘密与纪振纲见面，并写了一封信给他，动员他"三十六计，走为上策"，赶快离开茅麓公司。陈毅提出：纪先生如愿到皖南新四军去，愿意护送；如愿到国民党地区去也为之饯行。

接读陈毅来信，纪振纲感动得哭出声来。他决定离开茅麓公司到上海做生意。纪振纲回信说："到皖南去身体吃不消，国民党地区不想去，我已和部下商妥，决定把部队交给新四军陈司令指挥。""请陈司令接收改编我的部队，以表明我抗日的态度"。

在尖锐复杂的敌、顽、我三角斗争中，纪振纲最后的选择依然是抗日的新四军。

纪振纲的自卫队改编成新四军后在抗日斗争中发挥了重要作用，队长李安帮后来还当了营长、副团长。

纪振纲到上海后，与我上海党保持了一定联系，继续为我党做了不少工作，直到他在抗日战争胜利前去世。

陈毅把纪振纲争取过来，在江南产生了很大的轰动。一大批开明的地主、绅士主动接近新四军，当地不少国民党区长、乡长和各个游击队司令纷纷靠拢新四军。就这样，陈毅率领的新四军逐渐在茅山地区站稳了脚跟。

（晓　雨）

"此人有用"

——陈毅和管有为

在用人的问题上，陈毅同志十分注意因材施用。对于有爱国心、愿意抗日的人士，不论其出身、职业、信仰如何，都加以团结，给以信任，量才录用，发挥其专长，为抗日斗争服务。对管有为的使用，就是一个很明显的例子。

管有为，是丹阳人。他家境贫寒，早年在上海以"奇门相术"为业混饭吃，自称"管半仙"。上海沦陷后，他不满敌人的侵略行径，回到家乡。因为他搞的是迷信活动，我从未想到可以用他，虽然他几次到过我家。

一次，我和陈毅同志随便谈到这个人，出乎我意外，他很感兴趣，要我找来见见。

"管半仙"来了，陈毅同志和他打过招呼，问了他的经历，知道他是看手相的，就开玩笑说："你看看我这个大老粗的'手相'如何？将来能不能做个皇帝？"

管有为并不知道眼前的人就是陈毅。他对陈毅同志的面孔仔细地端详了一番，笑了。又从口袋里掏出一把约1寸长的小尺子，上面密密地刻画着许多细纹，我怎么也看不懂其中会包含着什么哲理。管叫陈毅同志把左手伸出来，用尺在他左手沿小指下方仔细量了一量长短，然后再把随身所带的一本什么相书查阅了一通，随即说出了陈毅同志的生辰（居然说中了！）又夸赞说："你是大将人才，八面威风。"陈毅同志哈哈大笑，我和在场的张云、管寒涛等同志也都笑了。

"我有这么大的福分吗？你是瞎猜的吧？哪有什么八面威风！"陈毅同志说，"我们共产党的干部从不准摆威风的，摆威风就要撤职，群众就要将他打倒。照你这么说起来，我将来是该被群众打倒的了。"几句深刻而诙谐的话，引得大家都笑得前俯后仰。"管半仙"也很不好意思，只说："对不起，我是瞎说说的。"

我本来以为，事情就这样结束了。不料管有为告辞后，陈毅同志立即对我说："此人有用！镇江敌人那边，需要人去摸情况，派管有为去，很合适。镇江日寇的几个队长，都很迷信，管有为的这套江湖魔术，他们可能相信。管有为如能打进日本鬼子的内部去，就可搜集敌人的战略情报。江湖人士替我们做工作，敌人是不太注意的。"

这真是一个绝妙的主意！陈毅同志见我明白了他的意图，进一步布置说："所谓战略情报，就是敌人对国民党、对伪军以及对我军的方针、政策、兵力部署，至于敌人扫荡、扩大伪军、追捕人犯和敌伪顽矛盾情况，这些战术情报，可以另派专人去搞，不要管有为去搞，因为搞这种情报容易暴露。这点要和管有为说清楚，切不可大意。你们与他保持单线联系，由参谋长或你直接负责，不准他与镇江我们的任何组织或个人发生关系。你们还可以给他一个秘密官衔，这对他是一个很大的安慰，但绝对不能泄露。如有需要，可以把他的家属搬进城去，做点小生意。总之要周密安排，一点不可马虎。"

我根据陈毅同志的意见，把管有为找来。管有为虽比我大几岁，但按封建家族辈分是我的族孙，我以长辈的口气，直截了当地对他说："因为国家的需要，我们准备派你到镇江去做情报工作。"我说："你如能当此重任，以'奇门相术'作掩护，条件十分有利，一定能够为国家和民族立功。"

管有为沉思了一会儿，也坦率地说："这个事情弄得不好，是要杀头的。但是，为国为民，自己的身家性命也只好顾惜不得啦！"于是他慨然允诺。我把秘密工作的方法，特别是如何应付敌人、个人行动需要注意的地方，向他作了交代，然后叫会计给他200银圆。他笑得合不拢嘴，看样子，他从来也没见过这么多的钱，内心十分高兴。

管有为在镇江伪军的驻地附近挂上"管半仙"的招牌，重操旧业。很快，他的名气就在镇江城里传开了。起先，伪军的士兵找他算命、相面，后来当官的去找他，日军的翻译去找他。消息传到了日军那里，日军的联队长是个十分迷信的家伙，也把"管半仙"找去了。他云天雾地地大扯一通，竟把那个联队长骗得团团转，夸他的相术"大大的灵"，叫伪军把他留着。

日军、伪军下乡"扫荡",有时要先叫"管半仙"给算一算,什么时辰出动、朝哪个方向出动最为"吉利"。逢到这种机会,管有为便把敌伪军事动向的情报设法送回来。在一年左右的时间内,他多次送来有价值的情报。有一次,我们接得他的有四五十名日军出动到镇江东乡埤城地区"扫荡"的报告后,在镇江东面丁岗附近打了一个伏击,歼灭敌人大部,还打死一个小队长。可惜,我们事先没有及时做好把他转移出来的工作,日军对他产生了怀疑,把他扣了起来。在审讯中,他只是推说:"我的相术算命,有时也有错误的,这次不灵,是我的大意,请太君宽宥!"他始终没有暴露真实的身份。不久,他被敌人杀害了。

对管有为的牺牲,我感到很沉痛。假如我严格按照陈毅同志的意见,把战略情报和战术情报分清楚,他的暴露是可以避免的。但是,他的牺牲是光荣的。如果不是遇上陈毅同志这样的领导人,他在旧社会里也许只能一辈子当个"算命先生"、江湖术士,东飘西荡,然后默默无闻地死去,怎么可能走上抗日救亡的道路,成为英勇地为国捐躯、永垂不朽的烈士?

(管文蔚)

三顾道观
——陈毅和辛三仙

抗日战争时期,陈毅任新四军军长。新四军转战江南,威震敌胆。但是部队进入茅山地区后,由于日军的封锁,许多伤病员不得医治,严重地影响了战斗力。

当时,陈毅听说有位名叫"辛三仙"的爱国医生,不愿为日军服务,从镇江逃到茅山深处的乾元观,采集草药,为百姓治病扶伤。他好酒、好棋、好诗。

陈毅前后两次亲入乾元观,欲请老医生出山,以解部队缺医少药之急。但两次都未见到。

陈毅第三次来到乾元观。观中道人交给陈毅一张辛三仙留下的纸条，上面写道：鸦啼鹊鸣，并立枝头报祸福。分明是一副对子的上联。

陈毅看后，不禁一笑：原来辛三仙把国民党比作鸦，把新四军比作鹊，二者同登乾元观，却是祸福不同。辛三仙颇有眼光哩！陈毅随即对了下联：燕来雁去，相逢路上传春秋。

陈毅把共产党比作燕，把国民党比作雁，表明二者截然不同的抗战目的和前途。

第二天，一个小道士下山传话，说辛三仙请陈毅将军到乾元观相见。

陈毅见到辛三仙，想到自己几次往返，心有所感，随口说道：三顾道观，三拜三仙山心动。辛三仙一听，立即吟出下联：四咏雄文，四仰四军事理明。

谈笑之间，陈毅以辛三仙的遭遇和处境为题，联成一对：稼轩当年哭京口；三仙今朝笑茅山。

辛三仙听后，连连摇头，招待上酒。陈毅推托说："我有病，不能奉陪，今日特来请仙人诊治的。"辛三仙一边让人取药，一边煞有介事地为陈毅诊脉，眼望陈毅，口中却说：药能治假病。

陈毅微微一笑，随口答道：酒不解真愁。

"真愁"！辛三仙反复品味着这两个字，国难家仇一齐涌上心头，一时老泪纵横。

陈毅又与辛三仙对弈。棋局拉开，辛三仙接连吃掉陈毅的棋子。眼见棋局已定，陈毅突然问道："辛老，当初发明象棋之时，何以只准双方将士阵亡，而不准他们受伤治愈，重上战场？我现在正所谓：棋盘对战，无残则亡，败势无挽回。"辛三仙一时没有听清，陈毅笑着解释道："办法也有：神州父真，有伤即治，胜局有指望。"辛三仙这才恍然大悟，"原来是请我给新四军医治伤员呀！"辛三仙钦佩陈毅的胆识才略，当即献出了一年来采到的全部草药，还和道士商定，把乾元观作为新四军江南指挥部总医院。

（董高怀）

"他日返沪，当图快晤"
——陈毅和张元济

1949年6月初，即上海解放才几天，陈毅就在周而复的陪同下，来到我家拜访我的祖父张元济。这是他们两人初次见面。祖父这时已是83岁高龄。他是前清的翰林，曾在总理衙门任职。当时看到帝国主义列强步步进逼，认为非革新图强无以救中国，就在北京创办通艺学堂，向年轻京官和青年知识分子传授西方科学知识，并积极参与戊戌变法活动。变法失败，被"革职，永不叙用。"从此息影政坛，来到上海南洋公学（今交大前身），先后任译书院院长和总理（校长），主持出版严复翻译的《原富》等书。1902年应商务印书馆创办人夏瑞芳的邀请，到商务印书馆工作，先后担任编译所长、经理、监理、董事长。数十年间，他把"扶助教育"作为己任，将商务印书馆从一个小印刷作坊发展为新中国成立前我国最大的出版单位，编辑出版了各级各类学校的教科书、工具书、国外学术著作、文艺作品的翻译本，又以科学方法校勘、出版我国传统古籍，被誉为"商务的灵魂"和"我国现代出版事业的先驱"。祖父虽全力从事出版事业，但时时关心国家、民族的命运。1932年日本侵略者进犯闸北，商务印书馆被毁大半，从此他对当局的不抵抗政策日益不满。八年抗战期间，蛰居上海，坚持不与日伪来往。抗战胜利以后，原以为国家从此振兴，但事与愿违，国民党政府发动内战，造成经济崩溃，民不聊生。祖父曾两次上书国民党上海市市长吴国桢，抗议当局镇压学生运动，要求释放被捕学生。1948年他在南京出席中央研究院第一次院士会议时，当着国民党显要人物，大声疾呼反对内战，引起国内外舆论的震惊。上海解放没几天，指挥过千军万马创立过不朽奇功的陈毅将军，刚被党中央任命为上海市市长，就登门拜访了他，这怎么不使已过八旬的祖父感到兴奋和激动！他们俩几乎是一见如故。陈毅胸怀坦荡，性格豪爽，既怀有领导人的雄才大略，又谦虚好学。老人被眼前像陈毅这样的共产党人感动了。他一反数十年不参与政治的常态，积极投入政治活动，为新上海的建设献计出力。

6月9日，陈毅、冯定、李亚农等出席了在枫林桥中央研究院举行的该院21周年纪念大会。陈毅讲了话，提出"多难兴邦"，号召学术界同心同德，并指出"中国共产党愿意和科技界人士一起，共患难，同欢乐，为建设新中国而奋斗"。他的讲话激励了与会者的爱国热情。祖父也发了言，他从去年发言反对内战谈到两支军队对老百姓截然不同的态度，最后表示我们人民都应该格外"忧勤惕厉"，"帮助政府渡过这重重难关"。6月15日，陈毅等上海市领导人邀集上海耆老座谈。祖父和蔡元培夫人周峻、颜惠庆、吴有训、茅以升等老人应邀出席。会上大家就如何发展上海的工业生产、农村开荒、水利、交通、救济失业、教育改造等诸多问题，畅所欲言。座谈会开了两小时。最后陈毅起立，向到会的老人致谢，并风趣地称此会是"耆老策杖观太平之集会"，他说各位提出的许多宝贵意见可供上海做实际工作的同志参考。

8月初，祖父作为出版界的代表出席了上海市第一次各界代表会议后，传来了中央决定召开中国人民政治协商会议的消息。市政府交际处梅达君处长来访，转达了中央来电，邀请祖父赴京出席会议。祖父因年事已高，多年未出远门，顾虑重重。陈毅得悉后，即亲自给他写信，说："昨接我党中央来电，人民政协筹委请先生作为邀请单位代表出席会议，并望于9月10日前抵平。曾派本部秘书长周而复同志及梅达君处长面谈，据称先生因病不拟北上，特再派周、梅两同志前来探视，并致慰问之意。如近日贵体转佳，盼能北上。尊意为何，请与周、梅两同志面谈。"在陈毅的关心下，政协筹备处同意由我父亲陪同祖父赴京，行前祖父去检查了身体，一切事情都安排得十分妥帖。

在北京出席全国政协大会及其筹备会的一个半月内，陈毅与祖父已俨然是老朋友了，尽管他们认识才不到半年。祖父一到北京，下榻六国饭店，几天后陈老总就来看他了。陈总进门就问"在北京还有不少老朋友吧。"祖父告诉他有一位几十年的老友、藏书家傅增湘贫病交加，且房屋为人所占的情况，陈毅即嘱随来的梅达君记下，通知有关方面。在北京，他们一起参加小组会，讨论《共同纲领》中有关法律条款，一起出席政协的全体会议，在主席台上就座，一起登上天安门，倾听毛主席向全世界宣布中华人民共和国中央人民政府成立。在北京，陈毅还充当了毛主席与我祖父之间的"联络员"。9月19日午后，毛主席邀程潜、李明扬及祖父同游天坛，陈总亲自到六国饭店迎接，并陪同前往。到了天坛，毛主席已在那里等候，陈总向祖父一一介绍了在场的刘伯承、粟裕等同志。这一天有六七名记者在场摄影，事后祖父急于想看这些十分有意义的照片，他就毫不客气地给陈老总去信索要，后来照片洗印出来，老总就亲自送来两套。至今这两套照片已在我家珍藏了40多年。

10月11日，毛主席邀周善培和祖父去中南海怡年堂住所晚餐。那后晚上祖父正要晚餐，陈老总来了，说："主席请你吃晚饭。"于是祖父赶忙穿了外衣，坐上陈总的汽车，来到中南海。同席还有粟裕。席间，主席、陈总、粟裕这几位湖南、四川人，都喜吃辣味，尽挑红辣椒。主席告诉两位客人说，章士钊为杜月笙说项，意欲招他回沪，你们看怎么样？陈毅解释说杜月笙在香港，通过章先生表示想回大陆。周善培当即表示反对，语词颇为激烈。祖父深知中央领导宽大为怀，要团结一切可以团结的人，但认为此人名声不佳，况且门徒很多，回来后恐地方上要受扰，便说："陈市长知道得很详细，如让他回沪，宜慎重处置。"陈毅马上说："杜月笙，没得什么了不起，他有多少人，我们都知道。"一边说，一边发出爽朗的笑声。

然而事情也不是一帆风顺的。解放这一年，祖父一生心血所在的商务印书馆面临着严重的财政困难。千疮百孔的国民经济正待复兴，物价还在上涨，开工不足，职工基本生活又必须保障。1949年7月的董事会决议呈文陈市长，"请政府予以指导，并请求救济。"呈文发出后，祖父于11月下旬晤见陈市长时当面陈述了公司最近的危急实情，并微露希望政府给予贷款。陈市长答应约期面谈。12月初祖父前往市府，当面呈上董事会给市政府的"节略"，请求"准许贷款20亿元（旧币），并希望利率减轻，贷期放长，藉资周转"。然而，陈毅的回答出乎祖父的意料，他指出不能靠借债吃饭，"要从改善经营想办法，不要只搞教科书，可以搞些大众化的年画，搞些适合工农需要的东西……编辑只愿搞大学丛书，不愿搞通俗的东西，这样不要说20亿，200亿也没用。要你老先生这么大年纪，到处轧头寸，他们就坐着不动，我很感动，也很生气。我不能借这个钱，借了是害了你们。"陈毅的见解，高屋建瓴，确实高出众人一筹，给祖父很大的启发。他接受了陈毅的意见，不再借款，表示回去改善经营，走大众化的道路。

1949年12月5日到11日，上海市第二届各界人民代表会议在逸园（今文化广场）举行。大会由陈市长的开幕词和潘汉年副市长的政府工作报告为开端，经代表讨论市府工作之后，以祖父所作的闭幕词作为结束。他说："我们上海，现在因战争没有结束，工商业也未全部好转，困难是很多的。克服困难的办法是什么呢？就是人民与政府团结起来，继续负起反封锁的六大任务。只要我们始终如一，坚持不懈，前途有很大的希望，一定是可以造成一个新民主的上海，并且可以造成一个新民主的中国。"陈市长为祖父的闭幕词带头鼓掌。大会成了党领导下各界人民团结合作的典范，陈毅便是这种团结奋进的政治气氛的创导者、带头人。

就在这年年底，祖父在商务印书馆工会成立大会上讲话，突然中风。陈毅闻讯十分不安，赶快到中美医院（今凤阳路的长征医院）去看望。祖父这时脑神经受到疾病很大的打击，神志不太清楚，但他是认得陈毅的，他见陈毅到来，激动得流泪。在陈毅和华东局统战部的关心下，祖父得到精心的治疗，半年多以后，精神逐渐康复，但留下了半身不遂的严重后遗症。出院之后，陈毅多次来我家探望。当时我家东邻是华东局领导干部的宿舍，他的汽车就停在那里，然后由一名警卫员陪同，步行过来。那是我刚进小学，记得一个热天的下午正在门口玩耍，见陈毅来了。他身材不高，但很壮实，穿白色短袖衬衫，军裤，戴着军帽。他在祖父病床边坐下，与祖父谈古论今，无拘无束。谈到陈毅的父亲，祖父问道："老伯身体可好？"陈毅马上说："您可不能这么称呼他，他年岁比您还小。"他问我几岁，并嘱咐我"多陪陪你爷爷。"他语气随和、亲切，使我这个小孩子站在一位陌生的首长面前却一点也不觉得拘束。

祖父在病床上最后的几年中，始终不忘陈毅对他的关怀。1956年他一见到著名记者陆诒时，就说："自从陈市长那次来探望以后，人民政府卫生部门提供了极好的医疗条件，精心治疗，病情已有好转，十分感激党的关怀和照顾。"

1951年，祖父记忆力完全恢复，他把自己的著作《涵芬楼烬余书录》做最后的整理和定稿，并交由商务印书馆出版。祖父在30年代以前，见到我国许多珍本古籍纷纷流散，不少善本书流往国外，就由商务出资收购，并创建了东方图书馆。1932年东方图书馆被日本侵略者焚毁，藏书全部损失，唯最精的500部存于银行保险库中，得以幸免。这部《书录》就是对这500部书的来龙去脉作一概述。书出版之后，他很高兴，立即致送陈市长一部。陈毅收到后亲笔写了回信，他写道："惠书及《烬余录》收阅。甚佩长者保存古籍之美意。今者人民政府明令收集古代文物，设部专司其事。先生之志，继起恢宏，诚可庆也。"如果说这几句是礼尚往来的语言，那么信末几句看来不太重要的话，却反映了大将军与老学者之间的深厚友谊："弟顷在南京处理军务，他日返沪，当图快晤。辗转细读书末签名，知尊恙已就痊愈，可嘉可贺。"陈毅军务、政务之繁忙，可想而知。然他又切望与老人见面，还细心地察看老人的签名，从中推断其健康的恢复程度。他对祖父的关切之情，令人感动不已。

后来祖父又致函陈市长，诉述40年代敌伪时期与友人合力创办合众图书馆以保存中华民族传统文献典籍及合众图书馆的现状。陈市长收到信后，请教育局派人进一步了解图书馆情况，询问图书馆有何困难和要求。两年之后，1953年年初，祖父主动提出将私立合众图书馆捐献给国家。他在日伪占领时期，创办了这所图书馆，并将自己的藏书捐献给了它；新中国成立前为了维持它又四处筹集经费，1949年5月份国民党军队企图强占图书馆楼，祖父以八旬高龄，衰迈之躯，坐镇在大门口，亲自与分队长谈话，使他们离去，保全了藏书；解放后，他亲眼看到了由毛主席、陈毅等为代表的共产党，以及他们领导的值得信赖的人民政府，他认为全数捐赠国家，才是他精心搜集的这批古籍珍本乃至整座图书馆最好的、使他最为放心的归宿。

1954年祖父当选为第一届全国人民代表大会代表，但他已无法出席大会，会后大会秘书处送来一大张全体代表在会场门口的合影，照片中有他熟悉的陈毅。他叫人为照片配制一个木镜框，经常拿在手中细看，又叫人把照片挂在病床对面的一扇木门上，他白天坐在床上，就可以看见对面的这幅照片。和这幅照片一样受到祖父珍视的另一件东西是陈毅市长签署的上海文史研究馆馆长的任命书。上海市文史馆成立于1953年6月，祖父是首任馆长。

陈毅调国务院工作以后，就不可能像在上海工作时那样经常关心和看望祖父，然而1956年他没有忘记老人的90诞辰。他在日理万机之中，委派上海的同志赠送了一份寿礼：一幅齐白石的作品。这幅立轴画着一支红烛，两只螃蟹，一壶美酒。上面题词是"满杯酒，蟹正肥，偷闲独醉夜深壶。白石老人。"造诣精深的艺术大师的作品。送给一位高龄的学者作为寿礼，表达了陈毅对老人的关心和敬重。祖父经历了清王朝、北洋军阀、国民党政府和日寇统治、亲身经受过戊戌变法的失败，他视为扶助教育的出版机构商务印书馆又屡屡遭到磨难，他的一片赤诚爱国之心到了83岁时，才找到真正的知音——中国共产党。90寿诞时收到陈毅的贺礼，他回顾了一生的经历，想到祖国在党的领导下，蒸蒸日上的大好形势，他以诗句说出了其时的心情："维新未遂平生志，解放功成又一天。""我终活不到一百岁，及身已见太平来。"

往事过去快40年了，父母亲和我还时常回忆起陈毅对祖父、对我们全家的关怀。特别是近几年，为祖父编写年谱，查找了一些资料，使有些渐渐淡漠的印象顿时又鲜明起来。记述下来，作为对敬爱的陈毅市长的纪念。

（张人凤）

"公功在国家"
——陈毅和张伯驹

陈毅元帅和张伯驹先生相交很晚，是在1957年春。到1972年陈毅逝世时止，在不到15年的时间里，由于种种原因，他们会面虽然只有屈指可数的几次，然而彼此仰慕，相互理解，友谊是非常深厚的。

张伯驹出身官僚家庭。他视官禄如粪土，一生孜孜于诗词书画的研究创作，并致力于保护国宝珍品，不使外流。新中国成立前，他为了阻止某几件国宝外流，曾几次变卖家产，高价购回珍藏，因而人们称他为"怪爷"。陈毅对张伯驹的这些有功于国家的事迹以及他的学问为人是早有所闻的。

1957年春，北海公园举行过一次明清书法作品展，陈毅在展出作品中看到不少稀见珍品，欣赏不已。当闻悉负责举办这次作品展的就是这位"怪爷"——时任中国书法研究社副社长的张伯驹先生后，他决意要和他一见。第二天，他像老朋友那样打电话给张伯驹，约他到家中做客。而张伯驹对陈毅元帅的文才武略心仰已久，用不着什么客套，就坐着陈毅派去的汽车来了。

这是他们的第一次见面。陈毅的诚恳、豪爽，消除了张伯驹的拘谨，他们放言畅谈，谈诗词，谈字画，心心相印，彼此都有相见太迟之感。从此，他们成了知交。

不久，张伯驹被错划为右派。在逆境中，他仍专心整理研究书画，而陈毅却不避嫌疑，将他推荐给求贤若渴的中共吉林省委书记宋振庭。宋安排他和他的夫人潘素，分别担任吉林省博物馆副馆长和吉林艺专教师，并派专人到北京当面敦请。行前，陈毅特设家宴为他们夫妇饯行，又打电话嘱咐吉林省委，要团结和照顾好这两位耿直正派的爱国老人。不久，张伯驹被摘掉了右派帽子。

"十年动乱"开始后，张伯驹受到冲击，他感到很痛苦。但当得知陈毅也在遭受迫害时，顿时悲从中来，含泪给陈毅写信："你公功在国家，尚且被辱，我何足道?!"对自己遭受的不公正待遇，反而看得比较轻了。

张伯驹后来被打成了"现行反革命"。他们夫妇被发配到吉林农村插队，可是那个贫瘠的山村养不起这两位丧失劳动力的老人，坚决不收。他们无处存身，只好回到北京，但是已成了没有户口、粮食的"黑人"了。

陈毅此时已病重住院。当他在病榻上听说张伯驹夫妇窘迫的境况后，曾拜托周恩来总理过问此事。其时，周总理已安排张伯驹在中央文史研究馆工作了，可是阻力重重，一直不能落实。

1972年1月6日，陈毅溘然长逝，张茜特地派人通知了张伯驹夫妇。他们听到这个噩耗，好几天垂泪相对，茶饭不思。张伯驹怀着对陈毅无限的敬爱和深情，挥泪写下一副挽联，托人转交给张茜。联云：

　　仗剑从云，作干城，忠心不易。军声在淮海，遗爱在江南，万庶尽衔哀。回望大好山河，永离赤县。

　　挥戈挽日，接尊俎，豪气犹存。无愧于平生，有功于天下，九泉应含笑。伫看重新世界，遍树红旗。

陈毅追悼会于1月10日在八宝山革命公墓礼堂举行。张伯驹夫妇是不被允许参加的，他的挽联也悬挂在一个不显眼的角落里，但被毛主席看到了，他称赞挽联写得好，向张茜问起了张伯驹，这才得知他们夫妇的处境，在毛主席的关怀下，张伯驹终于被聘为中央文史研究馆馆员，从而使周总理的安排得到落实。

（茅　铨）

将军一托重如山
——陈毅和邹鲁山

"知遇之恩"这句成语，说明人们把知遇竟当成了一种恩德。我的父亲邹鲁山就时时记着陈毅同志对他的知遇之恩。而陈毅同志也对他有过赤诚的托付……

说起来这件事已41年了。1942年秋冬之际，秋风萧瑟，寒气逼人。一天，一艘帆船靠近河岸，舱里走出我的父亲邹鲁山，跟着出来的人怀抱一个婴儿，用大红锦缎包着。婴儿只有三四个月。这事在我们这偏僻的苏北水乡，简直成了头号新闻，圩子上老老小小都跑来看热闹，惊异地问："这是谁家的孩子？"我父亲笑答道，"这是我从老同事家中抱来做儿子的。"那时我13岁，姊姊3人，没有兄弟，见到有了小弟弟，真是乐不可支。我们却不知道，这婴儿竟是陈毅将军和张茜同志的爱子！

陈毅同志为什么这样信任我父亲呢？这里有一段缘由，从这里也可以看出陈毅同志对知识分子的关注。

我父亲邹鲁山毕业于东南大学，后来在上海执教。"七七"事变后他回到故乡，目睹侵华日军种种暴行，满腔悲愤，经常高唱"满江红"，书写"还我河山"。他捐资组织地方武装还击过日军小股武装，每有胜利，就欣然忘食。但是，他对我们党和新四军却缺乏了解，当新四军解放我们家乡（苏北阜宁东乡）的时候，他还和家人一起躲避了一阵，后来看到新四军对老百姓秋毫无犯，这才逐渐消除了疑虑。不久，他结识了陈毅将军。陈毅将军那恢宏的气度，磊落的胸怀，文情并茂的谈吐，决胜千里的指挥才能，都使我父亲佩服得五体投地。一天夜里，他们畅谈通宵，陈将军开诚布公，对国事谈了许多见解，大大增进了我父亲对党的了解。

"高言大句快无加"，用龚自珍这句诗来形容他们这番谈话是再恰当不过的了。这番谈话如春风化雨，对我父亲人生道路的抉择有着决定性的影响。回到家来，记得他眉飞色舞，逢人便说共产党有人才，陈毅的胸襟和抱负同那些腐败的国民党军官真有天地之别。以后，他又和陈毅同志接触多次。在戎马倥偬之余，陈毅同志还和我父亲下围棋，红烛高烧，黑白对弈，茅屋之中，常常飞出他俩爽朗的笑声。

1942年年底，陈毅同志将挥师进军淮南。那时张茜同志刚生爱子，陈将军找了我父亲，说想把孩子暂时托付给我父亲抚养。我父亲一听，当即慨然承受，表示肝脑涂地，万死不辞。三言两语之间，这件事就说妥了。张茜同志当即叫人整理婴儿衣物，把孩子交给了我的父亲。这是怎样的一种信任啊！陈毅同志当时已四十出头，这孩子是他的第一个儿子，他把孩子交给我父亲，既是对我父亲的信任，也充分体现了他坦荡的胸怀。

从此，我的父亲变了，豪爽变得深沉了，粗心变得谨慎了。他无微不至地关心着孩子的起居，对陈毅同志的信任真是不愿有一丝一毫的辜负。有一度孩子得了脾块病（即黑热病），可把父母急坏了，不久，又传来了日军要大"扫荡"的消息，我的父母神色紧张，忧形于色。两人经过商量，第二天夜间母亲便带着孩子"埋伏"起来了。我们姐妹对母亲突然"失踪"莫名其妙。这时，叔父婶母们才感到这个孩子来历不寻常，但直到走时，他们始终不知是谁的孩子。"扫荡"过后，母亲笑容满面地带着小弟弟回来了，全家充满了一片欢乐，父亲晚间边带孩子，边唱京戏。

端阳节快到了，小弟弟也能扶墙摸壁地走几步了，我们姐妹忙着做香袋，绣虎头鞋，给小弟过"娃娃节"。哪知就在端午节头天下午，家中来了一个人，他和父母低声细语了一阵，便在我家住下了。第二天，我们起来准备装扮小弟弟，可是一睁眼，发觉屋里出奇的静，一看不见了小弟弟，

163

不问就知道是被那位同志带走了。我们痛哭号啕，父亲无奈，才原原本本把孩子的来历告诉了我们。

陈将军来接孩子时，曾给父亲写了封热情洋溢的信，鼓励他做一个革命者。这是我父亲变化的又一"催化剂"。有人说陈毅是"吕纯阳"，邹鲁山被他几句话点化就"出家"了。

1946年，国民党反动派重点进攻时，解放区有的地方出现了"左"的倾向，对知识分子有些过火的行动，不少知识分子人家都跑进了国民党据点——阜宁县城。有的人也劝我父母走掉，免得挨斗。可我父亲说，我对共产党知之甚深，这不是他们的政策，而是地方上贯彻得走样了，我们不能因此就改变原来的看法。国民党的炮火一天天逼近了，我军已经北撤，这时我父亲毅然弃家跟随部队北上。临走时，他对我说，我跟共产党是跟定了！你们唯一的出路也是跟共产党走。你们要紧跟组织，不要你，你也要跟。说完，他便迈开大步头也不回地走了。就在北撤途中，他成了一名光荣的中国共产党党员。

南下后，我父亲到了上海，在市民政局工作，成了陈毅市长的部下。这时，他的高血压病已很严重，不得不住院，陈市长在百忙之余还抽空去看望他几次。1951年，我父亲在苏北垦区病逝了。去世前，他给我写了一封遗嘱式的信，信中说，"我从一个剥削阶级出身的知识分子成了一名共产党员，这是我最大的幸福！"他还叫我在他身后不要麻烦陈毅同志，千万不要把微不足道的贡献当资本。

"万古千秋业，天下为公器。"陈毅同志这两句诗，表达了他海一般的胸怀和抱负。这也许就是他能和知识分子肝胆相照的原因吧！

（邹人煜）

"我今天遇见了杨皙子的后人了"

1966年4月初，我的爱人郭有守（台湾蒋介石集团驻比利时"大使馆参事"）从欧洲回到北京不久，我们收到了一个通知：陈毅副总理要接见我们。

虽然我多年生活在上海，但我还是第一次见到陈毅同志。他和蔼可亲，平易近人，一见到我们，便和我们热情握手、招呼我们坐下，随即和郭有守谈起话来了。陈老总讲的是满口四川话，因为郭有守也是四川人，所以两人一见就谈得很热烈。两人交谈了一番之后，发现原来他们的家乡一个在乐至，一个在资中，两县还是紧邻。陈毅同志是20年代初去法国勤工俭学的，郭有守也是在20年代期间自费去法国留学的。两人问起年龄和出国的时期，也都相差不多，于是越谈越有劲。后来陈毅同志谈到郭有守这次起义回来的事，他表示欢迎国民党的官员都能明大义，爱祖国，回到祖国的怀抱，贡献自己的力量。两人还谈台湾回归祖国的问题，陈毅同志希望，一切爱国志士都能以祖国统一为目标，为子子孙孙、世世代代谋幸福。

陈毅同志谈了这些以后，回过头来对我看了一眼，又问郭有守："你的夫人是哪里人？"郭有守回答道："她是湖南湘潭人，她的父亲就是杨度，杨皙子先生。"陈毅同志马上高声喜悦地说："啊！原来是杨皙子先生的后人……"接着对我说："你的父亲真了不起，文才好得很，他写了一首《湖南少年歌》，一直是脍炙人口的，我现在还能背得出几句……"他马上哼了起来："中国于今是希腊，湖南当作斯巴达，中国将为德意志，湖南当作普鲁士。诸君诸君慎于此，莫言事急空流涕。若道中华国果亡，除是湖南人尽死。尽掷头颅不足痛，丝毫权利人休取……"

陈毅同志流畅地背诵了这一段诗歌后，感慨地对我们说："杨皙子先生的爱国之心，可见于这首诗歌里，这首诗歌还是他青年时代的著作呢，热爱祖国，豪情奔放，真是了不起……"

随后，他又和我们谈了一会儿，时间不早了，我们就起身告辞了。陈毅同志一直把我们送到会客室外面的走廊上，和我握手的时候，还说了一句："我今天遇见了杨皙子的后人了……"流露出对我父亲的怀念之情。

那时还没有公开宣布我父亲杨度是中共党员，我们也不知道我父亲晚年参加革命的情况，而陈毅同志对我父亲青少年时所作的爱国诗篇，却记得那么清楚，使我感到十分温暖。

（杨云慧）

"现在人民做主了，您老能做面壁观吗"
——陈毅和马一浮

陈毅对一代儒宗马一浮敬崇备至。

马一浮，原名马浮。他6岁赋诗，15岁应绍兴县试，独占鳌头，名噪东南。20岁起到美国、德国、日本留学，研究西方文学和哲学，是第一个把《资本论》带到中国来的学者。他早年与马君武、谢无量创办《二十世纪翻译世界》，名气很大。陈毅对此早有所闻。

马一浮是位有民族气节与政治傲骨的朴学大师。孙传芳驻扎杭州，以五省联军大帅亲访。他叫家人明确告知："人在家，就是不见。"表现了有识之士威武不屈的气概。抗日战争时，他应竺可桢之邀以大师名义在浙江大学讲学，大讲明人攘夷故事，表现了有志之士的浩然正气。蒋介石提倡尊孔读经，在重庆邀见，他赠蒋氏"诚恕"两字，力陈一致御侮意见，表现了"富贵不能淫"的铮铮傲骨。陈毅早有所睹。

因此，杭州解放，陈毅来杭，就亲至葛荫山庄儒林图书馆（前身为四川乐山复性书院）拜访马一浮。当时马一浮正在休息，家人想唤醒他，被陈毅制止。家人请陈毅进屋，陈毅怕打扰了马一浮，就站在屋檐下。后来下起细雨，待马一浮醒来赶忙请进时，陈毅和陪同拜访的刘丹等人的衣服和鞋子都已沾湿了。陈毅这种"程门立雪"礼贤下士的胸怀，这种对马一浮的敬重，主要当然在马一浮是位有骨气的爱国学人，百废待兴的新中国需要这样的爱国学人来弘扬民族文化。因此，这次见面，陈毅便请马一浮出山，并不无诙谐地说："过去人家掌权，您老不出山是对的，现在人民做主了，您老能做面壁观吗？"于是，马一浮出任了华东军管会文化委员。从此后，陈毅与马一浮堪称莫逆。以后陈毅来杭，常往访马一浮。

十年动乱，马一浮在劫难逃。他去世后，我检点遗物，还发现不少他跟陈毅同志往来的诗翰手稿。其中《赠陈毅副总理》一诗就是回忆当年与陈毅会见情景的。

诗云：

不恨过从简，恒邀礼数宽。
林栖便鸟养，舆诵验民欢。
皁帽容高卧，缁衣比授餐。
能成天下务，岂独一枝安。

这首诗将自己和陈毅对写，第一、三、五、八句皆自谓，第二、四、六、七句皆称颂陈毅。从诗的大意看，第一、二句说陈毅在两人交往中，不抱怨马的简慢不恭；马自己常蒙陈放宽礼数，虚己接待。第三句说自己不宜出来任职，像鸟所需的环境一样，在山林栖息。第四句说陈毅的领导工作好，从舆论可以验证人民对他的爱戴和欢欣。第五句是希望自己还是戴平民的帽子，继续闲居作北窗之高卧。第六句是说陈毅为人民办好事，和郑武公一样"善于其职"，为"国人"歌颂。第七、八句是希望陈毅能办好国家大事，使人民幸福，不仅作者个人得到好处而已。

1952年"六一"儿童节前夕，陈毅为提倡孩子们写毛笔字，在上海市庆祝儿童节广播大会上，用自来水毛笔书写了这首诗的前四句。这表明了陈毅对马一浮赠诗的珍视。

（楼达人）

同学情深

——陈毅和刘缉之

1985年1月6日，是陈毅同志逝世13周年。为此，笔者访问了当年陈毅在中法大学读书时的同班同学，现定居在合肥的退休老教师刘缉之先生。刘缉之先生现住合肥四中校园内，他身体硬朗，精神矍铄，很难看出已是八秩遐龄。他还时常撰写文史资料，参加民革组织的一些活动呢。

面对着我带去珍藏了10多年的陈毅追悼会的剪报，读着周总理致的悼词，刘老陷入了沉思。

"我和陈毅都是中法大学的第一批学生，这所大学，是蔡元培、李石曾等同法国交涉，从'庚子赔款'中抽出一部分，于1923年秋开办的，学校初设在北京西山碧云寺，后来才迁入东黄城根新址，陈毅刚来校时，穿一套简朴的西装。他比较瘦，操四川口音，有时也讲一口流利的法语，因为同班又同寝室，我们彼此很快就熟悉了。交谈中，我得知他是因为参加留法学生的爱国运动，被武装押送回国的。入校前已在重庆《新蜀报》当过一年编辑，心中油然而生敬意，他长我三岁，我尊他为兄；他也视我如手足，我们互相关心，砥砺意志，切磋学问，交流情感，拓展理想。我们谈卢梭、雨果和鲁迅，谈拿破仑和袁世凯、段祺瑞。我还经常读到他发表的《论劳动文艺》、《在列宁逝世周年纪念日与徐志摩的争论》等文章。他的忧国忧民之情溢于纸上。"

"记得孙中山北上抵达天津、北方革命形势空前高涨时，我已经知道陈毅是共产党员，他郑重地动员我加入共产党。他认为因循守旧是不能前进的，不革命就不能救中国。我深为感动，但因对马列主义不甚了解，便表示愿意加入当时还是进步的国民党。于是他约请王耀郁同学介绍我参加了中国国民党。"

"当时，学生运动风起云涌。一次，我们到北京大学第三院集合，转赴天安门开会。途中，突然窜出几个军警，抢夺陈毅手中的校旗。为了护卫校旗和陈毅同学，我们立即拥上去和军警搏斗。还有一次，我们在游行时捣毁了作恶多端的警察厅。雄壮的《国际歌》声刚停，陈毅指着缴获的'京师警察厅'的木牌，风趣地说，这就叫把'旧世界打个落花流水'！"

"1926年'三·一八'惨案前后，针对有些同学笃信'多研究些问题，少谈些主义'，陈毅晓之以血的事实。他把胡适故意谐音为'胡说'，并且以国民党北京特别市党部常务委员的身份组织我们参加集会游行。他是赴'国务院'的发言代表，又是北京各界追悼死难烈士大会主席。他的慷慨陈词至今还时在我耳畔萦绕。"

刘缉之先生还告诉我："13年前，当我得知陈毅同志逝世的噩耗时，一想昔日同窗共读时的情形，二愧自己从里昂大学文学院毕业，1933年春回国后，没有下决心到中共苏区投奔陈毅同志，三念解放后我是持他的亲笔信，由皖北行署安排工作的，不禁发哀思之情于笔端，写成一副挽联：

同学情深，关心我政治前途，教我参加革命党；

当官任重，不意君沉疴难挽，悲君失去栋梁材。"

看着看着，蓦地我想起了陈毅同志那首著名的《题西山红叶》诗。是啊，从青年时期开始，陈毅不就正像那碧云寺中法大学校门前"真红不枯槁"的红叶，映红了天际，鼓舞着人民嘛！

（戴　健）

"一位平常而又不平常的伟大人物"

陈毅同志在工作中和我的书信往来很多，这里我只举一信为例，即他在1953年5月20日给我写的一封信。这是一封没什么特别内容的平常的信。但这封信却具有很不平常的意义。信的内容是这样的：

亚明同志：

　　前答应星期三返沪参加顾问会议，兹因事不果，要推迟至5月底或6月初才能回来，请不因此影响解答问题之进行。我病了一周，顷已恢复，仍按时阅读并做学习题目。返沪再谈。匆匆致

　　敬礼

陈毅

五月二十日

　　读者看了这封平常的信后，一定有各种不同的想法。那么，它究竟有什么很不平常的意义和说明什么问题呢？我认为它的很不平常的意义就在于它说明了以下三个问题：

　　第一，它说明陈毅同志是好学不倦的。你看，"我病了一周，顷已恢复，仍按时阅读并做学习题目"，可见他在病中，还是学习不辍的。记得那时大家正在学习刚出版不久的斯大林的著作《苏联社会主义经济问题》。华东局高级学习组的具体组织领导工作是由我负责的，订有学习计划和讨论题目。陈毅同志是高级学习组的顾问，照例可以不受学习计划的约束，但他仍按学习计划学习，而且做学习题目，这是很难得的。他常说，干部、特别是负责干部，必须抓紧学习，才能不断提高思想水平，才能更好完成工作任务；负责越高的干部，越要如此。而陈毅同志自己正是这样身体力行的。他所以能站得高，看得远，其主要原因即在于此。

　　第二，它说明陈毅同志是随时按一个普通党员的身份要求自己，组织性纪律性很强。像他那样高的领导地位，日常等待他处理的问题成堆，有些事情，例如他个人履行学习计划之类，同志们本来也不会苛求。可是，他却不那样想。他念念不忘自己要遵守学习制度，和大家一样，"按时阅读并做学习题目"。这种不以"大人物"自居的、平易近人的、处处以普通党员身份出现的列宁式革命风格，正是很不平常、值得我们学习的高贵品质。

　　第三，它说明陈毅同志是没有官僚主义习气而又"事必躬亲"的。本来，有关自己学习之类的事，离开了机关（记得那时他去杭州有事），也就算了，人家也不会计较的；即使不能参加"顾问会议"，要秘书写个信或打个电话，也就可以了。而他则不然。他却专为此事亲自给我写了这封信。事情很平常，信也很平常，但发生在陈毅同志这样一位高级领导人身上，

就确实具有很不平常的意义了。那些沾染了官僚主义习气，沾染了凡事由秘书代劳而不愿意"躬亲"的领导人，难道还不应该由此引起反省吗？

我认为这封平常的信正反映了以上三个方面的很不平常的意义。

陈毅同志就是这样一位平常而又不平常的伟大人物，是我们党的好领导，好同志，进步人士和群众的好朋友——我们学习的好榜样。

（匡亚明）

"你要养好身体，出去走走，放手写作品"
—— 陈毅和曹禺

1958年盛夏的一天午后，北京的气温上升到摄氏38度以上。西郊颐和园里游人如潮。

因病正在这里休假的著名剧作家曹禺，午饭后正沿着长廊散步。

"曹禺！"

曹禺一听有人喊他，回头一看，啊！原来是陈毅同志。

只见陈毅走得气喘吁吁，满头是汗，身上那件衬衫也被汗水浸湿了一片。

曹禺以惊喜的目光望着站在自己身前的陈毅，深深地被感动了，一句话都没说出来。

正当曹禺看着陈毅发愣的时候，陈毅上前一把抓住曹禺的胳膊，大声地说："哎呀，你在这里清闲哪！可让我好找！"

曹禺一时摸不着头脑。陈毅擦着脸上的汗说："走走走，今天我是专门来找你的，我们去好好谈谈。"边说边拉着曹禺往回走。

曹禺纳闷着把陈毅请进自己的住处。找了半天，没有什么好招待的，只有清茶和别人抽剩下的半包大前门香烟。陈毅一点都不在意，拿起烟点了就抽。然后，询问了曹禺的身体情况，又问创作的设想，接着从当前的形势，谈到文艺创作与生活的关系。一谈就是一个多小时。陈毅反复跟曹禺说：“生活本身是丰富多彩的，生活中可写的东西多得很！你要养好身体，出去走走，放手写作品，好好地写，多多地写……”

剧作家曹禺，原名叫万家宝。他永远不会忘记，那是在一次会议上，陈毅在大庭广众前称他是"国家之宝"。现在正是酷暑盛夏，陈毅工作那么繁忙，却不辞辛劳而来……

曹禺听着陈毅意长情深的话，心如潮涌。他送走陈毅之后，又在反复地想："难道陈毅仅仅是看看我？"

具有丰富想象力的剧作家，终于回味出陈毅来访的特殊意义：当时，反右斗争余波未平，有些正直的作家不敢说话了，有的甚至痛苦地搁下了手中的笔。曹禺本人虽然没有受到冲击，但他生性谨慎，也受惊不小。陈毅特地来看望他，正是为了给他以鼓励和支持……

一股暖流涌上心头。陈毅的朗朗笑声，伴着他那动人心弦的话语，使曹禺心头久久难以平静。"放手地写作品，要好好地写，多多地写……"回响在他的耳边。

（季　雨）

"华侨都是爱国的"
——陈毅和吴桓兴

一、周总理的托付

墨绿色的窗帷拉开了。办公桌上明亮的台灯，与天幕上闪烁的启明星交相辉映。周恩来总理又工作了一个通宵。他喝了碗豆浆，在医生的催促下，换上睡衣，准备上床稍事休息。

把窗帷合拢后，医生轻轻掩上门，走了。

周恩来闭上干涩的双目，不多一会儿又睁开了。他凝视着桌上的电话机，心中惦念着躺在301医院的陈毅。他已经听下医生详细讲述过陈毅第一次住院的情况和第二次入院手术的经过。对医院某些人为陈毅治病的草率态度非常不满意。如果他们不彻底改变态度，就可能产生更加难以设想的严重后果！他越想越不放心。

突然，周恩来眼睛一亮，敏捷地从沙发躺床上坐起，拿起桌上的电话机，拨通了一个北京市区普通住户的电话。

"喂，您找谁啊？"话筒里传来一个略带鼻音的福建客家口音。

"您是吴桓兴院长吗？我是周恩来呀。吴院长，这么早就给您打电话，妨碍您休息了！"

"没关系，没关系。"吴桓兴院长并不觉得吃惊，他只是急切地问道："总理找我，是有什么任务吧？"

"是的。吴院长，陈总得了结肠癌，已经在301总院做了手术，我想让陈总转到你的医院治疗，你看行吗？"

"陈老总得癌症？"吴院长仿佛不能相信这是事实。陈毅是多么开朗、乐观、豁达大度的人哟，他根本不应与癌病有关系！但是，总理的话不会错，他迅速回答说："可以！我们医院住院条件差，治疗条件好，可以采取门诊治疗，我亲自为陈总做。"

搁下电话，周恩来舒了口气。他完全了解这位几十年致力于镭放射研究的老专家，这位有强烈爱国心的归国华侨。

抗战胜利时，吴桓兴为了祖国强盛，毅然辞去了月俸为1000多英镑的优裕工作，从英国回到上海，在国内唯一的一所镭放射医院当院长。

上海解放前夕，自称"超政治"的吴桓兴没有离开上海，原因只有一个：医院里还有100多位病人需要他治疗。

后来，他接触了共产党和解放军，从亲身体验得出了正确的判断：只有共产党是真心爱护百姓的。这以后，他谢绝了国外的多次邀请，继续留在国内，并以他的高度责任心和精湛医术，挽救过许多同志，包括几位国际友人的生命。有几位老同志身患绝症，经过吴院长治疗，至今健在。

周恩来把陈毅托付给吴院长治疗，热切期待着奇迹在陈毅身上再次出现！

二、吴桓兴的决心

额角宽宽，银丝闪闪，年过花甲的吴院长接过陈毅的病历，从 1970 年 10 月 26 日入院的第一页病程记录细细读起。

"两年体重下降 20 多公斤！"这个身患癌肿的重要症状，从病历首页中就反映出来了。吴院长迅速地往后翻，他急于找到有关专家的会诊记录。本病历全部翻完，一次也没有！他震惊、愤怒，脸涨得通红：

"为什么不组织会诊?！为什么没做进一步检查?！为什么不找我会诊?！我一直在北京嘛！"

他在怒斥，完全忘记在医院军代表口中，他至今只是"前任院长"、"不可信赖的、有复杂海外关系的技术权威"！他在办公室里来回踱步，想借以平静自己，然而办不到。他怎么能不气愤呢?！

对于癌症病人来说，早一天确诊，早一日手术，早一天进行放射治疗，都关系着生命的存亡。而陈毅被耽误的不是一天、两天，也不是 10 天、半月，而是整整 81 天！

这 81 天对陈毅意味着什么？它意味着曾有许多许多的机会，杀死肠癌细胞，使它不能向淋巴结、肝脏等重要脏器转移；它意味着手术后陈毅身体里不再残留癌细胞；它意味着陈毅有可能像多位老同志一样，手术后经过镭放射线治疗得以痊愈和长寿；它意味着陈毅能继续担任党和国家的领导职务，在世界舞台上代表中国人民的声音！

1982 年严冬，在一间雅致、温暖的书房里，当鹤发童颜的吴桓兴院长向笔者回溯 10 年前的这段往事时，依然哀痛惋惜，泣不成声。老专家呜咽着说：

"陈老总的病归纳成一句话，确实是耽误了。根子就是'文化大革命'害了他。陈总去世后，按照叶帅的指示，我们在 301 医院开了讨论会，凡是参加抢救、护理陈总的医生、护士大部分参加了，详细分析了陈总整个病史的发展和治疗情况。"

"陈总在石家庄铁路大厂蹲点时，有时就肚子痛。工厂医疗条件差，医生只能给他吃'散力痛'等止痛片。这时恐怕已有早期的癌病变。直至病情加重，经总理批准，才得以回到北京进行全面检查。"

"谈起陈毅第一次住院的情况，301医院为陈总治过病的医生、护士都流泪了，他们边哭边说：林彪死党多次向他们威胁，陈毅是个老右派，你们可以给他检查，但是，你们要同他划清界限！医生和护士都被迫不敢和陈总多接触呀！"

"对于病人，医生不多接触，你怎么可以看出病呢!？许多应该早期发现的症状，都轻易地滑了过去。讲到这些，那十几位同志都哭得好伤心，痛心得很呐。"

吴院长喝了口茶又继续说："后来有一些传言，说医生手术时有意留了瘤子，这个不对，这样说不公正。到陈总手术时，肠癌细胞已经转移到肝上，医生尽最大的可能清扫了癌瘤的转移部位，连肝脏也切除了一些。但是，已无法全部切除干净。陈总有心脏病，那时就是世界上最高明的医生也无法搞干净了。剩下的唯一办法，全世界最高明的也只有这样的做法：就是做放射治疗了。"

"不过，我仍然充满信心地站在治疗室门前等候陈总，我知道放射治疗不能根除肿瘤，但这个办法能够延长寿命，这就是希望所在！"

"当我看着陈总自己从红旗车中下来，满脸带笑，精神尚好，步履平稳地向我走过来时，我心里只有一个念头，要用尽一切技术，延长陈总的寿命，让他安全渡过危机，将来还可以去联大出席会议呢！"

三、治疗室里的交谈

陈毅手术后两个月的一天傍晚。

"晚上好，吴院长！"稳步走来的陈毅向站在门口等候的吴院长用法语打着招呼，"劳您大驾为我打夜工治病，我陈毅不胜荣幸之至，也不胜感谢之至！"

前一句用的是纯熟法语，后一句则是字正腔圆的四川乡音。

吴院长被陈毅风趣平易的谈吐逗笑了，他像迎接自己的老朋友一样，一时用法语，一时用客家话，与陈毅交谈着走进镭放射治疗室。

放射治疗每周6次，剂量大小，时间长短，完全由吴院长根据陈毅的病情及对治疗的反应来控制。他工作得非常认真，每次要把镭放射点对得完全准确、十分满意后才进行治疗。

这种因人制宜的治疗方法，吴院长称之"小灶的小灶"，这正是他救活许多癌肿病人的绝招。当时卫生部钱信忠部长和崔义田副院长本想推广这一治疗经验。由吴桓兴亲自任教，无奈这场"史无前例"的运动，将部长、副部长统统打倒，培养计划化为乌有！

每天治疗准备过程中，房间里只有穿着铅背心的吴院长和平躺在床上的陈毅。

陈毅一向乐观。他身体安稳、平静，思绪却腾飞、跳跃。他像对老朋友一样，饶有趣味地谈起自己的过去，谈起自己在几十年的革命经历中，有不少华侨战友、朋友，华侨都有爱国的传统，陈嘉庚是华侨的优秀代表……

吴桓兴大半生从事镭放射研究，他，专心治学，本不善言谈。然而，这段时间，他也变得滔滔不绝，他时而向陈毅描绘自己曾侨居的国家的美丽景致和风土人情，他时而感慨攻进上海的解放军和衣睡在马路上；接管医院的军管会同志待他和蔼、关心，他至今还保存着九兵团发给他的专家聘书。时而又风趣地提起上海刚解放时，他啃着面包听完陈市长的"大报告"，从早晨一直坐到深夜，真累也真痛快！他当时奇怪，这位三野司令怎么样样事情都内行呢？谈到高兴之处，两个人不约而同，毫无拘束地放声大笑。

每次治疗，吴桓兴的话，讲得总比陈毅快，比陈毅多。一来陈毅豁达平易，吴院长毫无顾忌，心里话像趵突泉的水自然涌出。再者，吴院长唯恐出现冷场，他不能给陈毅留下空白时间问及自己的病。据301医院医生介绍，他们至今没告诉陈毅真实的病情。令他安慰的是，陈毅完全听凭治疗，从未询问过自己的病，情绪始终乐观、平稳。

这天，陈毅问起吴院长的身世。吴桓兴娓娓地述说起异国他乡的亲人：他家是几代华侨，整个家族在国外有4代、300多口，其中在国外生活富足的不少，回国安家的也有不少。吴院长一边详细描绘着国外亲人对自己的思念和担忧，一边用手在陈毅的头部寻找准确的位置。

躺着的陈毅突然昂起头，略显吃惊地冲口而出："啊？都转移到这里来了!"吴院长一愣,还没张口解释,陈毅已经躺平身体,镇静地说:"您继续工作吧。"

吴桓兴心里明白,陈老总一定知道自己的真实病情了!此时,他不再回避,他告诉陈总确实患了肠癌。但是,一定可以治好!吴院长讲到自己治愈的几位陈毅的老战友、老部下以及几位外国友人的情况,又列举大量医学资料:世界上带着癌瘤,经过放射治疗后仍然正常工作、生活的人为数甚多。从目前治疗情况看,陈总对放疗没有呕吐、头晕等不适反应,只要坚持下去,完全有控制甚至痊愈的希望。最后,他几乎是在激动地发誓:"陈老总,您放心,我一定能治好您的病,我等着您以中国外交部部长身份出席联大会议,像在上海那样,代表中国人民向世界作大报告的日子!"

陈毅没像往常那样接茬儿打趣,他只使劲捏了捏吴院长的手,轻声说了"谢谢"两个字,便紧抿起嘴唇,陷入了长久的沉默。

屋里出奇的安静,吴桓兴用力咬住嘴唇,他真怕自己失去控制会痛哭出声。他更担心陈毅承受不了严酷事实的打击,精神垮下来!没有精神支柱,就会带来食欲锐减、拒绝治疗等一系列严重后果,那么,过去的一切努力都将功亏一篑!这绝非夸大其词,以往这样的病人他看得多了……吴桓兴不敢看陈毅的眼睛,不敢再往下想,他手心发凉,手指微颤,真有点手足无措了。

"哎,外国朋友!"陈毅突然开口了,语气平和、自然,并对吴院长使用了这样亲切的谑称,"怎么不说话了?!刚才咱们谈到哪里了?对了,谈到你的家庭,你的亲人。"陈毅顿了顿,扭过头盯着吴院长的眼睛,态度十分认真地说:

"吴院长,我问你个问题,你答应不答应给我讲老实话?!"

吴桓兴不假思索地回答:"首长问我,怎么不答应呢?!"话出口,立即有些后悔,他判断陈毅一定会问自己的病情。

"哎,你不要叫我首长嘛!叫我陈毅、老陈或者干脆叫老头,都行!你告诉我,为什么道理,你要回到中国工作?"

"唔!"吴桓兴一块石头落地,立即回答,"陈老总,您是了解我们的,华侨是有爱祖国、爱家乡传统的。在国外就是经济收入再高,再富裕,政治上总是受歧视的,因为什么?就是因为中国穷,被人家瞧不起。华侨天天盼望祖国富强，我就是为这个目的，才放弃了在英国的优裕工作，回到祖国来的。"

"是啊，华侨都是爱国的。"陈毅动情地重复了一遍，随即又抬起头来问道："那么，我再问你一句话，好吗？"

吴桓兴点了点头。

陈毅的语调直爽、坦率："你现在想不想离开？！"

吴桓兴没有立即回答，一个撕心裂肺的破碎声骤然在耳畔响起，他的脸痛苦地一阵抽搐：那年，抄家的红卫兵高声叫骂："打倒资产阶级反动权威！""打倒潜伏特务！"蜂拥而入，顿时，玻璃碎了，唱片碎了，肥皂粉、去污粉挥洒一地。突然，一个造反派发现了书柜里那只精致、华贵的水晶烟缸，立即抓起用力往水门汀地上掷去，"呼"的一声，水晶碎片四处飞溅！吴桓兴不顾一切地冲上去，捧起水晶碎片，呜咽出声。

这只水晶烟缸，是父亲离世前留给他的一件纪念物。当年，侨居国外的父亲与国民党反动势力斗争，听到大陆解放的消息后，他流着热泪带头升起五星红旗，不久便抛弃一切回到祖国，作为华侨代表，荣幸地被选为全国政治协商会议第一届委员。多年来，吴桓兴一直把这只水晶烟缸当作父亲爱国赤诚之心的象征珍藏身边，现在却被砸碎了，他觉得自己的人格、尊严，甚至热爱祖国的赤子之心，也一齐被砸碎了……

陈毅是完全可以信赖的。吴桓兴镇定一下情绪，缓缓讲出一句深藏心底的老实话："挨骂的时候，就想走了，真想走啊！"

陈毅沉重地点点头，他握住吴桓兴发颤冰凉的双手，真诚地致以歉意地说："吴院长，让你受委屈了，真对不起你哟！"

吴桓兴急忙摇头，让他受委屈的并非是面前道歉的人呀！

"不过，吴院长，你一定要有信心。"陈毅摇摇吴桓兴的手，语气变得激昂、坚定起来，"我们党的政策不是现在这个样子的！不是要排挤知识分子，不是要排挤华侨的！不是的！"他略微平静了一下，又接着说："老朋友，祖国缺少你这样的专家，太缺了！你能留下来，我应该代表人民群众，代表像我这样需要你治病救命的病人给你三鞠躬！你相信我陈毅一句话，党的知识分子政策是任何人篡改不了的！毁灭知识的人最终要受到历史的惩罚。总有一天，能推广你的'小灶的小灶'，让天下受癌症威胁的人，都能延年益寿,生活幸福!"

　　吴桓兴噙着满眼热泪频频点头,心头的皱褶像被一只温暖的大手熨得平平展展。陈老总的功劳不大?陈老总受委屈不深?陈老总身患癌症不痛苦?可他不埋怨,不泄气,还是充满信心!是呀,要像陈老总那样,赤子之心,至死不移!

　　吴桓兴顿时觉得浑身轻松,仿佛他是被治愈的病人,而躺在床上的陈毅,则是世间最高明的医生!

(铁竹伟)

"棋虽小道,品德最尊"

　　陈毅不但会打仗,善写诗,而且喜欢下围棋,他运用军事实践经验,根据围棋的规律与特点,精心研究,使棋艺水平不断提高。

　　我和陈毅下围棋近30年,开始对局是在1942年冬,那时我参加新四军抗大总分校召开的抗大教育工作会议,在会上陈毅作了题为"对抗大工作的建议"的重要报告,内容极为精辟。它指出了我军工农干部的特点,要求大家针对他们的特点与战争需要进行工作。当时有的同志对教育工作不太安心,希望到部队中去,听了陈总的报告后,受到了极大的教育与鼓舞,下决心把革命的干部教育进行到底。在会议期间,陈总听说我会下围棋,于是在开会休息时,几次找我下几盘。他对我说:围棋是个好东西,有工夫时下几局,可以陶冶性情,锻炼思想。陈总平时常在戎马倥偬之际,指挥若定,与人对局。当时敌情比较严重,日寇在"扫荡"淮北、淮南告一段落后,继续调整部署,向我新四军军部所在地盐阜地区内各据点增加兵力,企图进行大规模"扫荡"。陈总一面参加抗大会议,一面分析敌情,处理军务,部署反"扫荡"的准备工作。会议结束后,他就利用空隙,同我下了几局围棋,尽管敌机在上空不断盘旋,不远处还听到敌机投掷炸弹的爆炸声，但陈总仪态从容，继续对局。

1943年5月，我带病随新四军抗大九分校渡江北上，抵达军部，陈总垂询病情，十分亲切，并叫我在军卫生部休养治疗。在休养期间，陈总还经常到军卫生部来同我下围棋，有时也邀我到军部手谈数局。是年冬，抗大九分校奉令回苏中整训，行前校党委邀请陈总来九分校对全体人员作报告，当时九分校驻在天长县的龙冈镇，军部已从盐阜区转移至盱眙县的黄花塘，相距有数十里之遥，陈总于百忙中不辞辛劳慨然前来，讲话完毕，又同我手谈数局。他下棋下得很用心。他虽是一个围棋的业余爱好者，但他喜欢研究，有时也找人复局，因此，对围棋造诣较深。他尊重纪律，下围棋时也是如此，总是落子生根，举手无悔，也不让别人悔子。他喜欢采用迂回包围战术，经常展开猛烈进攻，想整块整块地吃，当包围在紧要关头被我突破时，他总觉得十分可惜，要再下一局，大有非赢回一局不肯罢休之势。一旦他包围成功，吃掉了我好大一块时，他就兴高采烈起来，说"好不容易才赢你这一局"，又要求再下。就这样，一局又一局，夜深人静，陈总犹神采奕奕，兴致未已，正如唐诗人杜荀鹤的诗句所描述的："有时逢敌手，当局到深更"。

围棋创始于我国，约有三千年的历史。新中国成立前在国民党的反动统治下，围棋事业同其他事业一样，日益陷于绝境。只是在新中国成立以后，由于中国共产党的关怀，陈毅同志的提倡，中国围棋事业才获得新生并逐步发展起来。

解放后陈毅身负国家重任，十分辛劳，但仍继续关心围棋，并把开展围棋工作与人民外交工作结合起来。他提倡围棋，提倡中日围棋交流，是为了贯彻执行毛主席的革命外交路线，忠实于毛主席的寄希望于人民的思想。1962年陈总在北京饭店同我下围棋时说：提倡围棋不是由于我个人的兴趣，是经过伟大领袖毛主席的同意的。为了促进中日两国人民的友谊，陈毅同日本人士松村谦三商定，中日两国民间互派围棋代表团，并于1960年开始中日围棋交流。1960年6月日本名誉九段濑越宪作率领第一个日本围棋代表团访华。1961年9月日本棋院理事长有光次郎率领日本围棋代表团访华。1962年李梦华同志率领我国围棋代表团访日。此后中日围棋交流不断进行，每年都有代表团相互访问。这些相互访问，展开了中日围棋交流新的一页，促进了中日人民的友谊。1963年9月，日本棋院和日本关西棋院为了感谢陈毅对中日围棋界友谊的关怀，曾分别赠给陈毅名誉七段的称号，在我国首都举行了相当隆重的仪式。日中友好协会常任理事岩村三千夫说，日本围棋界授予国外人士以这样高的荣誉，这还是第一次。这些相互访问与友谊往来，产生了意义深远的影响。1964年12月20日，日本29位著名围棋手发表呼吁书说，妨碍两国围棋手进一步往来的最大障碍是两国外交关系尚未正常化，号召日本全国数百万围棋手参加要求恢复日中邦交的征集三千万人签名运动。在呼吁书上签名的有日本名誉九段濑越宪作，九段桥本宇太郎、板田荣男、杉内雅男等人。他们的活动，对中日邦交正常化，起了一定的促进作用。1965年我在访日期间，日本围棋界友人对陈毅十分尊敬，纷纷表示要我向陈毅转达问候，如濑越宪作到机场送行时，犹殷殷握手致意。有的将他们多年辛勤劳作的围棋书籍要我转送给陈毅，如日本棋院编集部部长林裕先生将其刚出版的围棋百科辞典一书托我赠送给陈毅。不少日本围棋界友人盼望着将来有这么一天，陈毅率领中国围棋代表团访问日本。这些都是我亲自体会到的日本围棋界友人对陈毅的友好感情。不久以前，日本棋院又追赠已故的陈毅围棋八段称号，并以日中两国联合声明的发表日期作为名誉八段证书的填发日期，以纪念陈毅在促进中日两国邦交正常化上的贡献。

　　陈毅不但提倡中日围棋交流，促进中日两国人民的友谊，而且对国内棋类运动也给以巨大的关心。1960年6月28日陈毅在北京接见了我国的围棋、象棋和国际象棋的部分棋手，和他们作了亲切的交谈，并对如何开展棋类运动作了宝贵的指示。陈总说：下棋是个很好的文化体育活动，在我国有广泛的群众基础。下棋有益于人们的身心健康，对促进国际文化交流，对促进各国人民间的友谊都有意义。陈总还就历代棋类活动开展的情况，说明它同经济、政治、文化发展的关系。最后，陈总希望大家共同努力，消除历史上遗留下来的宗派观念，充分发挥个人才能，互相研究，积极开展棋类运动，努力提高棋艺水平。这些话给全国各项棋手以莫大的鼓舞。《体育报》也因此于1960年7月4日发出《提倡下棋》的社论，要求大力开展棋类运动，为我国劳动人民、为社会主义建设服务。要求"公园、文化宫、俱乐部、游艺室，都可以设下棋的地方"。从此国内棋类活动广泛开展而活跃起来。1962年11月中国围棋协会成立，陈毅被推选为名誉主席。

10余年来新的青年优秀棋手不断涌现，棋类活动蓬勃发展。

在陈毅的关怀下，中国历史上第一个《围棋》月刊也于1960年创刊。陈毅十分关心《围棋》月刊，每期必看，并经常有所指示与建议。1963年，陈毅来到上海，他约我去下棋，他对我说，《围棋》月刊虽属技术性的，但必须注意政治思想指导。他还说，围棋发源于我国，历史悠久，遗产丰富，要好好发掘，他指示《围棋》月刊对这方面的资料要经常有所介绍。他对《围棋》月刊题词有两次，一次是1963年，内容是："围棋易学难精，愈精则趣味愈浓。欲精此业，非做专门研究不可，业余努力进步必有限。我主张专业与业余结合进行。中国手谈必将有巨观。"还有一次是1965年，内容是："围棋工作者应把脑力劳动与体力劳动结合起来，才能提高自己的棋艺水平，并对国家和人民做出更多的贡献。"他通过《围棋》月刊对围棋事业的发展与棋手的努力指出了正确的方向。他十分重视围棋手的政治思想品质。有一次，他听说围棋界某一个人的道德品质恶劣时，他很不高兴，对我说，像这样的人就不配担任围棋手。在1963年他对上海市高等学校观摩赛纪念题词中有"棋虽小道，品德最尊"等句，特别突出了棋手的品德问题。他看到1965年《围棋》月刊社论《下棋也是为了革命》，就加以表扬与鼓励。陈毅还重视青年棋手的培养与锻炼。1965年，我率领中国围棋代表团访问日本，出国前陈总接见了我们，指示说：比赛不要让子，输棋不要紧，可以得到锻炼。回国后，他亲自听取汇报，对我国青年棋手同日本八段棋手下三局中胜了两局，表示高兴，并将该两局棋复盘，这对我国棋手精神上鼓舞很大。

（姚　耐）

柳树下拜师
——陈毅和桂圆

那时，蝉在柳树上声嘶力竭地唱着，它既像是在抗议着夏日的热辣，又像是在为树下的桂圆老先生驱逐着寂静。

桂圆老先生眉长寸许，须发皆白。他是苏北一带有名的教书先生，也是远近闻名的棋师，人称"棋王"。这天桂圆老先生让学生全部放学，自己却带着小阿明来到大路旁的柳树下下棋。而且，还十分古怪地要阿明把那个红"帅"，都给钉死在棋盘儿上。"钉就钉吧，反正天下也没有人能赢得了先生呢。"阿明这样想。然而，人们不是在山地里忙活，就是钻回家里纳凉去了，哪会有人顶着太阳来与老先生赛棋呢？看看老师挺寂寞，颇有"棋童"之称的小阿明便来到老先生跟前说：

"老师，我来陪您下一盘吧？"

可是，桂圆却果断地用手势阻止了阿明，然后，又耐心地向大路那头望起来。大路那头的村子里驻着兵，兵们不时要推选出一两个"棋手"来与桂圆老先生面红耳赤地下上一盘。完了，皆十分称道而去，说日后叫他们的军长来，保证能赢棋！可是，这些日子里，那些兵们操练正忙呢，要去打一个全国闻名的大仗，谁还会有闲心来寻老先生赛棋呢？

阿明正抓耳挠腮，桂圆老先生却示意他沏上茶来。阿明抬头一望，山道上果然有两个兵一前一后地款款寻来。来者正是被兵们称为军长的人，姓陈名毅。身后远远地跟着而且东张西望的人是他的警卫员。陈毅除了打仗，平时最好下棋，所以听了徐二连长说柳树下的先生好生了得，人称"棋王"时，他不禁大喜，处置罢要事，便兴冲冲地带着警卫员沿山道寻来了。

陈毅初来乍到，可能桂圆老先生有所不知，所以他只向陈毅一拱手，道声"请"后，便再也不吐一字了。陈毅还礼入座后，一看棋盘，不觉为之一愣，因为其他棋子都还没摆上，可是对方的红"帅"却是稳稳地摆上了的。出于好奇，陈毅便伸手去拔，却拔不动。原来，那只红"帅"是被钉子钉死在相宫里的。陈毅心中好生不快，常言道：山外有山，天外有天，强中自有强中手，就是我这打了半辈子仗的人，还有点担心这次的苏北一仗难于取胜呢！看来，这老先生也是太那个了，今日我陈毅偏要碰一碰你这只赢不输的"棋王"看看！

桂圆老先生仿佛没看见，只让陈毅"请"！陈毅不光仗打得漂亮，而且对于下棋，也是造诣颇深的。棋局一开陈毅便使了一个绝招儿，下到最后一步，便大喊一声"将"，却并不动手去吃那红"帅"，只把眼睛望着老先生，看他如何把棋子取下来。桂圆老先生平静地一伸手，示意阿明取小刀子来。可是阿明摸遍全身，也摸不出老师要的那把小刀子。陈毅见了，便从衣袋里掏出一把小折刀，往老先生手心里一放，笑道：

"别找了，我这有啦。"

桂圆老先生撬啊撬的，终于把红"帅"撬下来交给了陈毅。陈毅正要重摆第二盘，老先生却伸手一挡，说：

"请稍等片刻，换了棋盘再下吧！"

这时，小阿明早已撤去残局，重新端上一个棋盘来摆上，陈毅一看，那红"帅"依然是用钉子钉了的。于是不再说什么，又紧锣密鼓地"杀"将起来。第二盘又以桂圆老先生败北而收场。老先生又不慌不忙地用阿明递上的刀子撬下红"帅"来，乖乖地交给陈毅。第三盘仍然是换了棋盘再战，结果，还是桂圆老先生输了。桂圆老先生又要向旁边的阿明讨小刀时，陈毅却"呼"地站起来说：

"别撬了，老人家！"言罢，便拂袖而去。

桂圆老先生也不说什么，只站在一边连连向陈毅拱手送行。

从此，桂圆老先生不再下棋，只终日默默地教书。然而，中堂上那面别人送的书"棋王"两个大字的锦旗，却不曾取下来，仍然醒目地挂在那里。

后来，当陈毅带着大队人马凯旋时，忽然想起那日的赛棋一事。于是他让队伍继续行进，自己却带了警卫员，扬鞭跃马，沿了山道飞奔而来。

陈毅来到柳树下时，桂圆老先生早已等候在那儿了。老先生正襟危坐，身旁仍然伫立着光脚丫子的小阿明。棋桌上一杯刚刚沏上不久的热茶正四下飘香呢。棋盘上的红黑棋子，也是早已摆好。只是对方的红"帅"，依然是用钉子钉死了的。陈毅正费解，桂圆老先生却把手朝棋盘儿上一伸，响响亮亮地道了一声"请"！

陈毅一见，不好再说啥，只将虎眉一扬，便与桂圆老先生下将起来。这番陈毅暗下决心，要让老先生把那些个所有的"帅"都撬了呢。

谁知道，在不多一会儿工夫里，陈毅竟连输三盘，而且，第三盘还是全军覆没，给剃了个大光头！陈毅慌忙起身请教道：

"嗨！老人家，怎么时隔不久，两次竟会迥然不同呢？"

桂圆老先生捋着银须道：

"前次来，你是首长，要领着大军去苏北打大仗啦，所以我为'老帅'饯行，你赢了，此乃鼓士气耳。这次来，你取得苏中七捷，大胜而归，所以我惯例不动'帅'，连赢你三盘，以挫你锐气耳。将军今番凯旋，岂不闻，为将之道，切忌一个'骄'字吗？"

陈毅一听，大悟，连忙离座来到桂圆老师跟前，双手一拱，单腿着地道：

"老人家，在棋艺上你是我陈毅的好先生，在对待胜负上，你也是我陈毅的好老师。今日，请老师受我一拜，收下我这个徒弟吧！"

桂圆老先生一见，连忙上前扶住陈毅说："陈大将军拜师，岂敢！岂敢！"言罢，便关照小阿明马上把钉在红"帅"上的钉子全取下来。

陈毅一招手，警卫员便把两匹战马牵过来，要亲自送桂圆老师回村。桂圆老师听了连连摆手道："不敢当！不敢当！老夫回家就伸伸腿儿的事，怎敢劳驾大将军的神马相送呢！"可是陈毅却同警卫员笑呵呵地把桂圆老师扶上高头大马，然后，又让小阿明骑上警卫员的矮腿马，亲自牵着战马，朝着山村里拥来的人们大步走去。

此刻，晚霞正瑰丽。

（汪辉文）

终身的遗憾[1]
——陈毅和杜山

陈毅死了。是在北京最寒冷的季节里死去的。

无论我相信还是不相信，他都静静地躺在那儿，仿佛睡熟一样，那么

---

[1] 本文作者是以第一人称写的。

安详，那么轻松。

我最后望了陈毅老帅一眼。此时，日历上印着赫赫黑字——1972年1月6日。

凌晨的钟声，再有5分钟就要敲醒新的日程。而一颗乐观豁达、爽直忠诚的心脏却停止了跳动，生命的钟声永远地沉默了。

我在医院里陪着陈老总度过了他生命的最后3天，但我心灵的遗憾却要伴随着我度过终身——未能实现他生前小小的"奢望"，给他找一个气体打火机。

1970年8月底，中共中央九届二中全会在中国的"名山"——庐山召开。

会议由毛泽东主持，周恩来宣布会议议程。

虽然庐山是一座众所周知的"政治名山"，我却是第一次来到此山。

九届二中全会8月23日在当年"庐山会议"旧址——庐山人民剧场召开。

我是随总理上山的，但要负责主会场的拍摄。开会的那天，总理交代我和拍摄电影电视的记者说：会场拍摄时，你们要注意多拍摄西面的会场。一时我没有明白总理的意思，只是点头答应了。待开会时，我镜头举向会场的西面才恍然大悟，会场的西面坐着老帅们和中央的老委员们。到会议结束，我更是大彻大悟，会场西面大多是同意毛泽东不设国家主席意见的委员。

我真惊讶总理料事如神的精明和把握心态的准确！

我拍完台下的场景，突然看见陈老总坐在离我不远的前排，我惊喜万分，叫道：老总，久违了！他笑着点了点头。我真想和他好好唠唠，许久没有听见他爽朗的笑声和诙谐的川腔了。

1969年年底，我从新疆回到北京，就去中南海他家里看他，工作人员却告诉我说，老总一家疏散了。疏散？后来一问，列为"二月逆流"的老帅们差不多都疏散了：谭震林在桂林，李富春在广州，聂荣臻在邯郸，叶剑英在湖南，徐向前在开封……陈毅则在石家庄。几次想去石家庄看望他，可红墙里的拍摄不停地加码，不久又到了毛泽东的身边拍摄，更是一步也走不出红墙了。没想到在庐山看见了时常挂念的陈老总。

可相见正逢有拍摄任务，不敢停留，和老总一句话也没说上就匆匆走了。

主席台上坐着毛泽东、林彪、周恩来、康生、陈伯达五位中央政治局常务委员。

到9月6日九届二中全会闭幕时，五位政治局常委还剩四位坐在主席台上。他们中间的理论家——陈伯达消失了。

我记得闭幕的那天，气氛空前的紧张。前几天许多中央委员还误中林彪"天才论"的圈套，会场里响起拥护毛泽东当国家主席的合唱声。可这时，全场鸦雀无声，针落闻声。

我们记者站在后台，吓得连大气都不敢出。

主席台那四位常委脸上的表情让人脊梁上咻咻地窜凉气。毛泽东气愤里带着悲楚；林彪拉着沮丧透顶的瘦脸；周恩来紧抿嘴唇异常严肃；康生眼镜后面的眼睛闪着凶光。我们可怜地只敢探头朝台上望，脚下就是不敢迈步！

一直到会议快结束，这紧张的气氛丝毫没有缓解。不得已我只好硬着头皮跑到台上，不管三七二十一，"咔嚓……咔嚓"飞快地照了几张，我知道这照片就是冲洗出来也无法用，可不拍摄又不行。

我又看见了陈老总，他仍坐在会场的西面，拼命吸手里的烟。他的日子更为艰难！

大会期间，疏散各地的老同志参加所在地区的分片小组讨论。

陈毅分在华北组。

会议被林彪、陈伯达还加上黄、吴、叶、李、邱搞得一团糟。不明白真相的委员们，以为冠以"天才"是歌颂毛泽东思想。陈毅却不以为然，他不同意这种唯心主义的观点，一针见血地指出"天才论"不符合毛泽东思想形成的客观性。

陈老总的反道行为立即遭到林彪亲信的攻击，使得因"发配"石家庄而不知中央内幕的陈老总更加丈二和尚摸不着头脑。怎么不同意"天才论"就是反对毛泽东当国家主席？难道"天才"和国家主席之间有什么必然联系吗？

陈老总懵了，哑了，陷入深深的迷茫困惑之中。

就在这时,我提着机子转悠到华北组的会议室里。一进门就觉得里面的气氛压抑!怎么个个脸阴沉沉的,发言的人也不像其他组慷慨激昂,眉飞色舞的,而是小心翼翼地选择词句……

我的目光朝陈老总看去,他的注意力在手上的一份材料上,脸上浮动着一种叫人陌生至少叫我陌生的沉闷情绪,以前他可不是有这种情绪的人啊!我想了许多,唯独没有想到老总被推到"众矢之的"的艰难境地,先受林彪及同伙的非难,后成为张春桥攻击的目标。

我拍了几张照片,就准备离开这间充满不愉快空气的房间。

"咔嗒、咔嗒……咔嗒"耳边传来打火机的声音。

"咔嗒、咔嗒……"打火机的声音一下一下固执地响着,这是谁的打火机?我顺声望去,原来是陈老总的。他嘴上叼着烟,苦着眉,望着手里的打火机。我一看打火机那笨拙样子就知道是国产货,用汽油的。老总又使劲地猛甩了几下,"咔嗒、咔嗒……"任凭拇指捻动搓轮,只见火星,不见火苗。老总气急了,"砰"地将打火机摔在沙发前的茶几上,抹下嘴角的烟。虽然他嘴上什么也没说,可我清楚地听见他心里重重地骂了一句:龟儿子打火机!

我掏出火柴,大步走到老总的沙发后面,"嚓"地划着了火柴,递到老总的侧面。老总一惊,猛地调过头,见是我,顿时眼窝里荡出愉悦的波纹。他笑眯眯地拢起手围住火,将香烟投进火苗里。"哈——"他舒坦地放出一口浓烟,我干脆将整盒火柴塞进他的大手里。他惬意地朝我挤了挤眼睛。仿佛说:好安逸哟!

我一阵心酸……不敢再和他对视,转身快步走出会议室。

陈老总那股子倔强、固执、乐观的劲头都收进了我的眼睛里。

他没有变,一点没变!

天渐渐地暗了,庐山的群峰隐进了神秘的夜空里。

明亮的灯光和闪烁的星光搂抱在一起,缥缈的云影和黝黑的山峦也搂抱在一起,组合成美妙如仙境的夜晚。

我在宾馆里,将当天的新闻照片冲洗放大后,又选出要发稿的照片,这时夜已很深了。我望着窗外朦朦胧胧已开始涌动的云雾,仿佛又看见老总沉闷愁苦的眼光和一闪即逝的愉悦……最后我决定去看他,立即就去!

陈毅住的地方离我们工作人员住的不远，老帅住区大多是两层小楼。我找到他的秘书，秘书和我是老朋友，也多年不见了。他高兴地带我去陈老总住的小楼，推开虚掩的厅门，秘书丢下我就"咚咚"地往楼上跑，向陈老总通报我这个不速之客。

老总在二楼的客厅里。

我还没进门，就听见他苍老却又快活的四川腔："叫他上来，快叫他上来呀！"可待见到我时又叫道："老杜，你好大胆子，敢来看我啊？"

我"哈"地笑了起来……真有意思！刚才还叫我快进来，这会儿又说我胆子大敢看他？

"老杜，我是啥子人物，中央点了名的人哟！"

他这是指"二月逆流"事件。我知道。这有什么，我才无所谓呢！

"我有什么不敢？我也被打倒了，倒了好几年呢！"

"噢……你也倒啰？那怎么解放出来的？"

"总理把我解放出来的。去年，总理要我随他出访朝鲜，才把我从新疆调回中南海，不然晚几天，我连命都丢在新疆了。别说胆大敢来看您，那时就是想胆大胆也没了。"

"哈哈……你好福气呀！有个好后台。哈哈……"

这震耳的笑声真让人浑身舒服，心里说不出的高兴。

"老杜啊，以后不要来看我，这样对你不好啊。这次见到熟人我都不敢和别个打招呼，怕影响别个嘛！"说着他取了一包烟往我跟前一丢，"抽烟。还这么大瘾吗？"

"戒不掉了，也不想戒。"

我叹了气。落难的陈老总这时已是举步艰难，时时要躲明枪防暗箭的，可是心里还想着别人，替别人考虑。

空气开始沉闷。

我换了一个话题："老总，你看上去身体还可以嘛。我年轻吸烟多没问题。你可要节制吸烟哟，烟可以提神、解闷，听说也致癌啊。"

不幸被我言中。老总回到石家庄就发现患了肠癌，而且是晚期。

"还凑合吧。人老了，就有个别零件磨损了，有时运转不灵，不是这儿卡着就是那儿生锈。我想我大病不会有的，心脏就没病，这是主要部件。"

已和死亡之神握手的陈老总对自己的身体充满自信。

"要保重啊!"我听他这么一说,挺忧虑的。

"来,再抽一支。"这时老总掏出白天打不燃的打火机,他没有用拇指去捻轮子,而是搁在手心里颠过来覆过去地看。"唉!这龟儿子打火机,用了没几天就打不出火来了,打出人一肚子气!"

我用火柴给老总和自己点燃了烟。说:"老总,咱们自己国产的打火机就是比不上外国生产的。老外生产的一种新型打火机,好像是……叫气体打火机,比咱这个好使唤多了。"

"是哪,我也早听说了,硬是搞不到。又不好意思麻烦人家。哎,老杜,你有没有办法搞一个?怎么样?帮我搞一个。"

陈老总朝我跟前凑凑,略带神秘地做了个拇指按打火机的动作。

如果不是我亲眼所见,亲耳所听,有谁会相信中华人民共和国国务院副总理、元帅、外交部部长会为一只气体打火机而苦恼。

这个世界已颠倒得叫人欲哭无泪,欲说无语!

我哽咽了。"文革"以前中南海常有特制的烟和火柴供应,加上常要出国,能买到一些国内的优质产品,这些生活琐事从不会让元帅自己操心的。而现在陈老总竟和我们一样,生活变得这样现实、这样普通也这样烦恼。

望着眼前这位饱经沧桑的老人,竟如此幽默乐观地对待自己坎坷的人生。他一边嘲弄手里的打火机,又一边爱不释手地摩挲它。

我深深地感动,也由衷地敬佩,便一口答应了他。因为我以前曾从熟人手里抢过一个气体的,没几天又被另一个熟人抢走了,就这么抢中抢似乎搞一个并不难。可我万万没有想到以后为陈老总搞气体打火机竟是如此的难。

陈老总的眉头立即飞扬起来,好像手里已拥有了朝思暮想的气体打火机。"那我可要好好地谢你哦!"

我看看时间已过了午夜,就赶忙告辞。

陈老总一直将我送到楼下,出了门,他宽大温暖的手握住我的手重重地甩了一下。我心里顿时滚过酸涩的热浪,眼眶也湿了。

回去的路上,我仔细揣度陈老总刚才一席话的弦外之音,心里想,莫非他……真的被甩在中央领导层之外了吗?

山风吹来，我打了个寒噤。抬头望天，天色似墨，幽静的山道显得哗哗作响的溪水声更加欢腾，富有诗意。到住地天色似乎透出幽蓝，隐约勾出兀立的山崖和浑厚的山脊。浮云凝在山腰，像拴在山腰上的带子……我好像听见大山的叹息和云带的笑语。

后来几天，我知道了老总的不妙处境，开始为他捏着把汗。陈老总性子直而锐，他能承受吗？

陈毅镇静自若，沉默不语。

这是悲哀啊，极大的人类悲哀啊！"文化大革命"的成果之一就是叫人学会不吐真言。苦的酸的甜的辣的……咽得下的和咽不下的，理解的和不理解的……

陈老总就在艰难的吞咽。

庐山会议期间，我们就餐的餐厅是个两层楼，上面是部分领导人就餐，下面一层是我们工作人员就餐的地方。会议结束的那天中午，我和陈毅的秘书，徐向前的秘书，还有蔡畅的秘书在一个桌上吃饭。谈笑间，陈老总背着手走到我们桌前，像是巡视，目光扫过桌上的每一份菜，我们连忙招呼他坐下一起吃，他大手一抹嘴，"我吃过了。哟，你们的菜和我们吃的一样嘛！嗯，就少了酒。"说完他看看我，问我还喝酒吗。我回答：喝！没想老总转身就往楼上走，"我去拿一瓶给你们喝。"

这怎么能劳驾老总亲自去拿酒！我忙想制止，老总已上了楼，我只好不安地等老总拿酒下来。

"老总就记得你会喝酒，还逞能，代总理喝酒，结果喝得东倒西歪。现在还这么穷喝？等会儿酒来了你可别一个人独吞了。"秘书们知我的底细，取笑地揭我的短。

"什么呀，老总爱喝酒我是陪他喝的，待会儿没你们的份，我和老总喝！"

"老总现在不能喝了，消化不好，一喝酒就闹肚子痛。"陈毅的秘书接我的话。

"哦——？"我不相信，陈老总的酒量可大了，不喝酒他不难过？

"砰"地手榴弹似的酒瓶立在我们的面前。哟，我们顿时眼睛一亮，"四特酒"——江西的名酒呐。

"老杜你能喝，一斤八两不会醉的。"陈老总乐呵呵地望着我。

"老总你也来一杯。"我为他斟满一杯酒。

"我没有口福了，不能喝酒噢，一喝肚子就有意见。你们喝吧，喝吧。"我遗憾地望望老总，只好作罢。

他站在我们旁边，一直看着我们斟满酒才满意地离去。

一会儿一瓶酒就叫我们几条喉咙"量"了个底朝天。

陈老总却带着一颗受伤的心和没有发现的绝症飞回石家庄。

我在庐山又停留了几天，拍了些风景照，回到北京已是9月中旬。一到北京我就开始四处打听谁要出国，忙得像个"克格勃"。线倒是抛出了好几条，拉回来的都是空钩，不是没带回来，就是带回来了又被别人捷足先登了。

气得我够呛！

一次我听说一个熟人从国外回来了，赶到他家。一问，还真有一个气体打火机。可还没出他家的门，被他回家的爱人堵住了，非要我留下打火机才让我走，说是她早我一步已答应给别人了。

空欢喜一场，煞是扫兴！

再问问熟人，什么时候能再带一个？不问还好，一问急得我差点没去跳楼。

我的名次排在第29位！

因是陈老总要的打火机，熟人答应把我的名次提前，早一点带一个给我。我这才稍稍地宽了心。

一晃几个月过去了。托人的事没个准，气体打火机仍无着落。我又一时没出国任务，干着急，一点办法也没有。

陈毅病危。

消息传来，我盼望熟人能出乎意外地给我带一只精美的打火机，能让我送到老总床头。可是我寄予重望的朋友没有回来……

陈老总走了，永远地走了。

几天后，朋友兴高采烈往我面前丢来一只气体打火机，我浑身战栗，咆哮道：太迟了！为什么不早点，为什么不早点呀！

朋友僵然，许久没有想出一句安慰我的话。

我掩面长叹。将迟到的打火机珍藏在书橱的高处,成为记忆、成为纪念也成为终身的遗憾,已随我整整度过了20个春秋……

(顾保孜)

"棋峰尚未登达,同志仍需努力呀"
——陈毅和陈祖德

解放初,在上海襄阳公园里,有一位老围棋手叫顾水如。他下围棋数十年,新中国成立前就很有名气。他有个徒弟吴清源,后来侨居国外,成了日本上世纪50年代前后的棋王。

有一次,一位熟人带来一个7岁的小男孩,与他对弈。他让小男孩7个子,下着下着,棋过中盘,老先生拍案而起:"不用下了,我收下这个徒弟。"这个小男孩,就是陈祖德。

光阴如流水,3年过去了。经顾先生的精心点教,陈祖德的棋艺飞快进步。

"今天我带你去见一位大首长,他听说你的棋下得不错,要同你比试比试。"顾水如先生有一天郑重地对陈祖德说,"不过,你得知礼自谦,这可不是比赛,是去娱乐娱乐呀!"

在一个宽大舒适的会客室里,棋盘前,对坐着小棋手陈祖德和上海市市长陈毅。小陈悄悄瞄了陈老总几眼,心想,这个大首长倒是挺可亲近的,瞧他那爽朗的笑声,随和的脾气,叫人喜欢……陈老总见小棋手在偷睐他,便风趣地说:"呵,你是来研究我的嘀,哈哈哈——"顾老先生见此忙来解围,说开始下吧。

初生牛犊不怕虎。小陈毕竟是个孩子,棋一开局,他的思路便钻进棋盘了,把师父的嘱咐全抛到脑后了,见哪一着棋有利,就下哪着,大刀阔斧,乱砍乱杀。陈老总见这小家伙有气派,兴头更高,也竭力使出真刀真枪,一老一少杀得个难分难解。顾水如和一些围观的围棋老前辈,见此情

193

景十分紧张,生怕小陈胜了陈老总,面子上不好看,连忙屡屡向小陈投去暗示的目光。不想,小家伙入迷了,哪能知晓老先生们的心思!顾水如等急中生智,都移集到陈老总一边,悄悄地帮陈老总出点子、拿主意……

陈老总见老先生们在善意帮忙,却也领情好笑,但还是连连摆手:"呵,不必帮我搬兵,让我们自己比个高低才有趣。"其实,陈毅的棋艺是十分高明的。谁都知道,他自小爱好诗书棋艺,精于钻研。他不仅把围棋看作一种娱乐,而且看作一种艺术、一个事业。就是在革命战争最艰苦的年代,他在江西根据地戎马转战时,一副围棋和几本诗词,也一直伴随着他。

10岁的陈祖德,终究还是个孩子兵,棋艺还是敌不过陈老总。这盘棋,陈老总胜了。陈老总抚着小棋手的头,哈哈大笑:"好险呀!后生可畏啊。"旁边的老先生们也都喜形于色。小陈见陈老总与自己平起平坐,把自己当作一个大人来对待,又这么亲切,更是身心愉快,无拘无束。

接着,陈老总请棋手们吃饭。席间,陈老总让陈祖德坐在他身边。他对大家说:"围棋本是我国的东西,却让日本赶到前头去了。你们几位老先生得下点工夫带徒弟啊。我看陈祖德就很有希望嘛。下一代人一定要赶上日本,把围棋权威拿过来,不然说不过去。"他除了反复嘱咐要抓紧培养指教小陈外,还询问小陈上小学几年级了?学习成绩怎样?

从此,陈祖德和顾水如先生等一样,成了陈老总的常客,常常同陈老总下棋,有时在办公大楼,有时在饭店,有时到他家里。陈老总一家都那样好客,一见棋手们来了,张茜就热情地接待,像自家人一样。

陈祖德的棋艺在不断长进,颇使陈老总有些招架不住了。这一老一少的棋战,常是下成有输有赢或平局的局面。很明显,陈祖德的棋艺是盖过陈老总了,但这时的小陈个子长高了,懂事了,也学会点"礼貌",有时就故意走了神,悄悄让那么几着。谁知陈老总也够眼尖的,要是被他看出来,定然不依:"不许敷衍。和我下棋,不必客气,可以把我当靶子嘛!拿出真本事来,才能更快长进啊。"

后来,陈老总调到中央工作,担任外交部部长,临走时,他对上海的棋手们说:"你们要卖力气哇,好迎战日本。"他兴味很浓地说,"我这一生中就要抓一抓围棋。我自告奋勇,去同日本棋手搭桥,到时就看你们的啰。"

1960年，身任我国围棋协会名誉主席的陈老总，亲自同日本自民党爱好围棋活动的议员松村谦三，会商了关于中日围棋交流事宜。在北京，陈老总还结识了两位在中国工作的日本棋友，西园寺公一和池田亮一。同年，我国就迎来了第一个日本围棋访华团。

1961年，日本围棋代表团再次访华时，17岁的陈祖德首次与日本棋手比试。棋盘摆在北海公园悦心殿大厅。陈老总神采奕奕地跨进赛场，看到陈祖德便笑着说："又长高了，棋艺必然也大有长进了吧？首次上阵，要沉着喔。"他转而面对大家，遗憾地说，"我向周总理讲起中日围棋比赛，他很高兴，本想来看，但临时有事耽搁，来不成了。很可惜，我很想请总理来给大家鼓鼓劲。"

陈祖德对日本业余围棋冠军安藤英雄的比赛开始了。陈老总从头到尾坐在小陈身边，认真观看。小陈比赛经验少，水平也还在日本棋手之下，输了。但陈老总十分赞许小棋手赛中敢杀敢拼的精神。过去，中日围棋比赛，因水平悬殊，我国选手总执黑子先下，甚至由日本选手让两子。这次陈祖德是在对等情况下输的。后来，陈老总曾说："以后比赛彼此分先——平等，不让了。输棋不要紧，要紧的是不输志气。"当时，陈老总从陈祖德身上看到了希望："你的棋有进步，但还不够沉着冷静。要勇中有谋。好吧，瞧以后的。"说着，他又全神贯注地坐下来看小陈和安藤英雄一起复盘，研究棋艺。

年轻的陈祖德没有辜负陈老总的期望。1963年秋天，陈祖德再次在北海公园悦心殿与日本棋手对阵。经过一整天的奋战，到天黑时，陈祖德终于战胜了日本最高等级的九段棋手杉内雅男，而他的年轻战友吴淞笙也胜了日本八段宫本直毅。这一天，陈老总忙于国务，没来观战。晚上，日本围棋院和日本关西围棋院负责人举行授予陈老总为日本围棋名誉七段段位证书仪式，以表彰陈老总对中日围棋交流所作的贡献。陈老总见陈祖德、吴淞笙为祖国争了光，很高兴。日本棋手虽然输棋，但见陈老总风度翩翩，豪放热情，也都被感染了。日本棋手对中国棋手说："你们的围棋有这样的好领导关怀，真是幸福啊！"当然，陈老总心里明白，陈祖德、吴淞笙等在与日本棋手的数个回合交战中，虽已有胜有负，但总的水平仍在日本棋手之下。陈老总风趣地对他们说:"棋峰尚未登达,同志仍需努力呀!"

陈祖德到北京国家围棋集训队后,陈老总倒成了陈祖德等一班老少棋手们的常客了。陈老总一有空就来看望大家。每次他来时总那么随便,没有随同人员,穿着简朴。有时冬天穿一件有补丁的旧棉大衣,有时打过网球以后来,还穿着灯芯绒夹克和跑鞋。他径直走进棋手们的宿舍,坐在运动员的床铺上同大家天南海北地聊起来,从生活、身体,到棋艺,无所不谈。他常说:"我们国家这么大,有这么多人,又是围棋的起源地,应该有一千万人下围棋,你们要努力提高,也要努力推广呀。"陈老总是那样豪放、直爽、亲切、随和。他来时,常和运动员们一起在国家体委食堂用便饭。他喜欢吃四川菜,什么辣子肉丁、担担面……他总拉着陈祖德坐在身边,给小陈拣菜:"要吃好吃饱,也要注意锻炼,跑步、打乒乓球什么的,把身体练好,才有足够的精力下棋嘛。"他还常开玩笑地对陈祖德说:"哪天有空还要和你下一盘,跟你拼一下,别看你是全国冠军,我还不服这口气呢!"有一次,陈老总问小陈:"今年多大啦?""22。""呵!还年轻,争取30岁拿世界冠军。"

陈老总一心一意关心围棋新一代的成长。我国第一颗原子弹试验成功后,陈老总特地到围棋队把陈祖德等召集在一起,说:"我国爆炸了原子弹,是九段了。你们也得快到达九段才行啊!"接着,他转向陈祖德几个年轻棋手:"你们更要努力再努力,在中国棋坛上也爆炸个原子弹。"

陈老总一直注视着陈祖德在棋盘上的脚步,时常为其排除前进道路上的障碍。1965年春天,陈祖德迎战日本八段棋手梶原武雄。第一盘比赛,陈祖德执白子取胜。陈老总听了十分高兴。第二盘再对梶原时,陈老总就挤出时间赶来观看。此时,棋赛正入中盘,陈祖德形势大好。有人对陈老总说:"陈祖德又要赢了。"陈老总听了开玩笑说:"赛完了我请客。"他说着,入座观看比赛。谁知,眼看要拿下来了,在关键时刻,小陈求胜心切,犯了冒险主义错误,形势突然逆转,日本棋手反败为胜。陈老总并没有责备小陈,而是在与日本朋友交谈中请教了陈祖德输棋的原因。后来,他对陈祖德说:"梶原武雄说,这盘棋,对手如是经验丰富的老手,他就认输了,但见陈祖德年轻,所以下下去。"陈老总变得很严肃起来了,"棋盘和战场一个样,不能头脑发热,不能轻率,一定要坚定、沉着、不乱。"这次中日此赛，陈祖德的总成绩还是不错的，对梶原武雄的比赛中，他两胜一和三负。日本棋友称赞陈祖德年轻，有才能，有前途，应该好好培养。送走日本朋友后，陈老总连忙对陈祖德说："运动员也要有革命者的风度，失败时不气馁；有成绩时不骄傲。今后更要勤奋，我说过10年赶日本，但愿我这一生能见到你们胜过日本。"

年轻的陈祖德，像一颗茁壮的幼苗沐浴着阳光雨露一样，幸运地享受着陈老总的谆谆教育和真挚友谊，像普通人之间一样，不知多少次见面，不知多少次欢聚，不知多少次谈心……但是，他们的亲密往来，却在1966年年底，被一场政治风暴切断了……

同在北京，可就是见不着一面。陈祖德多么想念导师和棋友陈老总呀！

1971年春天，陈祖德到301医院看望住院的爱人郑敏之时，听说陈老总也住在那里疗养，很想见见面。但医院太大，各区管理严格，找不着。傍晚时，一位护士说，陈老总出来散步了。陈祖德高兴得拉起郑敏之的手，赶去到处寻找。他们跑过一条条林荫道，见几个穿军大衣的人，从背后看去，像首长模样，以为是陈老总，但每次赶到面前一看，却失望了。他俩一直跑得气喘吁吁，终究没有见到陈老总一面。

陈祖德哪知道再也见不到陈老总了！

1972年1月8日中午，陈祖德怀着极大的悲痛，前去瞻仰了两天前逝世的陈老总的遗容……

1973年樱花盛开的春天，陈祖德随同中日友协代表团访问日本时，在一个隆重的酒宴上，日本棋院理事长，将一张追授陈老总为日本名誉八段棋位证书，交给陈祖德，请他代转给陈毅的家属。陈祖德手捧证书，热泪盈眶地说："安息吧，陈老总，我们一定继承您的遗志，像年年开放不败的樱花……"

（傅溪鹏）

"我当主婚人"

——陈毅和陈妹子

一

1936年的夏天来得特别早，刚进入5月，天就热得发狂。游击队员们光着脊背，穿着棉裤，汗流浃背。

"老刘（陈毅在三年游击战争中的代号），您说陈妹子能搞到夏衣吗？"赣粤边军分区司令员李乐天问陈毅。

"我想没得问题啦。"陈毅用衬衣擦一把脸上的汗说，"陈妹子是你一手培养出来的交通员，如果没有把握，你老李会把这样重要的任务交给她？"

"说得对！"李乐天高兴地咧开嘴笑了。"陈妹子多次完成了侦察敌情、救护伤员、传递信件的任务。她虽然没有上过学，但参加革命几年来，边工作边学习文化，进步挺快！"

"是的，这妹子头一次见面就给我留下很干练的印象。"陈毅又擦一把脸上的汗，望着远方层层叠叠的群山回忆着。

那是1935年4月初的一天，项英、陈毅历尽艰苦，几经辗转，来到油山脚下一个小林子后面的山包上休息，打算夜里去村里打听红军游击队的下落。中午时，一个农家打扮的姑娘从村里走来，胳膊上挎着只竹篮，篮口盖着条毛巾，像是给山上做活人送饭。为了尽快找到赣粤边特委，陈毅顾不得可能发生的事，拄着树棍迎上去说：

"姑娘啊，对不起！请问你件事。这里有红军游击队吗？"

姑娘没有马上回答，打量了一下陈毅，没事似的说："不知道。"

看她那不慌不忙、沉着冷静的样子，陈毅料定她不是一般的村姑，说不定是自己人，于是又说："我们是从河东来的（中央苏区），你别怕，我们知道这里没有白匪。"

"谁管这些！"姑娘说着就迈步上山了。

陈毅回到项英和曾纪才隐藏的地方，曾纪才说："看模样，听话语，一定是自己人，我跟上去，看她往哪里走。"陈毅说："不用跟，过一会儿她就会转回来。"警惕性一向很高的项英说："要是带来白匪，岂不全军覆没啦！"陈毅想了一想说："也好，你和老曾没有露面，找个地方隐蔽起来，我在这里等着。"

果然不到两个时辰，从山上下来四五个人，走在前面的小个子穿着一身破旧的红军制服，陈毅老远就认出那是赣南省少共书记陈丕显。陈毅像见到了久别重逢的亲人，拄着树棍快步迎上去。陈丕显也已认出了陈毅，跑步迎过去，两人紧紧拥抱在一起。

赣粤边特委所在地——南雄县寮地，李乐天、杨尚奎，刘新潮等特委和军分区领导人欢迎项英、陈毅、曾纪才等同志到来。李乐天把在场的人介绍给项英、陈毅。当介绍到那姑娘时，陈毅说："我们已经认识了，是你通风报信的吧？"姑娘红着脸，很不好意思地说："我看出你不像坏人，不过——刚才真对不起！"

陈丕显走过来对陈毅说："她和我们是同姓，叫陈妹子，她把你的形象一说，我就猜出是首长到了！"

陈毅十分感激地握着陈妹子的手说："妹子，非常感谢你啦，没有你引路，我们还不知啥子时候才能找到你们哩！"

二

陈毅由于长途跋涉，开刀后尚未长好的伤口发炎了，右大腿根又红又肿，伤口不断往外流脓流血。李乐天非常着急，几次提议让护理过伤员的陈妹子来护理陈毅，都被陈毅拒绝了。后来，李乐天想到陈毅伤在大腿根上，可能不便让女同志护理，要是让陈妹子嫁给他，问题不就解决啦！李乐天不知道陈毅已经结婚，所以他准备找机会动员动员。由于敌人不断"清剿"，特委机关天天转移，领导人又经常分散到各游击区去检查指导工作，李乐天一直没有找到机会跟陈毅谈这个问题。

"两广事变"后，游击区的形势好转一些，国民党的正规军撤走了，"铲共团"等地主武装守在城镇和大的乡村，对游击区进行经济、物资封锁。项英、陈毅和特委领导人研究决定，把分散的游击队分别集中到北山、油山、信丰三地，打击地主武装，扩大游击区。陈毅、李乐天留在油山游击区指挥。陈毅来到油山游击队集中地一看，100多名红军游击队员，在夏日炎炎的情况下，绝大部分都还穿着破旧棉衣，有的连衬衣也没有。陈毅问李乐天，能否给每人换套夏装？李乐天说："这件事半个月前就派陈妹子下山联系了，可找她来谈谈。"

　　原来陈妹子接受任务后，就到池江、青龙、黄龙、大塘圩等墟镇找缝纫店筹做，但大部分缝纫店不敢承办，怕招来麻烦，只有大塘圩缝纫店胡老板敢承办，但强调他是小本经营，要先交钱后取货，或者一手交钱一手交货，而且每套要5块光洋（一件上装、一条短裤）。陈妹子气愤地说："这胡老板真可恶，我们被敌人封锁、'清剿'一年多，连买米钱都没有，哪来那么多光洋给他！我正要向李司令报告，干脆把胡老板当财佬捉来，要他拿100套夏衣换条命！"

　　李乐天注视着陈毅，陈毅沉思了一会儿说："胡老板比起那些胆小怕事，不愿意给游击队做夏衣的人还是好些的嘛，生意人嘛，哪有不贪财的？问题是他能不能真正做到一手交钱一手交货？"

　　陈妹子说："为了稳住他，我叫他抓紧筹做，下个墟日我就送钱来。这财佬鬼着呢，他说，进圩门搜查严，钱不到手他不负责。我说谁要你负责嘛！但是夏衣你得派人送出圩子。他答应了。"

　　陈毅说："胡老板提醒我们，这很好。你们打算如何把钱送去？"

　　李乐天道："眼前手头紧哩，莫要说500块光洋，就是50块也拿不出！"

　　陈妹子说："哪个要给他钱哩！下个墟日，我带几个同志把他逮来就是了。"

　　陈毅摆摆手道："不能这样做，第一，胡老板不是土豪劣绅，是工商业者；第二，陈妹子已和他立了口头契约。我们党和红军游击队所以在敌人的层层围困中能够生存下来，就是靠政策，靠信誉得人心，这是我们的命根子。如果我们失去群众的信任，那我们就完了。"陈毅吸了一口烟又说：

"经费嘛，我和老周商量了，把我们从中央苏区带来的钱，分一部分给各游击区集中部队用。我带来500块光洋，在特务员那里，你们去取吧。"

"都给胡老板？"李乐天和陈妹子几乎是异口同声地问。

"不，先送去300块，买60套来给出击的同志穿，其他人坚持几天再说。"

大塘圩逢墟那天一大早，陈妹子把头天砍好的一根又长又粗的毛竹扛来，捅空尾梢几个节，把300块光洋塞进去，然后再用捅出来的竹节片堵好。陈毅和李乐天亲自检查，看看确实没有破绽了，才放陈妹子下山。

陈毅、李乐天把她送下山后，一起回到营地，边休息边闲谈。李乐天听到陈毅夸赞陈妹子，心里很高兴，就趁热打铁做起大媒来。

"老刘，你腿上的伤好了吗？"

"好好坏坏，遇到机会就'反攻'。"

"老刘啊！"李乐天向陈毅身边靠靠，悄声说，"两个特务员笨手笨脚，对你照顾肯定不会周到。我做媒，你和陈妹子结婚吧，她护理过伤员，心可细哩，结了婚她就……"

"啥？"陈毅吃惊地注视李乐天，"你做媒，我和陈妹子结婚？！"

"是的，陈妹子护理伤病员很有经验。再说她也25岁了，该嫁人了。"

"乱弹琴！"

"乱弹琴？"

"5年前我就结过婚啰。她现在跟我一样，在兴国打游击哩！"陈毅拍了拍一时不知说什么好的李乐天肩头，"李司令，谢谢你的关心！这怪我过去没有向你说清楚。不过，我倒想给陈妹子做个媒！"

"谁？"李乐天又兴奋起来。

"秀才！"

"秀——你说的是肖伟哪！嗯，人倒不错，能文能武，不知陈妹子同不同意啊？"

"你真够官僚主义！"陈毅笑着说，"人家恋爱一年零一个月啦！"

"是吗？"李乐天惊喜地手拍前额说，"看我这个猪脑子！原来他们早就相爱了！"

那是1935年5月，陈妹子到泷头接突围来的红军战士，负责人是个叫肖伟的指导员。他们在大山里辗转一两个月，被伤病、饥饿折磨得不成人样子。陈妹子带领他们在过大条县境内的一条河时，由于山洪暴发，河水猛涨，肖伟走到河心被激流冲走，陈妹子一直追了3丈多远，才把肖伟救上岸来。肖伟本来身体就弱，现在又喝了一肚子水，实在走不动了，陈妹子就背着、扶着他走，日伏夜行，走了3天，才到特委。肖伟因有文化，陈毅就把他留在机关做文书工作。肖伟经常教陈妹子学文化，陈妹子也经常给肖伟洗补衣服。陈毅早已看出他俩情投意合，只是因为敌人"清剿"得太紧，才没有动员他们结婚。

现在形势有了好转，该给他们办喜事了。

陈毅朝李乐天说："只要你同意，咱们明天就动员他俩结婚，我当主婚人！"

"我百分之百的同意！只是陈妹子明天能回来吗？"李乐天犹豫地说。

"今天夜里就能回来。"陈毅肯定地回答说，"这样吧，你去指挥特务员给他们搭间草棚作新房，我去钓些鱼，晚上再捉些石蚜，让大家叨叨喜咋样？"

陈毅找来苎麻、竹片，做成钓鱼线和钩，砍根小竹作钓竿，到营地旁的深涧古潭边，还不到两个时辰，就把那些"河白"、"石斑"钓上来4斤多。与此同时，李乐天带领两个特务员，也把一间人字形的草棚搭起来了。平时住的草棚子都不装门，两头敞开。这次李乐天亲手扎了一扇竹门，他说这是"新房"，要好看点。陈毅在验收时很满意，挥毫在竹门上写下一副对联。上联是："坚信革命一定胜利肖陈双方奋斗到底"！下联为："努力做好革命交通工作准备流血牺牲"。

黄昏时，陈毅又把肖伟找来，从衣袋里掏出一块光洋和几个银毫送给他说："这是我节余下来的津贴费，你拿去买几斤肉，两瓶高粱酒，加上鱼、石蚜，让大家吃得高兴！"肖伟十分感动地接过钱下山去了。

三

陈妹子荷着根大毛竹和赶墟的山村男女一道，经过墟门保安团的搜身检查，安全地走进竹木市场。她有意将竹价开得很高，吓走了买竹人。日头落山要散墟了，陈妹子荷着毛竹到胡老板店门口，高声相求："胡老板，我今日霉市，这根竹借你店后院寄存一下好吗？"见是买衣人陈妹子，胡老板连连点头说："可以，可以，本乡本土，莫说一根，放一堆也行。"他把陈妹子带进后院，惊讶道："你一人下山来，玩命呀！"陈妹子不慌不忙地说："我们人多哩，都在圩外。胡老板，钱在竹尾里，300块。""知道！"胡老板高兴得合不上嘴说，"共产党办事就是讲信用。一手交钱一手交货。"

深夜1点钟，胡老板通过早已买通的两个保安，把70套（多给10套）夏衣送出圩子。陈妹了凭着一身好力气，背着70套夏装，两步并作一步走，黎明时回到了山上，游击队像迎接凯旋的英雄，欢呼着把她拥进了宿营地。

关于结婚的事，陈毅叫大家保密，让陈妹子好好睡一觉。陈妹子回到棚子里一觉睡到日头西沉，见陈毅和肖伟进来才坐起来。

陈毅一进棚子就笑呵呵地说："恭喜你啦，妹子，昨天组织决定，让你同肖伟结婚！不知你有啥意见啰？"

陈妹子的瓜子脸顿时红了起来，忙说："我不结，我不结，我要等到革命成功了再结。"

"你真是个傻妹子，革命可没说不能结婚呀？结了婚，两人一心一意更好于革命嘛！你说是不是肖伟？"陈毅说着向肖伟递个眼神，肖伟红着脸吞吞吐吐地说："是，既然……组织……定了，酒、肉……都买来了，我们就……结了吧。"

"不光酒肉买了，'新房'也搭好了，妹子，快去看看吧！"陈毅说完先走出棚子，陈妹子和肖伟说了一会儿话也走了出来。陈妹子看到李乐天带领大家亲手搭的"新房"，陈毅写的对联，这个坚强的姑娘激动得流出了眼泪。

黄昏的时候，游击队队员们穿着陈妹子买来的灰色夏衣，围坐在"新房"前面的树林里。陈毅、李乐天陪着新郎肖伟来到竹桌前坐下，接着，两个女游击队队员陪着陈妹子从"新房"里出来了，游击队队员们高兴地鼓起掌来。

李乐天宣布婚礼开始。陈毅代表中华苏维埃政府办事处，把两张写好的结婚证书交给肖伟和陈妹子，然后以主婚人的身份讲话。他首先祝贺新婚夫妇夫唱妇随，团结一心，共同革命。陈毅又面向大家说："我们到赣粤边来两个年头了，游击队里办喜事还是头一次。这说明两个问题，一是斗争形势在逐渐好转，抗日的高潮很快就要到来；二是不管多么艰苦的环境，也不会使红军游击队队员失去顽强生活的能力。敌人说我们'陷入逆境，人人自危，军心涣散'，他们怎么会想到在他们日搜夜剿的深山老林里，居然有共产党游击队在举行婚礼！敌人永远不会懂得，我们共产党人不光善于斗争，也善于安排生活。人非草木，孰能无情！男女之恋，人之常情嘛。"陈毅指着竹桌上的酒菜高声说："今晚酒菜不多，表示个意思，大家乐一乐吧！"

游击队队员们高兴地跳了起来，七嘴八舌地说："哈哈！陈妹子办喜事，我们得口福！"大家边吃，边祝贺肖伟和陈妹子在斗争中共同前进。新婚夫妇感动得不知说什么才好。他们哪里知道，陈毅为了这场喜宴，以杉树叶代烟，整整吸了半个月，吸一口，咳嗽一阵，但他还乐呵呵地说："咳得好，能杀杀烟瘾。"

（胡居成）

"你领导得很好嘛"[①]
——陈毅和彭秋妹

我彭秋妹永远忘不掉一个日子——1936年9月13日。这一天，我加入了中国共产党。

我彭秋妹永远忘不掉一个人的名字——陈毅。这是我的入党介绍人。

[①] 本文作者是以第一人称写的。

初识陈毅

在南方3年游击战争中,我们村——赣南大余县梅关乡黄坑村,一度成为赤白交界区。白天,国民党军队来,晚上红军游击队来。村里年轻一些的男人,有的随主力红军长征了,有的跟红军上山打游击了,剩下的则被国民党抓去当差了。村里除了年轻妇女和不懂事的孩子,就是一些年迈体弱的老头子、老太太。

1936年1月的一天中午,我在家里正准备做晌饭,外面突然传来几声枪响,紧接着,两个大男人满头大汗地跑进我家。一个长着满腮胡子的高个子男人从腰里解下一条背袋,气喘吁吁地对我说:"小妹妹,这是革命经费,你要保管好,敌人……"话没说完,几个国民党兵追到了我家大门口,有一个大叫:"就跑这家去了,我亲眼看见的。"高个子男人把背袋向我肩上一搭,说了一句:"小妹妹,快收好,这是革命经费!敌人问,你就说我们上山了。"说着从后门冲出去,钻进了山林。

我从肩上拿下沉甸甸的背袋,心想:"革命经费",就是红军游击队用来度日子和买子弹打白狗子的钱了,决不能让白狗子拿了去!可是,白狗子已进到我家院子里来了,往哪里藏呢?!情急之下,我顺手将背袋丢进了水缸里。还没来得及看一眼,白狗子就进来了。

"有两个土匪进了你家,藏哪里了?快说!"一个戴大盖帽的麻脸的白狗子用驳壳枪对着我喝问。

我假装吓得浑身发抖,结结巴巴地说:"是,是,是有两个人,从,从后门跑,跑上山了。"

麻脸头一歪:"快给我上山搜!"

我真为那两个人担心!我家屋后那个山包不大,虽然上面长满了半人多高的芒秆、杂草和十几棵高大的松树,但只要认真地搜,人还是藏不住的。可是,几个白狗子搜了大半天,垂头丧气地来向赖在我家不走的麻脸报告,说没有搜着。麻脸气势汹汹地大骂:"饭桶!拳头大的山包能藏住两个大活人?!你、你、你,还有你,给我上山继续搜!你、你,把这座房子给我翻个底朝天,我不信他们能上天入地。"

两个白狗子把我家屋里屋外都搜遍了，边搜边骂："这家真是穷光蛋，连一件值钱的东西也没有，真倒霉！"最后，把我爹上山做生活时留下的几升白米连米篮一起提给麻脸。麻脸咧开嘴："嘿嘿，妹子，长官我肚子饿了，你就给煮顿饭吃吧。"我嘴里说这是我爹进山做生活留给我的度命粮，身子还是进厨房把米淘了。我心想，要是我不去淘米，麻脸就会叫当兵的淘，他们到缸里舀水，发现背袋可不得了。

白狗子吃完饭，又到山上去搜，一直折腾到太阳压着梅岭，才怏怏不乐地回池江圩去了。

我看白狗子真的走了，就到后门口向山涧里看，盼望游击队赶快来，把"革命经费"拿走。可是，太阳落山了，天黑了，他们还没有来。半夜时候，后门被轻轻敲了几下，我心想一定是游击队来了，立即下床去开门，果然是他们。

高个长胡子的人一进门就笑呵呵地说："小妹妹，实在对不起，让你受惊了！"

我立即到水缸里捞出水淋淋的背袋，说："白狗子太阳没落山就走了，你们为什么不出来呀？真把人急死了。"

高个长胡子的人又连说几个对不起，并说："小妹妹，敌人叼狡猾哩，他们嘴里喊'土匪'跑了，回去搞开销（吃饭），实际他们没有走，躲起来等我们出来。有时他们走一半留一半，有时走了个把小时又杀'回马枪'，我们有不少人就上了他们的当。"他接过背袋拧了拧水，问我藏在了什么地方，我把经过说了一遍。他高兴地说："小妹妹，你真机智勇敢，我代表红军游击队谢谢你！今天我们和敌人遭遇，原来以为敌人追我们那么紧，不被抓住，也要被打死。我这个人倒算不了什么，可这钱（后来我才知道是金条）是中央给的革命经费，千万不能落到敌人的手里。我知道这里的群众都是心向共产党、红军的。就是我们被敌人捉住或打死了，你们也会把钱送上山。所以我们就拼命向你家里跑。"

他又问我："你家里还有什么人啊？"

我回答："我妈妈去世了。我爹进山做生活，要过几天才能回来。"

"你能做饭给我们吃吗？我们一天没有吃东西了。"他祈求地看着我。

我为难地说："米都叫白狗子吃了，只剩下一点锅巴。"

他说:"好吧,你就搞点干菜,烧一些锅巴粥给我们饱饱肚皮吧。我会给你钱买米的。"

饭后,他就叫那个小个子青年给我两块光洋,并问我能不能顺便买几节电池和几盒万金油,我答应了。他说:"电池和万金油买来了,你就放在山洞右边那个山洞里吧,我派人来取。"

我这才明白白狗子为什么搜不到他们,原来躲在那个山洞里!那个山洞口开在山涧的涧壁上,洞口两旁都长满了树,树向下倾斜着,像几把大伞,遮盖了洞口。在里面可以看清外面,在外面就很难看清里面。

我说:"这洞好隐蔽哟,我们坑里只有我和爹知道,你们是怎么找着的?"

他笑着说:"我们在山上生活战斗好几年了,哪里有山洞,哪里有泉水,我们一眼就看出来了。"

临走时,他问我多大了,姓什么,叫什么。我告诉他我17岁,姓彭,叫彭秋妹。爹叫彭占龙。他也告诉我他姓刘,人都叫他大老刘。在门外放哨的小个子青年姓宋,叫宋生发。

后来我才知道,这大老刘就是陈毅,宋生发是他的警卫员。

党代表回来了

第二天早饭后,我挎上米篮准备上青龙圩买米,买电池和万金油,忽然想到青龙圩是白区,白狗子对山里百姓买东西规定很严,一个人一次只准买2升米,1斤肉,1两盐,买多了,就以"济匪"论罪,药品、电池、香烟等一点也不准买。就是买了又藏在哪里呢?藏在米里?不行,2升米,哪藏得住啊!我看着米篮动脑筋。啊,有了,给米篮再编一层底,把电池、万金油放在夹层里,上面放上米,白狗子就找不到了。这办法还真顶用,过卡子时,白狗子把米篮夺过去,手插在米里翻来翻去,看没有埋藏禁止买的东西,就还给了我。

当天晚上,我就把电池、万金油放到山洞里。

过了几天,我借着月光爬进山洞,看大老刘派人来拿走东西了没有。东西是没有了,但有一个白纸包,我打开一看,是2块光洋,纸上还写着两行字。这可把我难住了,我不识字啊!

我拿到字条的第二天,爹从山里回来了。我高兴极了,心想,爹50多岁了,总能识几个字吧?我把字条给爹,爹看了几眼,问我做什么,我只得把事情说了。爹倚着门,板着脸,只顾抽烟,一声不吭。我着急地说:"爹,你说话呀,该怎么办呀?"爹霍地站起来,盯我一眼说:"哼,小孩子家懂什么!今后白天不准赶墟,晚上不准出屋!"

我真后悔,不该把这事告诉爹。

大约一个星期后的一天夜里,我睡在床上,迷迷糊糊地听见爹在房里跟别人说话:"党代表啊,你离开这里有6年了吧?"

"6年零5个月啰。"啊,听声音是大老刘!

我心里一阵欢喜,继续听下去。"那是1929年4月,赣南闹春荒,好多县都饿死了人,我奉朱、毛之命,带领红四军一纵队,到兴国、信丰、大余打土豪分田地,开仓分粮,帮助农民度春荒。到你们这里怕是5月了吧?"

"不错,是5月12日,秋妹妈饿死的第2天。唉,要是她再撑一天,也不会饿死了!"

提到妈的死,我就难过得心里像刀绞!一推门进去说:"爹,你别难过,我侍候你一辈子!"

爹见我进来,高兴地说:"秋妹,快来见党代表!"

"不用了,我们早就认识了。"大老刘说。

"早就认识了?"爹一时有些晕了,"那时她才11岁啊!"

我说:"爹,我们不是6年前认识的,是10天前认识的。我买电池、万金油,就是替大老刘买的。"

"大老刘?大老刘是谁?"我爹莫名其妙地问。

"就是我!"大老刘笑着说,"这是我到赣粤边来打游击用的代号,你们以后就这样叫我好了。"

"那你还走吗?"我爹急着问。

"一两年不会走。"大老刘回答。

"这就好了!几个月前,土豪劣绅说红军被消灭了,共产党跑了,不要老百姓了,我就猜他们是造谣。"我爹说,"共产党、红军都是老百姓,心向着穷苦人,哪有老百姓不要老百姓的?"

大老刘说:"你老说得对,共产党、红军来自老百姓,同老百姓永远是一家人。"

我插嘴说:"爹,那张字条呢?"

"看我这记性,党代表一来什么都忘了。"爹找出那张字条,送给大老刘说,"党代表,你们要买什么,就当面说吧,我和秋妹都不识字。"

我问:"他写的什么呀?"

大老刘说:"这几个月敌人对游击区实行经济封锁,不准老百姓多买米、盐等吃的东西,游击队过去储存的一点也快吃光了。条子上就是写的买这两样东西。"

我爹说:"白狗子对米、盐卡得很紧,不让多买啊!"

大老刘说:"这个问题我考虑过了,光靠妹子一个人买不行,能不能多发动几个小姐妹去买啊?"

我高兴地说:"行啊!我要好的姐妹有好几个哩,只是……她们的爹妈也可能不让她们去!"

爹嗔道:"看你这孩子,莫要怕,哪家爹妈不同意,我去说,只要说党代表来了,替朱、毛红军买米,不会有人阻止的。"

大老刘感动地说:"多谢彭大爹了。"

这时,在屋外放哨的宋生发进来说天快亮了,该上山了。大老刘对我和爹说:"发动小姐妹买米不要一起去,要分开去。米买来了,就藏在山洞里,我派人来取。"我爹把吃剩的两碗米饭装到竹筒里,让带到山上吃。大老刘也不客气,接过来交给宋生发,拄着树棍,向山洞里走去。

后来我听宋生发说,他们那天又被搜山的白狗子包围了,躲在一个棺材洞地3天没能出来,全靠那一竹筒米饭度命。

为完成大老刘交给的任务,我对几个要好的小姐妹首先进行阶级教育,给她们讲穷人为什么穷,富人为什么富,还教她们唱"造福歌",告诉她们剥削压迫是怎么回事。我问她们:国民党好,还是共产党好?白狗子好,还是红军游击队好?她们的回答是肯定的,共产党、红军游击队帮助穷人闹翻身,求解放,过幸福生活,他们都是好人。我又说:"既然他们是好人,现在白狗子把他们困在山上,不让他们下山买米吃,想饿死他们,我们小姐妹们要想法支援他们。"

"支援什么呀?"小姐妹们睁大眼睛问。

我说:"他们缺什么,我们就支援什么,眼前最缺少的是米、盐两样。"

一提到米、盐,姐妹们不吭声了,自从敌人限制购买后,家家都缺呀!我说不要我们从家拿,红军游击队给钱,替他们买就行了。

姐妹们一听,都愿意去买。于是,我们分头行动。后来,有的老人怕出事,不让孩子出去。这时候,我爹就去做工作,他们思想通了,有的还和女儿一起去买米。

山洞入党

为了支援红军游击队,我爹他们进山做生活时总要扎紧腰带,把米饭省下来放在路边草丛里,让游击队来拿去吃。但游击队能吃到的不多,大部分都被鸟兽、蚂蚁吃了。

大老刘指挥游击队用调虎离山的办法,袭击敌人的后方,在游击区驻剿的白狗子只好被迫回去"保家"。

驻剿的白狗子一撤走,我们赤白交界区又恢复了老样子,白天是国民党、土豪劣绅的天下,夜里是红军、游击队的天下。我发动小姐妹们买来的米、盐、电池、万金油、香烟、报纸等,都放到山洞里(我们称它是仓库),由大老刘派人来取。

一天午饭后,宋生发来到我家,说大老刘有事找我,要我到山洞去一趟。那时白狗子已不是天天来,而是三几天来一趟,游击队白天也常到坑里来了。

大老刘拉我坐在身边,亲切地说:"秋妹,你这几个月来可帮游击队大忙了,我代表他们谢谢你!"

我说:"莫要谢,共产党游击队为穷人闹翻身求解放,我们支援点是应该的嘛。"

"说得对。"大老刘高兴地说。他接着又小声问我:"秋妹,你今年18岁了吧?想不想参加共产党啊?"我真有点糊涂了,说:"参加了革命还不是共产党啊?共产党和革命是分开的呀?"大老刘忙说:"这都怪我过去没有给你讲清楚，共产党是领导革命的。参加革命不等于参加共产党。我们山上的不少游击队队员参加革命两三年了，现在还不是共产党员哩。"我说："原来是这样。共产党是领导革命的，我可领导不了。"大老刘笑着说："你领导得很好嘛！发动小姐妹不顾危险，给红军游击队买米，买盐，买药，搞报纸，送情报，这就是领导革命啊！共产党是革命的先进组织，不是所有参加革命的人都能参加的，要表现好，经得住考验才行。"

经他这一说，我才明白共产党和革命的关系。我问他："我表现好不好？"他说："好！"我说："那我愿意参加共产党。"他高兴地说："我和宋生发做你入党介绍人。现在就举行入党宣誓。"他从怀里掏出一面红旗，上面绣着斧头镰刀，他解释说：这是共产党的党旗。红色象征革命，斧头代表工人阶级，镰刀代表农民阶级，斧头镰刀交叉在一起，象征工农联盟，推翻三座大山，实现共产主义。他把党旗挂在洞壁上，举起握着拳头的右手，领着我宣誓："牺牲个人，服从组织，严守秘密，永不叛党……"宣誓结束，大老刘从衣袋里掏出一个小白纸本子，本皮上贴着红纸剪成的五角星，上面写着几个拐来绕去的字（CCP），里面写着入党誓词。他把本子交给我，握着我的小手，有些激动地说："秋妹啊，从现在起，你就是光荣的中国共产党党员了。今后要多团结小姐妹，多帮助她们，看够条件了，就发展她们入党，成立党组织。"接着，他又一字一句地给我解释入党誓词，嘱咐我不管在什么情况下，都要严守党的秘密。

就在这时候，我家屋后有人在大声叫喊："秋妹，秋妹，你爹给人抓走了，托我给你带个口信。秋妹，秋妹……你为什么躲着我呀？"

我大吃一惊，转身就想出洞，大老刘一把拉住我说："等一等，你听，喊声往这边来了。这是谁呀？"

我说："是我爹的远房兄弟，叫彭占元，整天好吃懒做，不务正业。"

"唔，他知道你们父女为游击队做事吗？"大老刘警惕地问。

"他曾问过我爹，你们父女俩老赶墟，买些什么好吃的呀？我爹说，赶墟卖柴，卖竹器，哪有钱买吃的哟！"

"嗯，这家伙很可能怀疑上你们了！"大老刘沉思着说。

这时，彭占元边叫喊边朝山洞走来。我说："让我出去和他拼了！"大老刘说："别忙，你听，狗还在叫，可能不止他一个人。宋生发，做好战斗准备,要是他们敢进洞,叫他进得来出不去。"

果然,不一会儿,十几个背梭镖、乌铳的"铲共团"和一个班的保安团,押着我爹向山洞走来了。他们逼着我爹叫我出来,我爹一声不响,他们就用枪托打他,用脚踢他。我难过极了,用手捂住嘴,生怕哭出来。

一直折腾到太阳西沉,白狗子才押着我爹走了。我要出洞回家看看,大老刘说:"不行,狗还在叫。"直到天黑了,狗不叫了,四周寂静无声,一直潜伏在深草里放哨的泮聋牯(陈毅的另一个警卫员)来到洞口,拍了下巴掌,大老刘这才领我们出了山洞,对我说:"你别回家了,敌人可能在你家安了暗探。"

就这样,我跟陈毅同志去了油山,成为一名女游击队队员。

(胡居成)

"陈老总没有忘记我这个普通人啊"
——陈毅和李善静

在上海文史馆工作的民革成员、77岁的老画家李善静,特别喜爱画那令人垂涎的蟠桃。说起画桃,李老感慨地告诉我:"陈老总以及朱克清、芦芒等许多新四军的同志,都品尝过我种的桃子。画桃子,可以使我常常忆起在黄桥的那些有意义的日子,更是为了表示我对陈老总的深切怀念。"

1937年,李善静回到家乡江苏黄桥,一面办铁工厂,一面经营果园。1940年,新四军司令部设在黄桥中学,就在李家花园的左侧。时值初夏,一天下午,陈毅和张茜出来散步,两人信步走进了李家花园。李善静见有人进了园子,连忙走过来打招呼。陈老总看到满园桃树都是硕果累累,便问李善静:"这是谁种的?"李善静答道:"这28亩地的桃树,都是我自己种的,没雇人。"陈老总听了,连连夸道:"好,自己动手种的桃,吃起来就更香了。"李善静高兴地说:"你们来到这里,一切都变了样,新四军好!愿将来新四军犹如这桃子结满天下。"陈老总听后爽朗地大笑起来,随后很坚定地说:"那是一定的,一定会结满天下的。"接着,陈老总又向李善静询问了一些情况，并问他毕业于什么学校。"我是新华艺专的首届生。"李善静一边说，一边心里琢磨。此人气宇轩昂，谈吐不凡，想必是新四军的"大官"，等到看了名片，才知道他就是新四军司令员陈毅。

陈老总参观桃园后，又到李善静的画室逗留了一会儿。李善静和陈老总初次见面，觉得谈话十分投机，心里想到什么就问什么。谈到时局问题时，陈老总走到窗前，手指南面季家市方向，长叹一声，用浓重的四川口音说道："敌寇近在咫尺，不打鬼子打自己，这个道理怎么讲得通！"字字千钧重，给李善静留下了极深的印象。陈老总告辞的时候，和蔼地叮嘱李善静常到司令部去走走，并希望他多为抗日出力。以后，李善静又认识了新四军战地服务团团长朱克清、政宣员李恂等。

李善静和刚20出头的李恂，是新华艺专的校友，两人常在一起切磋画艺，成了好朋友。当时敌人对新四军封锁得很紧，李善静就利用自己在泰州的关系，为他们弄来油印机和不少宣传用品。1941年，李善静以新四军参政员的身份，在泰州将李明扬的秘书介绍给朱克清等同志，协助做了一些有益于抗日的工作。这一年桃子成熟时，李善静特地在园中开了一次蟠桃宴会，邀请陈老总及新四军的朋友们共享丰收的喜悦。次年，新四军向北撤退，李善静也离开了黄桥。

解放后，李善静曾多次托人打听过李恂的下落，但都没音讯。1978年，80高龄的书画家韩秋岩来沪拜访芦芒，并约画友李善静同去。谈话间，芦芒问韩老："有位画家李善静，您是否认识？"韩老手指坐在一旁的李善静说道："远在天边，近在眼前。喏，他就是。"这时，李善静立起问芦芒："以前新四军中有个叫李恂的……"没等他说完，芦芒激动地站起说道："就是我呀！一别30多年，彼此都认不出了。"当晚，芦芒赶到李善静的家中，两人促膝叙谈直到深夜。李善静这才知道，新四军北撤以后，李恂就被调往《江淮日报》工作，从此便改名为芦芒；更使他感触至深的是，芦芒告诉他说："解放后，陈老总命我三下黄桥寻你。""陈老总没有忘记我这个普通人啊！"说到这里，李善静深情地抚摸着屋中的一张方桌："当年陈老总用过的这张桌子，随我从黄桥到镇江，以后又到上海。现在人去物留，陈老总逝世多年了，可是我永远忘不了他对我的关怀和帮助。"

（叶京良）

"周大嫂，你真有法子"
——陈毅和周兰

在油山革命根据地里，有一个叫周兰嫂的普通中年妇女，她积极参加游击队活动，当了游击队的地下交通员。在国民党反动军队的眼皮底下，她千方百计地给游击队送饭、送情报，和游击队同呼吸，共命运。

陈毅听说这个被群众称为三娣嫂的妇女机智勇敢，巧妙地支援和保护游击队，十分赞赏。后来在三娣嫂家的后山上搭了茅棚，遇到紧急情况时，陈毅和陈丕显就住到这里来，得到三娣嫂的帮助和掩护。

三娣嫂每天提个竹篮子，借口上山打猪草，把油盐菜米送到陈毅的棚子里。端午节那天，三娣嫂还提着一篮粽子送去给陈毅吃。当天下着大雨，小河里涨了水，三娣嫂卷起裤腿过河，裤腿被河水浸湿了。陈毅看到她竹篮里装着充满阶级感情和革命情谊的粽子，非常感动。他对浑身被雨淋湿了的三娣嫂说："大嫂！叫我们怎么感谢你呢？"

三娣嫂笑着说："你看这位同志说的！你们要不是为革命，请也请不到你们到这山沟里来嘛！"

陈毅呵呵地笑了，问道："三娣嫂，你的正名叫什么？"旁边的警卫员也说："是呀，大嫂对我们这么好，天天给我们送饭，送吃的。请你把正名告诉我们，以后革命胜利了，我们也好来看你呀！"

三娣嫂笑着说："我从小就没有取过什么正名。"

陈毅接着说："看大嫂手里提一只篮子，这只篮子为我们游击队送过多少东西呀！我看就取这个名字，叫周兰吧！"

这一说，大家都拍手叫好。大嫂自己也笑了，说道："叫什么都行！"从此以后，周兰就成了大嫂的名字，游击队的同志都亲切地叫她周兰嫂。

陈毅的腿伤复发了，到周兰嫂家养伤。一天傍晚陈毅坐在屋后桐树下的石板上看书，警卫员坐在旁边擦枪。突然狗狂叫起来。原来一群白狗子偷偷溜进彭坑,快到周兰嫂的家门口了。情况万分危急。正在门前洗东西的周兰嫂首先发现敌人,要是喊起来会被白狗子听见反而坏事;回到屋后去通知,已经来不及。周兰嫂急中生智,用石头打狗,边打边大声骂:"你这条死狗叫什么?还不快回去,这么多兵来了,会一下子打死你的!"陈毅一听,知道敌人来了,悄悄撤到深山里去。敌人进屋搜查了一阵子,没有发现游击队,就走了。第二天,陈毅对周兰嫂说:"周大嫂,你真有法子。"

在严酷的斗争年代里,群众的智慧是无穷无尽的。周兰嫂这位普通的群众,支援和掩护游击队的办法是很多的。她家养了一只黄狗,经常跟着游击队员们进山,出山,跟得人熟路熟。遇到紧急情况,在通过敌人岗哨时,周兰嫂还利用这条黄狗给游击队送过信。信是捆在狗的肚子下面。陈毅风趣地说:"周兰嫂家的黄狗都会送情报。"

(胡加模)

"这块西瓜非吃不行"

共产党之伟大,不仅是因为她为人类解放事业而奋斗的目标是正义的,是历史发展的必然。同时,还由于她的伟大革命实践和广大共产党员的献身精神、高尚品德、淳朴作风……尤其是党的高级干部的优良作风,更能教育人,鼓舞人,起着"金石为开"的作用,从而使人民群众在不知不觉中加深了对党的爱戴。

1951年的夏天,华东局党校在苏州举行开学典礼。当时,华东的许多领导同志都来到了苏州。有关方面临时挑选了几个年轻的党员,担负接待工作,照顾领导同志的起居。党校开学后的第二天,陈毅同志等要到灵岩山去游览。我的任务是抱着一个大西瓜,等陈老总和其他领导同志走到山顶时,切开给他们吃。年近50的陈老总,身着白布衬衫,爬起山来,健步如飞,连小伙子们也被他甩在了后边。不一会儿,到了山腰间一片大松林里，大家停下来休息。这时，许多领导同志围拢来，与陈老总拍照。我怕妨碍他们选镜头，赶忙搬起西瓜，躲到稍远处一棵大树下坐着。这时陈毅同志好像发现少了什么似的，四处张望了一下说："小鬼呢？抱西瓜的小同志怎么不见啦！"当他一眼看到我时，和蔼地向我招招手说："过来，过来，过来拍照。"这时我把西瓜放到一边，急忙跑了过去。

陈老总笑着说："不好，不好，快把西瓜抱来。"

我又跑过去把西瓜抱来。陈老总把我拉到他身边，笑嘻嘻地说："今天爬山，你的功劳比他们大，我们两个单独拍一张。"说着，他要我把西瓜抱在胸前，高兴地点点头说："这才像个旅行的样子哩！"

拍完照后，他对摄影记者说："记下小同志的名字，照片冲好后，不要忘了，给他寄一张来，要放得大一些。"

随后，大家登上了灵岩山的顶峰。在寺院的厅堂里，陈老总仔细地观赏着四壁的字画，并谆谆嘱咐老和尚说："这些字画要好好保存。人家说共产党青面獠牙！其实，我们共产党人是最懂得我们中华民族的伟大历史，最珍爱我们民族的文化的！蒋介石、国民党才是真正出卖祖宗、糟蹋文化的败家子哩！"陈老总讲到蒋介石、国民党时，气愤地用手中的竹竿使劲地点打着地板。

我把西瓜切开，摆在厅堂中间的一张大红木桌上，自己坐到角落里去了。这时大家都围到桌子旁吃西瓜。陈老总也坐在椅子里，伸手拿了一块西瓜。忽然，他站起来向四面张望，当他看到我在窗子下坐着的时候，便拿着一块西瓜大步地向我走来。这时我蓦地站起来，手足无措地摇着头说："我不吃，我不吃！"陈老总脸孔一沉，很认真地大声说："岂有此理！岂有此理！你抱上来的西瓜，反而不吃，叫我们怎能吃啊！这块西瓜非吃不行，一定得吃！"我激动得几乎流出了泪水，双手接过了陈老总递过来的西瓜。陈老总站在我面前看着我吃了第一口西瓜才高兴而诙谐地说："这就对啦！这叫有瓜大家吃，出力的同志要先吃嘛！"这时陈老总才走到桌子旁吃起瓜来。

我透过窗户，望着烟波浩渺的太湖，思绪万千：陈老总身居要职，毫不特殊，平易近人，处处尊重下级的劳动和人格，这是何等的难能可贵啊！透过陈毅同志的一言一行，共产党、毛主席的光荣伟大的形象在我心目中更加具体、清晰了。在陈毅同志离开苏州几天以后，我收到了一张与陈毅同志合影的6寸照片。我一直珍藏着它。可惜，在"文化大革命"中，我的家被查抄的时候，这张珍贵的照片丢失了。

（刘　新）

"春兰，别再离开我了"
——陈毅和张茜

"副团长，这一叠都是陈毅司令员给我的信，请您看后，我马上全部烧掉！"平日眉眼含笑的张茜今日态度严肃，语气中没有半点开玩笑的味道。

副团长谢云晖瞧她认真的模样心头一惊，只能和颜悦色地推脱说："哎，陈毅司令员给你的私人信件，我怎么能看呢？我不看。"

张茜板着面孔又递过一封信，说："这是我给陈司令的回信，我请您看，总没关系了吧！"

谢云晖请张茜坐下，自己凑近烛光，细细读信。信写得不长，字迹端正，但个个像无情的子弹：

> 我今天当着副团长的面，把你给我的信全部烧毁了，以此表示我的决心，从今日起再不与你联系。我要在服务团内寻找志同道合的伴侣，一起钻研戏剧，一起献身文艺事业，并准备革命成功后，一起到国外深造，为促进中国的戏剧事业发展竭尽全力，希望你不要再来信打搅。

谢云晖扫了几眼，便看懂了内容，但眼光迟迟没有离开信纸。面对突如其来的矛盾，他要仔细斟酌一下，如何能处理得妥帖。谢副团长参加新四军前是北京大学的学生，他当然明白爱情不能一厢情愿，即便捆绑也成不了和美夫妻，硬靠组织干涉凑合的家庭也不会幸福。确实平心而论，陈毅司令员与张茜年龄相差近20岁，陈毅已是新四军一支队司令员，张茜参军才一两年，是服务团一名演员，无论从资历、经历和年龄衡量，两人并非是最合适的一对。但是，谢云晖了解陈毅司令员，敬重他坦荡、豪爽的性格，光明磊落的品格和超群的才华。他将心比心，不愿再使陈毅司令员伤心。记得新四军刚组建时，陈毅司令员到军部开会，看上服务团一位清秀文静的上海来的姑娘，托谢云晖去试探一次。姑娘一听，扑哧笑了，挺直爽实在地说："副团长，陈司令的年龄当我爸爸都不用化妆，怎么能谈恋爱呢?!"

这话辗转传到陈毅耳中，不知谁添枝加叶，曲解成这样一句："让陈司令来好了，我叫他一声爸爸!"陈毅听了，气得猛一拍桌子："好！我非找一个比她更漂亮的不可！"

陈毅从来不隐瞒自己择偶的标准：必须是位漂亮姑娘；也从来不掩饰自己追求心爱姑娘的决心：只要她还没结婚，我就有追求的权利，她也有选择的自由。

青年时代的陈毅，不仅长相英俊，而且具有诗人气质，富有魅力。岁月流逝，艰苦的三年游击战争磨炼，他变得又黑又瘦，人也显得苍老，但诗人气质依然如旧。

汉口姑娘张茜参军来到服务团，她生性活泼，相貌娟秀，聪慧灵巧。更惹人爱的是做事刻苦认真，交她担任的角色，经她台下细心研究琢磨，登台后总是有血有肉地、恰如其分地表现出来，塑造出一个个令人难忘的人物形象。尤其在大型话剧《魔窟》中出演"小白菜"一角，不仅在军部大伙见面都叫她"小白菜"，连去友军慰问演出时，也受到热烈欢迎。

陈毅一见钟情。当然，了解她的家庭、经历也易如反掌。张茜原名张掌珠，父亲无固定职业，一家生活靠母亲帮人洗涮维持，十分清苦。张茜自小聪明伶俐，喜爱读书，父亲认定"女子无才便是德"，竟不允许她求学。幸好母亲思想开明，且有主见，坚持从自己微薄的收入中分出一部分供给女儿读书。张茜深知读书不易，故而特别刻苦认真。1937年，张茜已读中学，她立即投身抗日热潮，街头演戏，纱厂宣传、募捐，为抗日运动奔走，最后，为了彻底挣脱父亲的阻挠和反对，连最疼爱她的母亲也没去告别，秘密离开武汉，千里迢迢来到新四军。

了解了张茜的身世，陈毅更增加对她的爱慕之情。他向谢云晖透露了自己选定的姑娘。谢云晖曾问，是否要自己帮忙？陈毅连连摇头："不用你帮倒忙！知识分子喜爱自己的认识，自由交谈，自然而然地产生爱情，只要你提供接触的机会和方便，其他皆由我自己努力！"

于是，喜爱读书的张茜在军部图书馆"巧遇"也来借书的陈毅司令员；只要陈毅从江南到军部开会，服务团总请他来作形势报告，看演出；有几次还请陈毅带领服务团去友军演出，理由嘛也很简单：陈毅是四川人，友军伤员中有许多是川军将士，便于做宣传统战工作。谢云晖也知道军部首长的警卫员常为陈毅送信给张茜，小鬼们积极性很高，为啥？送一回信，陈司令员便心甘情愿地被他们敲一次竹杠，给糖果吃。原以为八九不离十的事，为何陡然又起风波？

"副团长，信这样写行不行嘛？！"张茜追问一句。

"张茜同志，"谢云晖已想好了主意，他把信递还张茜，慢声细语地说，"中国有句老话：君子绝交，不出恶语，即便不谈恋爱，也还是朋友、同志嘛，何必出言不逊，伤害别人自尊心呢？你若要问我的意见，这封信还是不寄为好，你再冷静想想，我说的有没有道理？"

张茜默默点点头，将接到手中的信一撕两半、四半，直至撕碎，看得出她心头的疙瘩并没解开。

"什么事使你这样气恼？愿不愿意跟我谈谈呢？"谢云晖轻声问道，他决心摸清问题症结，再设法对症下药。

个性倔强的人往往是越压越强硬，若是平等相待、体谅尊重，则容易倾吐肺腑之言。张茜不例外，她从根到梢，细细说明了自己的顾虑：主要是事业，她太热爱戏剧事业，希望为之献身，担心若果真嫁给陈毅司令员，断送了自己的前程。相反，她若与服务团的同行结为伴侣，对提高自己的艺术功力有极大帮助，何况服务团里追求她的小伙子大有人在，而且天天一块演戏，互相比较了解，发展感情是很容易的。其次，陈毅司令员给她写情书的事在团里已有风闻，伙伴中议论纷纷，有的当面骂她是想当官太太，眼睛向上，贪图安逸，不愿献身事业，排戏时情绪受影响，不愿与她共同演出；有的女伴忠告她，小心上当。陈毅司令员人再好，也已经是快

40岁的人了，难道过去没结过婚？别看他现在单身一人，谈吐洒脱，说不定老家已有一大堆孩子，你进门就当后妈，你受得了吗？总之，伙伴中投赞成票的不多，而她自己与陈毅，除了通通信，见面次数很少，交谈更不可能具体深入，也不好意思问他的过去，无法全面了解，如何发展感情呢？所以，这样维持通信联系，使她感到困惑、苦恼、压抑、痛苦，思前想后，与其不愉快地拖着，不如快刀斩乱麻，一刀两断干脆！

"张茜同志，你热爱戏剧，事业心强，对待爱情问题考虑认真，这些方面，我认为是正确的，无可非议的！"谢云晖言语诚恳，"选择恋爱对象确实是你自己的事，任何人不能勉强。从组织角度上说，当然愿意像陈毅同志这样革命了一二十年的老同志能找到爱人，获得幸福，据我所知陈司令曾经结过婚，爱人牺牲了，没有孩子，他对你的感情是真挚的。但是，这不等于说不允许你选择，一定要服从。我只希望你继续与陈毅司令员保持联系，再观察观察，了解了解，慎重考虑一下，两人有没有共同语言，能不能建立感情，再作决定。你看好不好？"

随后，谢云晖又尽自己所知介绍了陈毅的文学爱好，并有较深的造诣，侧面证明两人有共同情趣。当然，最有效的一着棋是，军部检查团到江南一支队慰问时，服务团派张茜同往。

第一次来到江南水乡，张茜心情格外欣喜兴奋，她时常感到自己走进宽幅的水墨画卷里：远远的青山如墨如黛；金灿灿的稻田无边无垠；清悠悠的小河绕村流淌，绿茵茵的垂柳如丝如烟，她心里明白，若不是日寇铁蹄践踏，这丰腴的大地还会充满欢声笑语，她能看见田间水牛背上吹短笛的牧童；河边洗衣淘米的村姑；小舟上垂钓的渔翁；能听见清脆悦耳的笛声，明朗尖细的笑声，鱼儿蹦蹦扑打水花的"扑通"声，是侵略者残酷地破坏了江南的田原牧歌，使金色的秋天也变得冷峻、寂静、充满杀机。

然而正是这紧张的敌后行军、宿营、过封锁线，慰问苦战抗日第一线的部队，使张茜产生一种新的感慨：从皖南山区来到江南平原，仿佛她与陈毅都改换了角色。是的，在皖南军部，她是小有名气的女演员，陈毅是来去匆匆的台下观众。来到江南敌后，陈毅变成名副其实的主要演员，而自己则成为一名忠实观众。只不过，陈毅的舞台辽阔恢宏——整个不屈的江南大地，还要向江北伸展，向东挺进；陈毅的角色更是举足轻重，他指挥部队在敌、我、友之间斗智斗勇，运筹帷幄，大小仗打了几百个，不仅在茅山站稳脚跟，敌人剿杀不死，而且不断打击顽固派，团结各路抗日力量，令友人佩服不已，不断壮大了抗日队伍，使部队愈战愈勇。

都说旁观者清，此话确有道理，陈毅在江南敌后可没有去军部开会时那么悠闲，他为军中大事来去匆匆、形影不定，张茜到达江南，他虽主动约过她，可几次均因军情紧急，未能谈成，张茜靠自己的眼睛、自己的耳朵、自己的心搜集感受了大量丰富的材料，让自己的大脑理智客观地判断陈毅的为人，决定他是否是自己合适的恋人。

检查团刚到江南时，陈毅在司令部组织了欢迎会。大家起哄，非要司令员也出个节目。陈毅落落大方，他挥挥手止住掌声："好嘛，我来唱支歌子！"

"唱支歌子！"角落里不知哪个调皮鬼学了一句，字正腔圆，惟妙惟肖，逗得大伙一阵欢笑。

"怎么，我会唱歌子你不相信?!"陈毅点着笑声最响的角落说，"不是我陈毅班门弄斧，我唱的这支歌子，服务团的演员们恐怕也不一定会呢！"说完，他亮开嗓子用法文唱起《马赛曲》，没有伴奏，他自己拍着巴掌，使带着强劲进行曲的旋律更富有力度。张茜听不懂歌词，但是她从陈毅那刚毅、激昂、专注的神情中，看到他追求真理，追求民族解放的起点——在巴黎勤工俭学，进驻里昂中法大学，监禁和被押解回国的斗争经历。那年张茜刚刚呱呱坠地，睁开泪眼看世界。

她到过陈毅住的农舍——当然是跟着首长和女伴，大伙与陈毅司令员谈得开心。细心的她在留心观看，陈毅床头放着厚厚一叠书，有线装古书，也有装帧精致的法文版小说。张茜也酷爱读书，可那是坐在军部安静、明亮的图书馆里。这是敌后，军情瞬息万变，敌人残酷扫荡，部队星夜行军，作为最高指挥员陈毅，他仍然能坚持读书?!

我们首长是书篓子，书虫子！小警卫员像是埋怨，更像是夸奖，凑到张茜耳边轻轻说：可也怪，看起书来就没有瞌睡了！读起那本厚厚的洋文小说，嗨，读读会"咯咯咯"地笑出声来呢！行军要轻装，啥都能丢，就是书不舍得丢。我说，您不是读完了嘛！他说：我读完了，书不错，留着吧，下回去皖南，送给军部图书馆！

张茜心里暗暗折服：难怪陈毅司令员知识渊博，没有古板味，他能永远像个年轻人似的好学、持之以恒地学哟！

军政党务缠身的陈毅也没放松对自己意中人的追求，他没空，却让自己一些诗作陪伴张茜，当然话说得非常客气：自己并非诗人，往往只是以此言志，直抒胸臆，愿请张茜赐教。

张茜读梅岭诗章，热血沸腾：

一九三六年冬，梅山被围。余伤病伏丛莽间二十余日，虑不得脱，得诗三首留衣底。旋围解。

断头今日意如何？
创业艰难百战多。
此去泉台招旧部，
旌旗十万斩阎罗。

南国烽烟正十年，
此头须向国门悬。
后死诸君多努力，
捷报飞来当纸钱。

投身革命即为家，
血雨腥风应有涯。
取义成仁今日事，
人间遍种自由花。

她看见一个钢筋铁骨的硬汉！

张茜读陈毅写给她的情诗，脸红心跳：

春光照眼意为痴，
愧我江南统锐师，
豪情廿载今安在？
输与红芳不自知。

她看见一个真意痴情的恋人！无情未必真豪杰，她喜欢坚与柔的结合！

张茜对陈毅的战绩、政绩、人缘和个性越了解越熟悉，她越感到陈毅内在魅力之强，之烈！好感产生自然的眷恋之情，她再也管不住自己的眼睛：总在追寻着陈毅的踪迹；她再也无法否认自己内心的冲动：盼望会面、谈话和交往，想到陈毅这两个字，一种从未有过的幸福情感便在心头回荡，陈毅再不是纸上的人物，再不是离她很远很高的领导，他是一个有血有肉的人，一个坚定且富有人情味，革命且具诗人气质的人，一个她深深爱慕的人！

说来奇怪，仿佛爱情的幸福并非只是甜蜜，爱情的幸福不能离开陪衬的感受而单独存在。当张茜从心底品尝到爱情的幸福的那一刹那，又感受到一种淡淡的忧伤、疑虑：陈毅毕竟是结过婚的人，他曾有过妻子，她是什么样的人？他对她的感情有多深？张茜并非嫉妒，她只是担心，担心自己幼稚、单纯，而陈毅心底始终用过去的妻子作标准衡量自己，这样，即便他们结合在一起，夫妻之间也可能永远有间隔，有距离啊！她想去找陈毅，她希望知道他过去的爱情和婚姻史，以免永久的悲剧。只是因为他忙，也使她羞于开口。

不知是有人通风还是心灵感应？一个月朗星稀的夜晚，刚刚从扬中回到水西村的陈毅约张茜来到村口一株大树边坐下，没几句寒暄，陈毅凝望着张茜略显羞涩的亮眼睛说：春兰，过去除了通通信，见面总是匆匆而过，有些话无法细谈，这次你到江南，机会难得，我希望让你更多地了解我的过去，以便你做最后选择。今天我把过去的婚姻情况讲给你听听，让你认识一下菊英、月明，尽管她们都不在人世了，我永远不会忘却她们，我也相信你会永远纪念她们。

陈毅的话音变得深沉，凄楚，他望着皎洁的月光，陷入了痛苦往事的回忆：

肖菊英，一位清秀柔弱的姑娘，参加红军之前，她是一所教会学校的学生。陈毅奉命率红军攻打吉安，路过太和时，他们结了婚。一年后，红军内抓 AB 团的风声越刮越紧，起初似乎对肖菊英提点疑问，又似乎碍着是陈毅的妻子，没有隔离受审。不料，这事悬着，又有风风雨雨，仿佛陈毅是AB团的大头目。肖菊英担心、紧张，乌亮的大眼睛四周泛起黑晕，人也日渐消瘦。陈毅则认定心中没鬼，不怕半夜鬼敲门，他行军打仗能吃能睡，并无半点紧张。

一天深夜，陈毅突然接到上面通知要他去执行紧急任务，什么内容？到什么地方？什么时候结束？一问三不知！那时候，深夜出去从此杳无音讯的事屡有发生，陈毅预感到危险即将来临，出发前，他把妻子拥在胸前，瞧着她恍惚的眼神像受惊的小鹿，心里一阵酸楚。他多希望能说点愉快的事，驱散她心头的迷雾，多希望能留在她身边保护她不受冤枉，不受迫害。她太年轻，太单纯，太缺乏自我保护的能力！她洁白无瑕，应该幸福，现在自己不但不能保护她，甚至可能一去不复返，拖累她一辈子守活寡！她绝不能这样做！否则即便九泉之下，他也无法原谅自己！他如实坦诉了自己的判断："情况有些反常，一些话原本不想对你说，看来今天不说不行了。我不是什么AB团，这你相信，但有人就是不相信，非说我是。我担心自己一去不复返，拖累你一辈子！记住如果我明天天亮以前不回来，也没有任何消息带回来，那我恐怕永远回不来了。你就不要再等，重新安排好你的生活！我爱你，我希望你生活幸福，你能理解我的意思吗？"

菊英扑在他的怀里痛哭失声，除了点头，一句话也说不出来。陈毅扶起她的头，亲了亲那双沾满晶莹泪水的大眼睛，一狠心，头也不回地出门去了。走了十几步，他终于克制不住转脸回视一眼：妻子倚在门边，烛光中，只能看见她纤细的侧影，真像三峡中的美女峰……

陈毅回来了，但不是在黎明前，而是晚了两个多小时。他万没想到，肖菊英已跳井自尽，像朱丽叶那样，选择结束自己的生命作为表达对爱情的忠贞！陈毅后悔至极，他泪流满面，痛不欲生，他恨自己的粗心，是自己害死了妻子，他眼前不断浮现出妻子烛光中的侧影，他甚至看见了妻子离开这个世界时绝望的眼神！他恨自己多情，如果不是自己娶了菊英，她恐怕仍似洁白盛开的菊花，在寒风中吐露淡淡的清香。他流泪铺纸赋诗：《连理枝》，字字情，行行泪，饱含思恋。自责和痛苦。陈毅变了，变得凝思苦想，沉默寡言。

李富春、蔡畅极力宽慰陈毅。他们清楚，害死菊英的不是陈毅，是红军中不断刮起的排斥知识分子、不相信知识分子的恶风！他们竭力劝解陈毅宽心，同时留心为他安排，希望陈毅早点有位新知己相伴，以减少他内心痛苦的折磨。

月明走进了陈毅的生活。她没有菊英俊秀，却朴素大方；她没有菊英的文采，但好学上进。她曾给了他极大的心灵安慰。艰苦的三年游击战中，她不能随游击队进山，和其他红军亲属一样在山村打了埋伏。抗战开始，国共合作，奉命组建新四军的陈毅，立即派人去妻子埋伏的山村接她，谁知找遍了那个地区，得不到半点踪迹，只听说凡是住在这附近的红属都被敌人抓去杀害了！陈毅面对孤灯铺开白纸，毛笔刚写出"悼亡妻"几个字，泪水已夺眶而出……

陈毅的叙述坦白，真诚，丝毫不掩饰自己对过去妻子的爱情和失去妻子后的痛楚，仅这种磊落坦诚的气度已深深打动了张茜的心，她解开了最后的心结，她要以自己真诚的爱去慰抚陈毅多次受伤的心。

"春兰，别再离开我了，我给军部打报告，要求结婚！"

张茜甜甜地笑了，她依在陈毅的胸前点头应允……

陈毅和张茜共同生活了30多年，他们膝下三男一女。张茜作为副总理兼外交部部长陈毅的外交夫人，随丈夫出国访问、拜会，仪表清丽，文雅大方；她始终坚持着自尊自爱自重的个性，坚持学外语，搞翻译，认认真真地生活。陈毅的职务变化多次：从新四军代军长、三野司令、上海市市长、元帅、副总理兼外交部部长，在张茜眼里，陈毅职务再变，在家仍是自己的丈夫。她限制丈夫吃肥肉，不准丈夫多抽烟，即便当着周恩来总理的面，她也能夺过丈夫手中刚刚燃着的香烟，在烟缸中掐灭。有回周总理在北京饭店请陈毅、贺龙两位老总及夫人吃狗肉，几杯茅台入腹，陈毅妙语连珠，他乘兴又端起一杯，突然"哎哟"一声，向着身边的张茜埋怨道："你不要踩我的脚嘛！总理请我喝酒，我怎么能不畅饮呢！"一句话逗得满座皆欢，张茜也撑不住笑了。

当然，也有陈毅红脸的时候。有回出访归来，代表团在宾馆联欢，吹拉弹唱，跳交谊舞，喜欢热闹的陈毅乐至夜半方归。他去卧室，门紧闭；他敲门，张茜赌气就是不开。是啊，张茜怎么不气呢？陈毅年过花甲，又有心脏病，出访像打仗一样连轴转，好不容易回国内休息几天。她劝他早点睡觉养足精神，他也满口答应。张茜先回卧室看书等他，一直等到现在，已是凌晨两点!

陈毅敲不开门真动了肝火,他让卫士请来秘书长,见面就嚷嚷:"离婚,离婚!"

第二天饭后,周恩来和陈毅夫妇、罗瑞卿夫妇一块在花园散步,远处碧蓝的空中有悠悠飘荡的风筝,有扶摇直上的苍鹰,也有灵巧的纸燕和彩蝶。周恩来面带微笑地走到张茜身边,指指天边的风筝说:"张茜,我给你提个建议,你管陈老总,也要像放风筝,线头在你手里,线绳要不松不紧,如果线绷得太紧,'嘭',线绳断了,风筝就会飞了!"张茜心悦诚服地点点头,是啊,昨晚那样气陈老总,不是对他心脏更不好嘛!

也亏着有这样一位自立倔强的妻子,"文革"中频繁挨斗的陈毅,回家后能得到妻子的宽慰而非愤怒声讨。张茜帮陈毅誊抄检讨,张茜随陈毅一道疏散至石家庄,并以自己坚强的毅力和乐观的生活态度慰藉丈夫痛楚的心!陈毅辞世之后,身患肺癌的张茜则以惊人的毅力整理了陈毅诗选。那是"四人帮"猖獗的1974年,没有出版社能出版,儿子们抄写,朋友们复印,广大群众传颂,嬉笑怒骂皆成文章的陈毅,始终以元帅和外交家的雄姿,生活在亿万中国人民心间。张茜燃尽了最后的生命之火,含笑九泉,终年54岁。

(铁竹伟)

"不要忘本,要靠自己"

说实话,在他生前,我并不感觉到他是个伟人。而如今活跃在众多文艺作品中的父亲陈毅的形象是那样高大、炫目和令人崇敬,以至让我感到有几分陌生了。父亲留给我的全部记忆,或许只是些平淡无奇的生活琐事,或许只限于一个未成年的儿子幼稚肤浅的观察,但是它充满真情。它随着日月的消逝而愈见强烈,丰富着我对人生的认识。细细回味这一切,温暖着我激励着我的，仍是那亲切平凡的父子之情。

我排行老三。小时候，仗着父母的宠爱，我非常任性。4岁时，家里送我进幼儿园，我硬是绝食3天，滴水不进，逼着幼儿园把我"开除"。我的任性超过了父亲的容忍限度，他发作了。一天中午，父亲刚下班回来，听说我还没起床，顿时暴怒。他吼着："养这样的儿子有什么用！"几步冲上楼，一把将我从床上抓起来，要从楼梯口扔下去。幸亏被警卫员叔叔拼命拉住了。这位叔叔后来说："从来没见过毅总发这么大的脾气，可真把我吓坏了。"这一下子就把我任性胡为的毛病治住了。从此，我再也没让父亲为我生过这么大的气。

父亲并不是个脾气暴躁的人，倒是我母亲的性子很急，常为我学习不用功而发火，父亲却经常从旁劝解。有一年寒假，我跟着父母去广东潮汕地区。母亲让我写一篇谈参观感想的作文，可我却犯了牛劲儿，死活不肯写。母亲忍不住发起脾气来。父亲劝她说："慢慢讲，不要着急，他还是个孩子嘛。"母亲的气一下转到父亲身上："都是你，平时宠他，现在一句话也不听了！"听了这话，父亲也不高兴了："好了，好了，我不管了！真是莫名其妙！"父母的争执是因我而起，也使我猛醒，他们是恨铁不成钢啊！这一夜，我逼着自己通宵未眠，把作文赶写了出来。也许是发愤之作，总有些可观之处，父母看了相视而笑，昨日的芥蒂在笑声中溶化。

平时，父母对我要求很严，我也从来不敢向父母提什么分外的要求。这么多年，我只求父亲为我办过一件事：我上初二时，老师要我请父亲为校运动会题词。我想了多时，真不敢向父亲开口，在他的门口几次欲进又退。最后还是父亲看见了，叫我进门问清缘由。他像是看穿了我踌躇的心理，格外和蔼地说："儿子的要求一定要办到。"第二天，他亲自把题词交给我，还说："不满意的话，还可以重写！"当时我高兴得真想跳起来啊！

父亲常爱用诗词来教育我。他给我讲解毛主席的咏雪词《沁园春》时说："'数风流人物还看今朝'贯穿着一条历史唯物主义的原理，就是毛主席说的'人民，只有人民，才是创造世界历史的动力。'你要牢记这一点哟！长大了要老老实实地为人民服务。"他还用唐诗"凭君莫话封侯事，一将功成万骨枯"来说明革命成功之不易，告诫我不要躺在父辈的功劳和地位上，要永远同群众打成一片。"不要忘本，要靠自己。"这是父亲对我刻骨铭心的嘱托，也是我终生受用不尽的遗产。父亲酷爱作诗。每有佳作，也常告诉我们。有一次，他吟出一句"宇宙无限大，万国共一球"，颇为得意，说"等有了时间，要把下面的句子续出来。"后来，他用这句作开头，写了《示儿女》这首诗给我们。在他的熏陶下，我对古典文学也产生了兴趣。上高中以后，家里开始给些零花钱，每月两三块，我全用来买书，父亲发现了我的小书库，常来翻翻。逢有他中意的书，拿走前还要打个招呼："这本不错，我先看看。"父亲爱看我买的书，我是十分引以为荣的。

　　下围棋，是同父亲相处最快乐的时刻。在棋盘旁一坐，父亲就收起了长辈的尊严，我也感到十分轻松。两人平起平坐，杀得难解难分。父亲爱悔棋。当然。有其父必有其子，我悔起棋来也是当仁不让。结果是他悔两步，我悔三步，经常互相拉锯。一次，母亲看我们下棋，见父亲悔棋，很不以为然地撇撇嘴说："和儿子下棋还要赖皮！"父亲装着没听见母亲的揶揄，还是照悔不误。母亲看不下去了，伸手搅乱了棋局。棋下不成了，父亲开怀大笑："老了，不行了，下不过儿子啰！"

　　父亲曾对我讲过，在他小的时候，爷爷曾让父亲兄弟几人谈谈长大以后的志向。叔叔伯伯们有的要当县令，有的要做府尹。爷爷听了很高兴。让奶奶给他们一人煎一个荷包蛋。轮到父亲，他回答说："我不想当官。"爷爷一听，脸沉了下来，说父亲没有出息。父亲却引了孔子的一句话作为回答——格物、致知、诚意、正心、修身、齐家、治国、以平天下。爷爷拍案叫好，让奶奶煎两个荷包蛋以资奖励。父亲投身革命后，身经百战，历经坎坷，最后成为党和国家的领导人，他是很为自己的奋斗生涯而自豪的。但他有自知之明，清楚地知道自己能力的限度。他曾说过："毛主席、周总理高瞻远瞩，掌握全局，领导革命走向胜利。比起他们，我差得远。我有过动摇，当然只是一下子就过去了。我也犯过错误。但是，在总的方面，我是能够贯彻党的路线，完成党交给的任务的。"他爽朗易处，谦虚自抑。因此，在同辈人中人缘很好。

　　父亲对刘少奇伯伯是十分称赞的。记得1958年毛主席退居二线，刘少奇伯伯担任了国家主席时，父亲问我们有什么想法。大哥回答："感到有点儿突然。"父亲说："这有什么突然呢？少奇同志是久经考验的党的领袖，七大以来就是党的副主席，主持中央工作多年了。毛主席还是党的主席嘛，他集中力量做理论工作，对党和人民是有好处的。"后来父亲还说过："少奇同志党性很强，在他那个位置上，能主动做自我批评很不容易。"

对林彪，父亲似乎是有过微词的。1964年12月的一天，父亲和母亲叫我去看毛主席给林彪的信。毛主席手书了曹操的《龟虽寿》诗，勉励林彪养好身体。那时，全国都在学"三八作风"、"四个第一"，林彪是日方中天，炙手可热。他把主席的手书翻拍成和原件一样大的照片，分送政治局诸成员。父亲却对母亲漏了一句话："只有他（指林彪）可以这样做，别人要是这样就是吹嘘自己。"显然，他对当时不正常的党内生活是反感的。

最令我感慨难忘的是父亲和康生的关系。解放后，康生一直"不得志"，经常住院，据说神经也不太正常。父亲素来为人宽厚，认为他是个相识多年的老同志，虽然有错误，但不应过于冷落他。在他"门前冷落车马稀"的时候，父亲常去看望他。那时康生对父亲真是感激涕零。一次他请父亲和郭沫若吃饭。康生把多年收藏的砚台统统端出来，满满地摆了一客厅。还详细地讲解什么是鱼眼，什么是有水纹等，确实像博学之士。吃饭时，父亲、郭老和康生更是高谈阔论。我只记得他们先谈昭君出塞，好像是鼓动郭老写"翻案文章"。后来又谈诗词，我记下了最有趣的几首：

梅须逊雪三分白，
雪却输梅一段香。（宋，卢梅坡《雪梅》）

春梦暗随三日景，
晓寒瘦减一分花。（明，汤显祖《牡丹亭》）

偷来梨花三分白，
借得梅花一缕魂。（清，曹雪芹《红楼梦》）

那天父亲的兴致很高，他指着郭老和康生对我说："他们都是大学问家，学识渊博，你要好好向他们学习。"又对康生说："我这个儿子比较迟钝，拜你为师如何？"康生满口答应。

可是，曾几何时，正是这个原先对父亲推崇备至的康生，却欲置父亲于死地。八届十二中全会时，他恶毒诬蔑说1959年父亲要搞政变，并带头对父亲大肆围攻。父亲忍无可忍，最后上书毛主席，驳斥了康生的无耻谰言，激愤地表示：你们何必这样大动干戈呢！不就是想打倒我陈毅嘛……信递上去，围攻暂时停止了，但后来又背上"二月逆流黑干将"和"老右"的罪名，郁郁终生。"朝真暮伪何人辨"，父亲以生命为代价向我揭示了做人的真谛。像父亲那样竭诚待人，有时也许会吃亏，但终将被世人所称颂。而恩将仇报者，落井下石的奸佞小人虽能讨得一时便宜，却最终为人民所不齿。

　　对个人权位，父亲一向是看得淡的。"文化大革命"之前二三年，父亲曾萌发过退休的念头。有一次从非洲访问回来，父亲感叹地对我说："那些国家的外长比你大不了几岁！我这个老头子同他们打交道真有点吃不消。你可要珍惜大好时光呀！"后来我又亲耳听他对母亲说："我真想退休！想趁有生之年办三件事：一是编诗集，二是出文集，三是写回忆录。我的诗都是兴之所至，随手而成，太粗糙，要好好斟酌一下。现在一点时间都没有。"母亲劝他："现在就退下来算了。"父亲摇摇头答道："我向总理提过，总理说现在不行，等二三年以后再说。"然而，父亲等来的却是"文化大革命"，他的梦想被无情地粉碎了。

　　"文革"开始时，父亲就有一种危机感。最初，他并不反对搞"文化大革命"，主观上一直是想跟上毛主席的。1966年6月上旬的一天，他对我说："这一次文化革命来势很猛，你应该积极地参加。但一定要按党中央的政策办事。年轻人头脑容易发热，容易犯错误，上坏人的当，一切都要靠你自己。我管不了你，也不能为你的行动负责。外交部的事你不要管，别人找你，你就说不知道。总之，我们不要互相影响，互相牵连。"我知道父亲第一次不再把我看成一个孩子了。从那时起，我对可能发生的一切就有了思想准备。不久，我搬到学校去住，只是在周末回家看看。我和父亲似乎有了一种默契，在家极少讨论运动的情况，我对"文革"的想法和在"文革"中的遭遇也从来没告诉过父亲。反正父子见了面，就知道彼此还好，没出大事。至于今后如何，也不去多想，"朝不虑夕"嘛！

　　1967年1月第一个周末，我刚回到家里，母亲就对我说："你不要在外面到处乱跑，现在情况复杂得很！"我说："我在下厂劳动，没有乱跑呀！"

父亲突然发火了，但并不是冲着我："你看到满街打倒陶铸的大字报了?！陶铸是新选出来的中央常委，党的第四号人物，昨天还在一起开会，今天就被打倒了。我是政治局委员，却一无所知。这是建党以来从来没有过的事。有一小撮坏人在捣乱，他们要搞垮我们的党。"听着父亲的话，我有一种不祥的预感。

过了一个月，情况似乎好了一点，父亲的心境稍稍开朗一点。有一次吃饭的时候，父亲的脸上又显露出近一年来少见的笑容。他对母亲说："谭老板（指谭震林叔叔）硬是有办法，他居然写信给主席骂了那个夫人，主席就批准他不用做检讨了。"我听了也很高兴，似乎局势要好转了。可是，我们都太天真了。又过了3周，街上出现了"打倒二月逆流"的大字报，父亲的名字倒过来贴在街上，还打上了红叉。当周末我又回家时，家里的气氛非常凝重。父亲黯然地对我说："这次我犯了大错误，能不能过关就看毛主席的态度了。我不是三反分子，我要认真地检讨错误，我希望能改正错误，但事情并不完全取决于我。今后你要靠自己了，要准备有一天人家不让你进中南海，不让你进这个家。如果真是那样，不要管我们，不要为我们担心，自己去闯。"母亲含着泪塞给我一个存折，我手里拿着存折，心里知道情况已经岌岌可危了。

但是，父亲并没有过多地考虑自己，仍然为国家的前途忧心如焚。1967年初夏的一天，父亲晚饭吃得很少，一直愁眉不展。母亲关切地问："不舒服了吗？"父亲缓缓地摇摇头，心情沉重地说："外交部没有人管，这样下去要出大乱子的。"母亲说："那你应该向主席报告呀！"父亲脸上浮出苦笑："找主席?！现在恐怕不好见了。"母亲说："那么找康生，他是分管外交的。"父亲的眼里闪过一丝鄙夷的目光说："找他?！就是他们在那里煽动，找他有什么用处。看来只好找总理，可是他的压力也大……"我在一旁久久地端详着父亲。这还是那个豪爽乐观、笑声朗朗的父亲吗？"文化大革命"才一年，他的两鬓全白了，步履蹒跚，脸上经常带着倦容和怒意。我突然辛酸地感到，父亲显著地衰老了。1968年初春，社会上关于我的谣言甚嚣尘上。江青曾召见了我的一个同学，指使他同我接近，向我散布"联动"言论（即反中央"文革"的言论）。江青露骨地说："就是要通过他（指我），揪出联动的总后台。"并要求我的同学把了解到的情况向北京卫戍区汇报。那位同学不齿于这种特务手段，不但没有向卫戍区汇报什么情况，反而偷偷向我暗示：有人要整我的黑材料，要我警惕。早在"文化大革命"初期，父亲就和我"划清了界线"，相约互不连累。然而，在那人妖混淆，是非颠倒的年月，谁都在劫难逃啊！

1968年4月13日是个星期六，我照例回家。父亲一见到我就问："最近有没有什么人找过你谈话？"我不明所以地回答："没有呀！出了什么事吗？"父亲只是简单地回答："噢，没什么。"第二天晚饭后，我正准备返回学校，总理办公室来电话了：总理要见我。父亲一边送我出门，一边问："你在外面究竟干了些什么？"我知道父亲在担心，就回答说："我什么也没干，爸爸，你放心。总理也许是要找我谈谈中学的运动、军训和复课闹革命。"父亲无言地、令人难以觉察地摇了摇头。我的心沉了下去，意识到一定有什么非常的事情。到总理家时，总理正在会客厅等着，我叫了声："周伯伯好！"总理严肃地端详了我一阵，突然问我："你参加联动没有？"我摇摇头说："没有！""你有没有联动思想（指反对中央文革）？"总理追问。"有！"我毫不迟疑地回答。总理严肃的面庞竟露出了一丝笑容。他称赞说："你很坦率，很好！"谈话的气氛缓和了。总理问到社会上关于我的一些谣言，我有些冲动地回答："这些全是谣言！中央可以调查。"总理苦笑了一下，摇摇头说："没有时间了。"他又严肃地对我说："你父亲处境很困难，社会上对你的传言又这么多，不论是真是假，总之对你和你父亲都很不利。坏人可能利用你搞你的父亲，你们父子会互相连累，懂吗？"我分辩说："可是爸爸从来没有管过我的事，我干的事是好是坏同他没关系。"总理深沉地望着我说："事情并不像你想的那么简单。"他又换了个话头说："你在父母身边长大，生活很优裕，没有吃过苦，不懂得工人、农民，应该到下面锻炼一下。应该响应毛主席的号召，去经风雨见世面，走知识分子与工农群众相结合的道路。你的父母都是很年轻时就参加革命，这点值得你学习。"接着，他告诉我：他已经同陈锡联同志联系好了，安排我到东北一个部队的农场里去劳动锻炼。"这样把你和社会隔离起来，和坏人隔离起来，这对你和你父亲都有好处。希望你表现得好一些，干好了，可以入伍。否则要采取更严厉的措施。你看怎么样？"我对总理是十分敬仰的，他的话对我来说就是真理和命令。我简短地回答道："去就去，没意见。"总理眼中的笑意更浓了。他拍了拍我的肩膀鼓励说:"你很干脆,坚强。在那里好好干吧!你会有前途的。明天早上由杨德中同志送你去京西宾馆陈司令员那里。为保密起见,你不要告诉任何人,到了部队也不要写信。这是一条纪律。你的情况组织上会通知你父母的。这种安排不是我个人的意见,你父亲也是同意了的。"他突然停住了,想起了什么,说:"对了,你得过肝炎是吧?现在身体怎么样?如果不好,可以另作安排。"我深深地感动了:总理日理万机,又身受林彪和中央文革的种种非难和打击,他却还记得我这样一个孩子四年前得过的病。尽管那时我确实有肝炎后遗症,时感肝区胀痛,我还是简短地回答:"都好了,没事。"总理最后对我说:"我相信你能够经得起考验的!"后来,邓妈妈也勉励了我一番。回到家里,已是十点半钟了。父母和妹妹仍在等我。我简单地叙述了总理的话,母亲和妹妹都哭了。父亲抑制着自己的感情说:"前几天总理就和我谈了,我是同意组织上对你的安排的。"大家都有好多话,但又说不出来,只是默默地坐到很晚很晚……

第二天一早,杨德中叔叔来了,在与父母告别之际,母亲拿了些钱给我,我拒绝了。她难过极了,流着眼泪责备我:"你还想不想活了?!"父亲缓缓地摇了摇手说:"算了,算了!他已经是大人了,让他自己去闯吧!"他又转过脸凝视着我说:"你妈妈是16岁参加新四军的,我是18岁到法国勤工俭学。你现在也走这条路,这很好。你要有最坏的打算,准备永远不回家。永远见不到我们。今后全靠你自己了!"

汽车开动了。我向父亲投去最后的一瞥。这时我才感到:我是多么依恋亲爱的父母。

到部队以后,我很快适应了紧张的部队生活,经受了艰苦劳动的锻炼,取得了领导和群众的信任。连续三年,我被评为五好战士,1970年3月光荣地加入了中国共产党。我严格地遵守了总理规定的纪律,没有给家里写信。但我把三张五好战士喜报珍藏起来,期待着有一天父母能看到这些喜报。他们会高兴的,会为我自豪的。后来,听妹妹说,家里只是在1970年收到过我写的一份名为"农场劳动两年,胜过寒窗十载"的心得体会,大约是领导转去的。我能够想象他们怎样捧着这份东西看了又看,苦苦惦记着他们远行数年没有音讯的儿子。

那几年，我只能从报纸上得到父亲一星半点消息。可是，九大以后，父亲的名字就再也没有见报。直到1971年2月5日，父亲的名字重新出现在参加"五一"焰火晚会的领导人名单中。这使我惊喜异常，感到形势发生了变化。我取出五好战士的喜报，心想，父母也许很快就可以看到它们了。我的预感是正确的。5月下旬，军区通知我，要我立即探家。一路上我又是喜，又是怕，那心情恰如唐诗所说——"近乡情更怯，不敢问来人。"

我走进阔别3年的家，庭院还是老样子，父母相携而出，母亲搂着我大哭起来，父亲和我都流下了眼泪。我拿出三张五好战士喜报，父亲仔细地看着，一字一字地读着，高兴得连声说："好！好！"我告诉他们，我已经入了党，母亲说："我们全家都是共产党，是党员之家！"我们简单的叙述了这3年的经历。父亲告诉我：是陈锡联司令员特别批准我探家的。在"批陈整风"会议上，陈锡联司令员主动向父亲问好。父亲见他很热情，就提起我来："我的三儿子在你那里，3年没给家里写信了，不知道怎样了？"陈司令员连忙回答："他表现很好，我立刻叫他回来。"父亲特别高兴，立刻把陈司令员说的情况告诉了母亲。从那天起他们天天都盼着我的归来。

回京一周后，周总理和邓妈妈又找我谈了话。总理一见我就说："你很守纪律，很讲信用，3年没有给家里写信。不容易呀！部队的同志对你的反映很好。知道吗，他们特别打了个报告给我，说你表现很好，请示能否让你正式入伍、入党和提干。真是奇怪的问题！你为什么不能当兵?！为什么不能入党?！为什么不能提干?！我告诉他们，不论是谁，只要够标准，就可以。这样的事情还需要请示吗?！"一股热流从我心头涌起。这几年，总理一直在关心着我呵。

假期是短暂的，再次告别的时候到了。父亲深情地对我说："这几年你吃了不少苦头，爸爸妈妈的日子也不好过，不过现在有点儿改善了，将来情况会更好的，你也可以放心。不要认为环境改善了，就骄傲起来，还是要像从前那样干。"返回部队不久，我在抗洪抢险斗争中荣立了三等功。我用立功喜报再次回答了父亲的嘱托。

正当我憧憬着未来的团聚之时，死神却一步步逼近了父亲。他的病复发了，身体很快垮了下去。1972年1月4日，当我再回到北京时，父亲已经难以开口了。母亲俯在他的耳边呼唤着："小弟回来了，来看你了！"连呼几遍，父亲才有了反应。他的头微微地转动，用眼睛找寻着。终于，我们父子四目交汇了。刹那，他的眼里闪过一丝奇异的光彩！他的嘴动了动，但没有说出话来。

1月6日，父亲去世了。11日，召开了追悼大会。短短的5天，围绕父亲逝世发生的一系列事件震动了中国。人民的悲恸之中饱含着对"四人帮"诬陷忠良的愤慨。5年来，他们无所不用其极地打击父亲，却使父亲成为人民心目中的传奇英雄。父亲死了，"四人帮"先是要在悼词上写有功有过，后来又尽可能地压低追悼会的规格。但是，人心不可违，历史最公正，毛主席亲自出席了追悼会。周总理忍着巨大悲痛念悼词的声音，至今还在我耳边回响。父亲离去了，但他是强者，是胜者，人民永远怀念着他。

（陈晓鲁）

两次难忘的相会

1928年冬，我在四川军阀刘成厚处工作，他授我少将军衔，要我和南京蒋介石斡旋，希望蒋授予他四川、陕西边防总司令。

有一天，我突然收到胞弟陈毅来信，他说从汕头乘香港船到达上海，要我到码头去接。我马上把这件事告诉在龙华兵工厂当技术员的堂兄陈修和，两人商量之后，我化名王根新，陈修和化名王根生，在三马路新苏旅馆定下房间掩护陈毅。

接陈毅那天上午，陈修和一身西装，我仍穿少将军服。我估计，陈毅可能坐头等或四等舱，因为头等舱里都是富商、老板、达官贵人，搜查比较马虎；四等舱里都是穷人苦力，盘查也松。我上了轮船，找遍头等船舱，不见陈毅的影子。当我正想到四等舱去寻找的时候，忽然听到有人在喊"孟熙"。回头一看，是陈毅，只见他一身工人模样的打扮，饱经风霜的脸庞露出一股英气，手里没有一件行李，我好生奇怪，问："行李在哪里？"

他拿着一个旅馆的接客单说："已经叫茶房取走了。"我们一起下船，路过关卡，搜查队见我身穿少将军服，哪里敢查问。就这样，我们把陈毅护送上岸了。

我们陪陈毅在新苏旅馆住下，大摆离别之情。陈毅向上海地下党发出安全到达的信号。过了两天，我们正在房里闲聊，忽然闯进来两个中年男子，见我穿着军服，忙说："对不起，找错了房间。"说完，关上房门，扬长而去。解放后，听陈毅说，那次地下党派人联系，一看到我和国民党军官在一起，发生了误会，没有联系上。后来陈毅又发第二封信，才和地下党接上了关系。

那年，陈毅在上海约有两个月，和地下党的同志们开会、碰头，我就在外房间给他们当"门神"，作掩护。

有一天，国民党上海市党部组织部长冷欣打电话给陈修和，约他和我去三马路一家四川馆子——聚丰园吃早餐。我说："我有个老俵刚到上海来看我，留他一人在家恐怕不太好吧。"冷欣说："那就叫你老俵一起来嘛。"搁上电话，我把冷欣约我们去吃馆子的事对陈毅讲了。陈毅说："既然他叫我一同去，那就去吧，怕啥子，我额头上没有写着共产党字号，我倒要看看冷欣是郎格模样哩！"

在聚丰园里，冷欣和我们摆起龙门阵来，说上海共产党厉害，要我们严加防范。我们笑而答之："自然、自然。"陈毅偶尔插话，显得轻松自如。冷欣做梦也没有想到，在他的桌子上，稳稳地坐着一个国民党下令追缉的共产党要人。后来，在抗日前线，陈毅和冷欣在国民党军官聚餐会上相遇。陈毅走过去说："冷师长，你认识我吗？"冷欣想了半天，摇摇头，说："我怎么会认识你？"陈毅哈哈大笑说："我倒早认识你啦！有一次在上海，你请我们兄弟3人到聚丰园吃过早饭哩！"说得大家哄堂大笑。

我和陈毅第二次会见是在1938年。那时，我在重庆行辕主任何元庆部带兵，从罗卓英妇女团团长胡兰畦口中打听到陈毅的下落。她告诉我到景德镇找到大观楼茶旅馆老板，就能得到陈毅的消息。

经过4次去大观楼茶旅馆才取信于老板。他让我和陈毅通了电话，一番通名道姓之后，陈毅在电话里还问我："是骑马来，还是坐轿子来？"我说："你们哪里有什么马和轿子？""你和老板商量，他会给你安排的。"就挂上电话。

第二天清晨，我一身便装跟青年交通出发了。走到离景德镇5里以外的一个土地庙跟前，见有3匹马和3顶半新不旧的轿子等在那里。我们决定骑马前进。

第二天晚上，我见到了陈毅。他工作很忙，没有空陪我去各处参观，对我说："你可以到各地随意走走。"又过了两天，新四军举行抗日誓师典礼。会址设在大坝上，陈毅是大会主席，拉我坐上"丁"字形的主席台。从台上望下去，足足有两千多人。士兵们整齐雄壮，一排排坐在背包上。那些从很远地方赶来的老乡，把大坝挤得水泄不通，连墙头上、屋顶上也坐着人。有的唱抗日歌曲，有的在呼喊口号，连小孩子也扯着嗓门大喊"打倒日本帝国主义！"抗日情绪十分高涨。

誓师典礼会上，陈毅要我代表友军讲话。我目睹这个动人场面，禁不住热血沸腾，作了即兴演讲。我说以前同室挥戈，相煎何急。现在日本鬼子侵我大好河山，国难当头，应当国共合作，共同抗日……各界代表也纷纷上台发言，气氛之严肃，言辞之激烈，热情之高涨，真是平生未见未闻。

抗日誓师典礼之后，陈毅接到项英从南昌发来的电报，要他立即去南昌领军火。我们一起到了景德镇。停留的晚上，到戏院看了四川李家班演出的一台儿子孝顺父母的戏，陈毅看后不觉潸然泪下。他对我说："大哥，父母年迈，无人赡养，你还是回川照顾双亲吧。"第二天，他因公务在身，提前走了。

等我从景德镇赶到南昌，因路上疲劳过度，得了病，项英同志和陈毅多次到医院里来看我，要我好好治疗，安心休养。项英和我分别时，他写了一封信给徐特立，介绍我考长沙陆军大学。我把一支美国造的强立式手枪和100发子弹、钢盔、一块金表给陈毅作纪念。陈毅也给了我一支左轮手枪。这次别后，经过23年，直到全国解放，我们才又见了面。

（陈孟熙）

"介绍信我是不能写的，你靠我这个哥哥是不行的"

妈妈告诉我，我周岁时，二哥陈毅曾回家来看望父母。是他给我取名叫重坤。他临走时对妈妈说："妹妹不要缠脚。经济许可时，让她在农村读点书，还可送她到公立学校，学点新书。"妈妈真的听了二哥的话。我虽生长在乐至县农村，却没有受缠脚的痛苦，还上过私塾，在公立学校也念了几年书。

1950年，我随父母来上海后，有一天二哥问我："四川，山水秀丽，风景宜人。你知道为什么叫四川吗？"我答："略知一二。它因岷、雅、嘉、沱四条大江流经全省而得名。"我又发挥说："省会是成都。成都有蜀国的刘皇叔刘备的陵墓，墓前建有武侯祠。武侯就是诸葛亮，他是蜀国的军师。二哥，我讲的对吗？"陈毅微微一笑，又问："诸葛亮最著名的文章是哪一篇？"我摇摇头说："不知道。"二哥说："是《出师表》，《古文观止》上有。古人云：'读武侯《出师表》而不流泪者，其人必不忠；读李密《陈情表》而不流泪者，其人必不孝。'你应该读，甚至要能背诵。"

二哥二嫂看我言语很少，沉默无声，见到我就说："弱女子可怜呀！"有次，卫生部崔义田部长和他的夫人薛和同志来看陈毅。二哥叫我去，并向崔部长夫妇介绍说："这是我的妹妹，你们看弱女子，可怜呀！我托你们给她安排个工作。"当时薛和同志说："秋季卫生部要办一个卫生人员训练所，收高、初中毕业生或同等学力，这是个好机会。"二哥问我是什么文化程度，我说是四川省中女子后期师范修业，不过已离开学校10多年了。崔部长说："按学历可以收。"二哥问："什么时候可以报名？叫她去报考，考不取当工人。"第二天，二哥二嫂对父母说，现在新社会，幺妹还是要出去工作，不能久在父母身边和家庭里。现在解放了，男女平等，都得工作，都要劳动。要自食其力，才能体现妇女真正解放，真正得到自由平等。父母亲和我这时才恍然大悟。过去我的想依靠做官的哥哥过一辈子幸福生活的美梦，打消了。我知道了旧社会与新社会的根本区别。没有多久，二哥的警卫员邢凤池同志陪我到上海制造局报考。我记得考试的课目有政治、语文、算术、化学、物理等。我感到每门功课都很难答。考试结果，总平均分数及格了，被录取入校。学习时感到功课很难，但我能虚心求教，同学们也愿意帮助我。在校期间，哥嫂叫警卫员送来10元钱作零用。衣食住、纸墨笔等全是公家包干。毕业后，我被分配在上海市卫生防疫试研所检验科工作。

1952年夏天，上海市办了一个速成中学。我很想到那个学校去读书。星期天回去与二哥谈了这个想法。我想去报考，又怕考不取，请二哥二嫂给我写个介绍信。二哥说，有上进心、想学习是好的，但这个中学你没有条件去读。开这个学校，是专门为了老解放区的一些同志。他们过去在解放区，为了革命搞政治斗争、政权建设、群众工作等，没有上好学，读好书。将来还有更多、更大、更重要的工作要他们去做，所以要给他们补上文化课。你上的这个卫生人员训练所，是专门为社会上没有工作的知识分子办的，毕业后能安排工作就行了。至于你想以后考大学深造，我很同意。但你要自己去努力，去创造条件。功课不行，我赞成你去读夜校补习。上海夜校很多，你去读。大学每年都有招生，都收同等学力，你去努力争取。介绍信我是不能写的，你靠我这个哥哥是不行的。现在一切要依靠组织才对啊！他还对父母说，妹妹有了工作，还要解决婚姻问题。

1954年，抗美援朝结束，中国人民志愿军回国。王少艾同志调南京军事学院学习。他曾专门来上海看望我父母。我陪他在上海玩了一天。以后在通信联系中，我们谈起了个人问题。我向二哥二嫂谈了此事。他们专门同军事学院政治部主任钟期光同志了解情况。钟主任回了一信。二哥二嫂给我看了信说："王少艾向你介绍的情况，是否与我们了解的一样？如一样，我们是同意的。我们只要求一个贫下中农、共产党员就行了。你自己决定吧。"后来我才大胆与王少艾同志通信，增进了解。这件事母亲很高兴；父亲嫌他文化低、地位低。二哥二嫂说，现在是新中国，要靠自己努力工作才行。我自己经过慎重、周密地反复考虑，并得到父母、二哥二嫂的同意，在1955年5月与少艾同志在南京军事学院结婚。

（陈重坤）

殊途同归
—— 陈毅和陈修和

1985年中秋的北京，天高气爽，风和日丽。在中南海毗邻的一座幽静的小院里，陈修和老人坐在写字台前，出神地凝望着玻璃板下一张发黄的照片。回忆像中南海湖面上那微风吹动的涟漪，逐渐扩开，扩开，一直扩向那远去的年代……

70年前，陈修和与弟弟陈毅分别考入成都高等工业学校和成都甲种工业学校，结束了朝夕相处的生活。后来陈毅和另一个哥哥陈孟熙考入留法预备学校，由四川省公费派往法国勤工俭学。陈修和因旅费不足，未能实现自费去法国的愿望，留在上海。1921年，陈毅和其他留法学生一起回国。到上海后，这兄弟俩认真探讨了国内外形势。陈毅先是回四川任《新蜀报》编辑，后又到北平中法大学学习，并参加了中国共产党。当时国共两党已实现第一次合作。陈修和则认为只有去参加孙中山先生在广东创办的黄埔学校、参加革命军才能有为国效力的机会。1925年，陈修和到了广东，经吴玉章介绍，考入了军校，并参加了中国国民党。第二年，陈修和与同在黄埔学校学习的陈孟熙一起到了武汉参加北伐。随后，陈毅也来到武汉。兄弟们又欢聚在一起了。

1927年"四·一二"大屠杀后，当年夏天，武汉也掀起反共暗潮。陈毅决定去南昌参加起义。陈修和决定去上海。路过南京时，陈修和被蒋介石留下。以后，在他的一再要求下还是去了上海并长期在上海兵工厂工作了。1928年陈孟熙也到上海警备司令部任职，他们兄弟二人又得以常在一起了。

1929年的一天，陈修和正在家中看书，陈孟熙兴冲冲地推开了房门："大哥，好消息，小弟来信了，他要来上海。"

"真的吗？"陈修和简直不敢相信自己的耳朵。他多么希望早点儿见到小弟陈毅啊!

"真的。"陈孟熙拿出一封信,"他在信中说,是从汕头乘香港船来,要我们去接呢!"

怎么接法呢?当时,国民党正在出高额悬赏缉拿陈毅,可他偏偏来上海闯这虎穴。"我们一定要设法保护他。"陈修和知道陈毅是跟着毛泽东、朱德干大事业的。此次陈毅来上海,定有要事。国民党不是在悬赏缉拿共产党要人吗?正因为陈毅是共产党要人,就更要保护他。商量好一套完整的掩护方案之后,陈修和化名王根生,陈孟熙化名王根新,在三马路新苏旅馆定下了房间。

接陈毅的那天上午,陈修和与陈孟熙都穿一身西服,来到码头。他们先走进头等舱。估计陈毅可能在这里,因为头等舱里坐的都是达官贵人,搜查也比较马虎。可是,找遍了头等舱也不见陈毅的影子。他们正要到别的船舱去时,忽然听到有人在喊他们的名字。这人一副工人打扮,饱经风霜的脸上透露出一股英俊。"小弟!"陈修和快步迎上去,握住了他的双手。他正是陈修和日日思念的陈毅。

兄弟三人亲亲热热,谈笑风生,大摇大摆地走过码头。就这样,陈毅安全到达上海,住进了哥哥早已安排好的旅馆,并立即向上海地下党发出了联络信号。

外面风声紧,国民党到处悬赏缉拿陈毅;室内情意长,兄弟三人常常促膝长谈。他们谈论祖国的前途与命运,谈论人生的现实与理想。陈毅在两个哥哥的掩护下,顺利地工作着。

有一天,陈毅告诉陈修和,他要和周恩来在此处作一次长谈,请陈修和设法掩护。陈修和立即决定由他和孟熙在外间下围棋,安排陈毅和周恩来在里间谈话。当时周恩来有些担心,他问陈毅:"你的哥哥可靠吗?"

"绝对可靠!"陈毅爽朗地笑着说,"放心吧。"

这次上海会面之后,陈修和与陈毅便分手了。一别多年,留给陈修和的只是本文开头谈到的那张发黄的兄弟合影照。作为共产党领导人之一的陈毅,跟随毛泽东、朱德,举起了火把和红旗。陈修和则为了中华民族的命运与前途,决心用自己的一技之长去拯救灾难深重的劳苦大众。陈修和搞的是兵工技术工作。1932年,上海兵工厂内迁。陈修和被蒋介石派往法国高等兵工学校学习，1936年回国。抗日开始，陈修和在越南、香港、昆明等处，任兵工署办事处处长。在越南时，他经常和陈毅通信。陈毅写信告诉陈修和，新四军同国民党部队及特工人员常发生摩擦，这不好。希望哥哥能多帮助做做工作，希望国共密切合作，共同抗日。陈修和尽力作促进工作。那时，陈修和在河内领事馆看到国内出版的画报上刊登了陈毅等新四军领导人的照片，心情是非常兴奋的。抗战后期，陈修和代表军政部和兵工署参加中美合作的后勤工作。

星移斗转，时光如飞。陈修和与陈毅分别已达17年。1946年夏天，陈修和突然接到蒋介石的急电，命他速到南京，有要事相商。陈修和到了南京。蒋介石这次电召陈修和，是在玩弄一个阴谋手段。原来，蒋介石听说陈修和是新四军军长陈毅的长兄，就想利用他们的兄弟关系，让陈修和去劝降陈毅，从而瓦解共产党的武装力量。

陈修和见到蒋介石后，蒋介石先假惺惺地寒暄了几句，然后便转入了正题：

"听说，你有个弟弟文武双全，非常能干哩！"

陈修和意识到他说的是陈毅，但故意把话岔开："是啊，吾弟陈孟熙少将是个很有前途的军人。"

"不，我是说那新四军军长陈毅，听说他也是你的弟弟。"蒋介石盯住陈修和，眼神中充斥着一丝阳光。

"是的。我们在不同的战场上，共同抗日，目标是一致的。以前是常通信的，只是'皖南事变'后，失去了联系。"陈修和回答得非常从容，句句话软中带硬。

到底是蒋介石沉不住气了，他单刀直入地说："我希望你能以党国为重，设法把陈毅拉过来。只要他愿意过来，我立即让他当山东省主席兼集团军总司令。"

陈修和希望早日实现国共和谈。他想，如果能利用这个机会，促进国共合作，岂不更好吗？于是，他说："把陈毅拉过来，是不容易的。如果以国共合作为前提，与他交谈，还是可以的。"

"那么，你能不能给陈毅写封信？"

"还是我去一趟，当面谈为好。"

老谋深算的蒋介石没有让陈修和去找陈毅。一来，从陈修和的言谈话语中，他知道想拉陈毅过来，是办不到的。二来，那样做，共产党会把他蒋介石瓦解新四军破坏和谈的阴谋揭露出来。

就这样，蒋介石破坏和谈的又一阴谋破产了。

1946年冬，陈修和到沈阳组建第九十兵工厂。在这期间，陈修和多次建议国共重新和谈，恢复合作，但终未奏效。沈阳解放前夕，蒋介石派邓文仪来到沈阳，通知陈修和速到南京，并将兵工厂破坏掉，迁运走全部机器和人员。陈修和坚决拒绝了，他斩钉截铁地说："兵工厂是中国的，而不是国民党的，无论如何不能毁掉。"陈修和保护住了兵工厂，一直到人民解放军进驻沈阳。沈阳解放后，朱德总司令请陈修和继续担任兵工厂总厂长。陈修和在中国共产党的领导下，指挥沈阳第九十兵工厂及东北各厂，为中国人民解放军的南下，为全国解放提供了充分的物质条件。

月有阴晴圆缺，人有悲欢离合。陈修和与陈毅各走各的路，转眼间几十年过去了。在事实面前，陈修和深刻地认识到弟弟选择的路是正确的。自己虽然是爱国的，一心渴望祖国兴旺，终究还是英雄无用武之地。眼看着"百万雄师过大江"，中国发生了"天翻地覆"的变化，他更加思念陈毅了。

正当陈修和反复思考，怎样发挥自己的一技之长，为建设新中国贡献力量的时候，朱德总司令又给了他一项新的任务——去上海协助陈毅市长接收和安排国民党政权留下的科技人员。

1949年6月，陈修和来到了上海。

啊！上海。20年前，就是在这里，他和陈毅分别了，一别就是20年。有多少次睡梦中，他见到了亲爱的弟弟，可后来仍是天各一方。只有那张照片，一直跟随在他身边。

兄弟俩漫步在南京路上，长谈在黄埔江边。多少贴心的话要说呀？此时此刻，只化作一句话：为新中国而奋斗！

（刘正刚）

"我在北京见他"
——陈毅和唐联升

四川乐至县的84岁老人唐联升，珍藏着一个红纸钱封。因为，它关联着一件难忘的往事。

唐联升先生是陈毅同志的同年表弟，关系要好。陈毅同志参加革命后，二人就很少联系了。1959年10月，陈毅同志回到阔别多年的家乡。他按照家乡的风俗，给各家亲友都准备了一份用红纸封着的糖果费。几十位亲友都见了，唯独少了个唐联升，听说他外出未归。

陈毅离开乐至到达成都后，又向弟弟陈季让问及此事，弟弟才把事情真相告诉他："唐联升是个地主分子，被人看守着哩！干部们研究，不能让他跟你副总理见面。"

陈毅同志听了，生气地说："你们硬是'左'得出奇。我可以同帝国主义分子、战争贩子见面，却不可以同一个地主分子见面，而且还是我的表弟！再说，我做了多年统战工作，如果连亲友的统战工作都做不好，还能做好全国、全世界的统战工作？"陈毅还说，对地主分子的改造，主要是改造思想。他们当中有文化知识的，有一技之长的，还要大胆使用。

分别时，陈毅诚挚地说："叫唐联升来北京，我在北京见他。"并叫弟弟把那个未送出的红纸钱封转交给唐联升。事后，唐联升受到很大的鼓舞。从此，这个红纸钱封便成了唐家的传家宝。

（胡加模）

"你若一意孤行，必有翻船落水之日"
——陈毅和饶漱石

陈毅在党内斗争中表现出顾全大局的坦荡胸怀，很值得加以介绍。1954年2月，在我们党的七届四中全会上，揭露了高岗、饶漱石的反党活动，开展了对高、饶反党联盟的斗争。四中全会后，谭震林向华东局机关和上海市机关的干部作了关于高、饶反党联盟的传达报告。4月，华东局召开扩大会议，陈毅又作了详细的传达报告。由于饶漱石长期在华东工作，所以我们华东的同志对这场斗争更为关注。在这场斗争中，陈毅无论在大小会上的发言，还是在和我们的个别交谈中，都充分表现了他的无产阶级革命家的高尚品德；尤其是在对待饶漱石排挤、打击他的问题上，更显出他的光明磊落。

记得在1943年年底，陈毅突然离开了新四军军部到延安去。那时我在苏中区党委工作，听到一些议论，心中非常不安。饶漱石曾分别把一师和苏中区党委及各地委、专署的负责人找到淮南黄花塘新四军军部驻地做"解释工作"。他对我说："军长为什么走？因为他反对我，结果很多同志反对他。本来一文一武，应该合作得很好，我很愿意，他却不肯。"又说："我们军部，不是营团，只管战略问题，军长不在不要紧。"到底是怎么回事，我当时搞不清楚。陈毅离开黄花塘时，冷冷清清。他的爱人张茜和两个小孩离开军部到后方医院去了。我特地去看望，并代表苏中区党委送给张茜母子数百元法币，解决当时困难。

陈毅从未向我提起他离开黄花塘的事，我也不便问及。直到1954年听了七届四中全会精神的传达，才知道"黄花塘事件"的真相。原来，"皖南事变"后，陈毅任新四军代军长，饶漱石任华中局代书记、代军政治委员。饶由于缺乏部队工作经验，工作很吃力，陈毅热情相助。后来饶对情况日渐熟悉，就骄傲起来，处理问题主观臆断，权力欲随之增长。陈毅批评帮助他，他就怀恨在心，散布谣言，挑拨离间。1942年全党整风运动开始后，他暗中活动，整理陈毅的材料。1943年10月26日，在华中局常委整风学习会上，陈毅诚恳地作了自我批评；他趁机抛出了所谓陈毅"十大错误"的材料，进行打击陷害。陈毅逐一予以驳斥，并警告饶漱石："你这次向我发难是你权力欲、名利欲、迫害欲的大爆发。常言道，小黠大痴，小隙沉舟。你若一意孤行，必有翻船落水之日。"饶盗用华中局、军部的名义，发电中央，诬告陈毅。中央鉴于当时正值筹备召开党的七大，来电调陈毅到延安参加七大筹备委员会的工作。

1944年2月，陈毅在延安见到毛泽东，要求中央开一次会议，谈一谈新四军的问题。毛泽东说，有人告你的状，这个电报如果你要看，我就给你看，但最好你不要看。陈毅说，那我就不看。过了3个月，毛泽东找陈毅去，说黄花塘问题应该有一个结束，并说他已打了一个电报给华中局，大意是：陈、饶的争论中提到的闽西苏区的争论，不属于路线性质，且问题已经解决，不应再提。陈毅内战时期、抗战时期是有功劳的。如果有同志不了解，应进行解释。饶漱石接到电报后，未按中央精神向干部做解释工作，却给中央回电，声称他与陈毅的争论虽不属路线问题，也是带有原则性的争论。公然把中央电报的精神顶了回去。在这种情况下，陈毅听从毛泽东的劝告，以政治家的广阔胸怀，没有再向中央提出意见。直到后来饶的野心愈益膨胀，反党阴谋在10年后终被揭露。1954年6月，毛泽东同陈毅谈话时，引用了意味深长的两句诗："路遥知马力，日久见人心。"

在贯彻1954年党的七届四中全会决议的过程中，陈毅从不以为自己一贯正确，而是多讲自己的缺点和弱点。在谈到"黄花塘事件"时，他说不能因为饶搞阴谋，就把我自己有时过分严厉批评同志等缺点掩盖起来。这个春天，他由北京返回南京时，感触纷来，慨然命笔，写下了《感事书怀》的诗词。关于高、饶罪恶的篡党活动，他一针见血地指出："手莫伸，伸手必被捉。党与人民在监督，众目睽睽难逃脱。"他还写了自励晚节的警句："历览古今多少事，成由谦逊败由奢。"

（陈丕显）

"他不当叛徒我不姓陈"

——陈毅和林彪

一

1966年10月1日，直立在天安门城楼检阅台正中的麦克风，向广场，向全城，向全国传出了林彪带着浓重鼻音的时而拖腔、时而短促的声音："同志们——同学们——红卫兵小将们，你们好！我代表党中央，代表毛主席，向你们问好！……"

苍穹之间，立即口号震荡，欢声如雷。

林彪狭长、苍白的面孔上，浮现出一种意味深长的笑容。这笑容，不是善良的人们一眼能看透的。他举起握在右手的语录本，在靠近胸口的部位，前后挥动了几下，又扶正手中的讲稿，继续念下去。

陈毅站在林彪右侧不算太远的地方，对他的一举一动看得十分清楚。陈毅猛然记起，在哪本"大参考"上，一位外国记者有一段描述：林彪元帅照例用大拇指和中指夹着红皮的毛主席语录，食指放在一页里——好像他刚刚暂停看语录，立刻又要翻阅似的。陈毅注意地看了看，林彪手中的语录果然如此拿着。"这些外国记者的眼睛真厉害呢！"陈毅情不自禁，面露轻松的微笑。

但是，这种轻松的心情转瞬即逝，耳旁林彪的讲话，使他迅速回到复杂纷繁的现实之中。

林彪翻动着手中的稿纸，扯足嗓子念道："以毛主席为代表的无产阶级革命路线，同资产阶级反对革命路线的斗争还在继续……"

听到这，陈毅眉心一颤，脸色陡然冷峻。事情已经非常清楚了：两个月来，已经取代了中央书记处的文革小组，在政治局会议上肆意攻击少奇、小平同志，竭力要把工作组的"错误"升格，然后顺藤摸瓜，抓出所谓"资产阶级反动路线的炮制者"，将其置于死地。

对于这种意见，政治局内部有争论，一直没有通过。就在3天前，周恩来还根据中央的决定，召集了国务院各部、委、办党组成员会议，传达了中央政治局常委的意见：运动已经搞得差不多了，不能老搞下去，要转入抓生产。当时，许多位部长、副部长热泪满面，国务院小礼堂内爆发出经久不息的掌声。

可是今天，林彪突然公开宣称"斗争还在继续"，言下之意，"文革"运动不能结束，还要继续开展下去！

一阵难言的苦痛涌上陈毅的心头。他感到一种威胁，一种前所未有的威胁，正向中国共产党紧逼过来！

林彪讲完话，游行开始了。检阅台上的领导同志也可以走动了。离陈毅几步远，中国科学院副院长张劲夫同志走到李富春、谭震林身边，满面春风地询问："我在科学院又作了一次检查，怎么样，差不多了吧？造反派对我还有什么看法？"

李富春是全面负责国务院各部运动情况的，他带笑答复说："反映还不错……"

陈毅似乎不愿意破坏他们愉快的情绪，又担心张劲夫再过来交谈，自己会克制不住说出点什么，于是，他只向张劲夫点点头，绕过他们，沿着检阅台，缓步向休息室走去。

一幕多年不想，深埋在记忆底层的往事，突然重现在眼前：

39年前的夏天，从白色恐怖笼罩下的武汉，顺江东下，苦苦追赶南昌起义部队的陈毅，终于在8月10日，找到了党中央军事部部长周恩来。他立即接受了周部长的委派，去七十三团当团指导员。

临行前，周恩来握着陈毅的手说："这个团是我们党最早建立的一支武装，在北伐中是很有战斗力的，有铁军、铁团之称。这个团现在是贺（龙）叶（挺）军里一个主力团，有两千多人，你要好好地去把工作做一做！"

"是！"陈毅坚定地回答道。

周恩来在法国勤工俭学时就认识陈毅，了解他的才能。他拍拍陈毅肩膀，仿佛歉意地补充一句："派你干的工作小了些，你不要嫌小！"

"什么小哩！你叫我当连的指导员我都干！"陈毅爽快而真诚地说，"只要拿武装我就干！过去，跟着武汉军分校的部队走，我才不高兴！什么消息也不知道！现在叫我到打仗的队伍里去，我愿意去！我可以完成任务！"

陈毅就是怀着这样愉快的心情，走进了七十三团团部。还没坐下，门口就跑进一个20来岁的年轻人，面带惶恐：

"报告团长，我的120块毫洋的伙食钱给勤务员背起跑了，我连现在伙食钱发不出去了！"

"勤务员是什么人？"团长黄浩声追问。

"这个勤务员是我的表弟，以为可以相信，不料拐款逃跑。"年轻人怯生生地回答。

"你是怎么搞的！你为什么不自己背伙食钱？"团长厉声呵斥道，"现在经费这么困难，你这是失职，我要枪毙你！"

部队从南昌撤出以来，战斗频繁，给养补充十分困难，120块毫洋，够一连人开一个月饭哪，团长怎能不动肝火呢！

参谋长余增生看看陈毅，说："指导员，你刚到，这个事情你的意见怎么样？"

陈毅思考片刻，说："现在要准备打大仗，由公家补发给他算了。他已经把钱丢掉了，你有什么办法？不然，他到哪儿去搞这么多钱呢？一连人总得吃饭。"

黄团长气恼地摇摇头最后说："那好，叫辎重队发他120块毫洋。"

刚才低垂着脑袋的年轻人，这时才敢抬起头。

陈毅走到年轻人面前问："你是哪个连的？叫什么名字？"

他两腿一碰，高声回答："七连连长，林彪。"

"林彪同志，你既然当连长，以后伙食钱无论如何要自己背，你自己不背，让人再拐跑了怎么办？"

"是！"林彪感激地回答，"感谢团里的决定，今后，我一定自己背伙食钱！"

以后，陈毅到各连去抓工作，来到七连时，林彪总会提起那天的事，对陈指导员帮他说情，再三表示谢意。

后来为什么一年多没提林彪当营长？对了，一是他开过小差，脱离部队大半天，后因半路遇人拦截搜腰包，他挨了打，还险些被砍了脑壳，万般无奈，才又找回部队的；二是他不重视政治工作和政治机构；三是他喜欢任用私人，搞小圈子，到井冈山后，他那个拐款逃走的表弟又被抓到，林彪不但不罚他，还亲自把他接到团部，让他背驳壳枪，两人形影不离，亲热得很；四是经常破坏纪律，搞几个人在一起谈私话，打鸡子，吃吃喝喝。

林彪当时经常发牢骚，说自己连长当得太久了。一直到上井冈山后，因为领导成员伤亡大，迫不得已，才提他当了营长。再以后，因二十八团团长王尔琢被叛徒营长袁崇全打死，周子昆同志又负伤不在，只好把林彪提起来当团长……

"敬祝毛主席万寿无疆！万寿无疆！！"

"敬祝林副主席身体健康！永远健康！！"

高音喇叭里传出广播员激烈洪亮的声音，整个广场随着发出阵阵轰鸣。

陈毅扶栏远望，雄伟庄严的人民英雄纪念碑，像一枚巨大的感叹号直刺蓝天。从欢呼声中，他分明听见了那一阵阵从历史深处传来的枪声！眼前呈现出纷纷大雪中，火光飞迸的情景：

1929年1月1日，漫天大雪。为了粉碎敌人三省会剿井冈山的阴谋，军委接受了毛泽东委员的建议，沿着山间小路兼程急行军，顺利占领了大庾城。红四军政治主任陈毅率领的二十八团，按照毛委员的部署，派出一个营占领新城，向南康、赣州警戒。团主力在大庾城北面高地集结，三十一团占领梅关，防御南雄方面的敌人。二纵队和军委就在城里边。因为部队行军神速，估计敌人还不能来，准备在大庾城住一夜。

不料，下午4点多钟，新城方向打响了，枪声越逼越近。毛泽东对陈毅说："我们到城外看看去！"两人爬上小山一看，糟糕，二十八团的队伍退下来了！

毛泽东焦急地皱起眉头："无论如何要抵抗啊，不抵抗不行哪！"他说着坐在田埂上，语气严肃，沉重："这一仗无论如何要打好，不打好，我们以后就很不好办！"

这时，一个青年军官提着枪退下来，毛委员一眼认出，呼地立起身，大声喝道：

"林彪，你为什么不抵抗，你跑到哪儿去?!"

林彪收住脚步，脖子一梗，反问道："还有什么好抵抗的!"

站在毛委员身边的陈毅火了："你是团长，总要打几个反冲锋把敌人压下去!不然收不拢队伍!"

林彪根本不理。突然，近处又是一阵密集的枪声，树上积雪纷纷落下。林彪浑身一颤，提起枪，呼地一下从毛泽东与陈毅之间冲过去，跑向他们身后一片怪石陡立的安全地带。

陈毅愤愤喝道："林彪，你怎么跑了!毛委员还没有走，你为什么走?你回来!你是怎么搞的!"

林彪头也不回，爬过陡石，往山坳坳里一蹲，再没露头!

群龙无首，部队纷纷往后退，情况危急万分!

毛泽东问："陈毅，你有什么办法?"

陈毅没说话，迎面拦住一个刚退下来的排长，指着山顶上一个小石堡，厉声命令道;"你立即带部队冲上去，无论如何坚守住小石堡，在那里打排枪，掩护大部队撤退!你看，毛委员还在这里，你要是怕死，你要退下来，我就枪毙你!"

大个子排长看看毛委员，稳住神，用力地点点头。他一马当先，领着部队拼力反冲锋，终于攻上山头，在小石堡附近巩固了阵地。

天渐渐黑了，敌人不敢在山林中过夜，主动后撤了。枪声渐稀，部队开始安全转移。陈毅站在小路边，在最后撤下的部队里细细寻找，他要找到刚才临危受命的排长，他要代表军部和全体红军战士，当面嘉奖他的英雄精神!可是，部队过完了，也没找到他。

陈毅后来才从一名战士那里听说：排长在完成了阻击任务，掩护其他同志撤离时，被一颗子弹射中了胸脯……

就在当天深夜，部队到达扬眉。但是，要甩开敌人，避免拂晓发生恶战，必须立刻离开这个地方。

部队即将出发，陈毅接到报告：二十八团党代表何挺颖挂了彩。他急忙去看望。何挺颖的伤口在胸部，伤口经过包扎，仍不住往外渗血，人已经有些神志不清，伤势严重!陈毅立即赶到军委，将情况向毛泽东作了汇报。

毛泽东当即对陈毅说："你到二十八团团部跟林彪讲，何挺颖同志刚从三十一团调到二十八团，没得好久就负了重伤，无论如何，要用担架把他抬起走。这不仅是救人一命的问题，这对两个团的团结有直接影响。"

陈毅在这次战斗前已调回前委工作，当时考虑二十八团没有一个政治上坚强的同志不行，前委才决定，将三十一团的党代表何挺颖同志调往二十八团当党代表。何挺颖忠诚坚定，他二话没说，背包一扛，来到二十八团。

陈毅在团部找到林彪，向他转述了毛泽东的话，并且又叮嘱一句："这是毛委员的指示，你要负责落实！"

林彪恐怕还为昨天怯阵之事感到心虚，连声应承道："是，是，是！"

部队经过急行军到达龙南，陈毅没顾上休息，立即来到二十八团看望何挺颖。可是，前前后后都找不见。他焦急地询问林彪："何党代表怎么不在了？"

林彪若无其事，随口答道："丢了。"

陈毅大吃一惊："怎么丢的？会不会被敌人发现？伤口流不流血？身边有没有人照顾？"

林彪两眼一瞪，恶狠狠地说："哪个管得了那么多！"

陈毅气得发抖，高声斥责："你是团长，对于团的党代表都不能帮助，还有什么阶级友爱？！"

林彪撇撇嘴，转身扬长而去。

愤怒的泪水夺眶而出，陈毅又一次看到了林彪自私、冷酷的灵魂！他缓步攀上山冈，向着被连绵山岭隔断的扬眉方向，脱下军帽。不要说是一位重伤号，就是一个身体健壮的人，独自留在深山荒野，也很难保证不受野兽伤害，何况身后还有敌人追赶搜索呢！

长征前分手，解放后再见面时，林彪已是赫赫有名的四野司令；1959年当上国防部部长，"文革"开始后，又成了副统帅，接班人。

想到林彪在5月中央政治局会议上大讲特讲政变经；想到八届十一中全会上，林彪高喊"文革"是"罢官运动"；想到林彪对毛泽东"一句顶我们一万句"的颂扬、"不理解也坚决执行"的"忠诚"，深知林彪底细的陈毅，不难看透林彪手夹红语录的表象后面，掩盖着什么样的居心。

252

陈毅两手扶着栏杆，无意中，他突然注意到，波平如镜的玉带河里，倒映着一排漆黑的大字，像给自己的判断做出了最有力的注脚。至此为止，陈毅对这场运动的目的，可谓彻底看清了！

陈毅满腹心思渴望找人倾诉。他转身走进休息室，瞥见文化部副部长肖望东坐在桌边，就径直走过去，拍拍肖望东肩头说："来来来，我带你去看个东西。"

他二人一前一后，走到刚才陈毅站立的位置。

陈毅双肘撑在城楼栏杆上，用头往下点了点，说："你注意看，看玉带河里有什么！"

听陈毅的口吻，不像是开玩笑，肖望东靠前俯过身去。一阵秋风掠过，玉带河里波光粼粼，啥也没有。肖望东茫然地晃晃脑袋："陈总，没有什么嘛！"

"你仔细看嘛！"陈毅道，"看他们是干什么的！"

肖望东凝视水中，微风过后，水平如镜，像底片放进显影液里，一排巨大的黑体字跃然而出："打倒三反分子×××！"再细看，字迹笔画是反的，原来，这是一幅刷在天安门城墙上的大字标语的倒影。×××，是一位不太出名的领导干部。

肖望东不解地看看陈毅："哦，是一条标语呀！"话外音很明显：这种标语随处可见，何足为奇！

"你看看，这就是'文化大革命'！"陈毅声音不高，却凝聚着满腔的愤慨，"你看见了吧，'文化大革命'，一言以蔽之，就是要打倒老干部！"

肖望东突然记起，两个月前，他曾就"文革"的目的请教过陈毅，陈毅的回答是："我也不晓得。"今天，陈毅一语道破，显然是经过几个月的观察分析，最后才得出的结论！肖望东是陈毅的老部下，熟知陈毅洞察秋毫的战略眼光，此时感到格外震惊：难道前两天刚刚传达的国务院会议精神又不作数了？难道运动10月份告一段落的计划又要告吹？难道……肖望东越想越担心，他想再问几句，抬头才发现，陈毅迈着沉重的步子，已经向西头走去。

二

仅仅过了两天，10月3日，《人民日报》全文刊登了《红旗》杂志第13期社论，打出了"对资产阶级反动路线必须彻底批判"的旗号。一时间，"资产阶级反动路线"这顶令人胆战心惊的帽子，以龙卷风的速度和威力，扣向大批的干部和群众头上。当然，首当其冲，眼看要遭受灭顶之灾的，是各省市委、各部局的"第一"书记们。

中央10月工作会议，正是在这个风口上召开的。

京西宾馆西门警戒线是细细的一条白杠，却像南天门，隔开了两重天。各省造反派像中央办公厅的大会工作人员一样，熟知本省执行"资反路线"的"一把手"的会议活动安排。天刚亮，高音喇叭便点兵点将叫嚷开了：

"×××走资派必须老实交代！"

"×××不投降就叫他灭亡！"

"不揪回×××誓不罢休！"

……

大字标语刷满宾馆对面的墙壁、马路、房顶。只要往窗口一站，那一个个比人还高的白色石灰刷出的大字便扑入眼帘，"打倒"，"打倒"，还是"打倒"！

整个白天，到宾馆四周示威的队伍接踵而至。上海的走了，福建的来了；安徽的走了，江苏的来了。活捉、揪出、打倒、炮轰、油炸、绞死、粉碎、砸烂、埋葬、斩断……几乎凡是《辞海》中能找到的带有威胁性的词汇，都顺着窗缝、门缝往大楼里灌，强迫每一个有听力的人受用。

笔者曾经访问过当年参加了这次工作会议的陈丕显、江渭清、李葆华、张劲夫、姬鹏飞、李雪峰等老同志，他们有一个共同的感受，正是毛泽东当年批评的十二个字："很不理解，很不认真，很不得力"。他们唯一的安慰和寄托，也是毛泽东的一段话：你们不要承认自己是三反分子，你们都是三反分子，我这个党的主席是什么呀？！

中央顾问委员会委员江渭清回顾这段历史时感慨地说：

"8月份召开八届十一中全会时，会场里的气氛还比较融洽，毛主席坐在台上讲话，台下坐着的同志也时常插话，场内有时还漾起一阵笑声。"

"到10月工作会议，这种气氛已经荡然无存了！会上刘少奇、邓小平同志，已被文革小组定为资反路线的炮制者，当作黑司令部的总头目批判了。以此画线，人人检讨，根本不容辩解！在这种高压之下，叫我们不承认自己是三反分子，谈何容易！特别是一想到会议结束后，精神根本无法贯彻，心情压抑的程度更是难以名状！"

"正在这时，接到陈总秘书的通知：陈总今晚请华东几位第一书记吃晚饭。我竟像孩子盼过年似的盼起天黑来了。看得出，一同去的陈丕显夫妇、叶飞、李葆华、魏文伯、谭启龙等同志，都有同样迫切的心情。吃饭是小事，能到老首长面前谈谈心，出出气才是真的。整个会议期间，虽说与陈老总天天都见面，碍着人多眼杂，只有碰面点点头的机会呀！"

天近傍晚，两辆拉严窗帘的"大红旗"开出了京西宾馆，出门不远，便避开宽敞的大道和熙熙攘攘的人流，在狭窄僻静的小胡同里东拐西弯，时而停车躲让自行车，时而缓慢艰难地转急弯，足足绕了半个钟头，汽车方才切入府右街，呼啸驶入中南海西门。

这时，司机如释重负，长长地舒了口气。

车上的"第一"书记们开始打破了沉默。不知谁说了句：

"幸亏北京还有这么多羊肠胡同！"

后面的话，众人皆能体味：否则车行大街，这里无论哪一位被造反派发现，此行只能告吹！

陈毅站在院门口，带着深沉凝重的微笑，与每一位客人握手。张茜拉着谢志诚（陈丕显的夫人）的手，一边往里让，一边歉意地说：

"老总请你们来，也没提前打招呼，匆忙中只备了几样家常菜，请大家多原谅哟！"

这几位华东来的书记，几乎每次到北京开会，总要"敲"陈毅一次"竹杠"，当然主要目的是看望一下老首长。这次，碍于形势错综复杂，不便聚会，陈毅一直未发邀请，无奈几位书记心里有事，几次提出要求，陈毅才在会议快结束时临时决定。

施师傅今天中午才知道请客之事，但因都是熟客，口味喜好他有数，只半天工夫,他便像变魔术一样,煎、炒、烹、炸,摆上一桌菜。桌子正中放着两瓶茅台,一瓶长白山红葡萄酒。

大伙亲切随便地鱼贯入席。

陈毅拿起茅台酒瓶,给每一位伸过酒杯的老部下斟上一杯,最后把自己面前的小酒杯倒满,举起,向众位说:

"今天我们喝茅台,都敞开酒量,喝个痛快!能喝的开怀畅饮,不行的也品尝几口。我也不敬酒,剩下来的,请大师傅喝光。干!"

没有吃菜,也没碰杯,有的一饮而尽,有的抿了一口。

陈毅猛一仰头,滴酒不剩。他把空杯子搁在桌上时又补了一句:"我酒量有限,不再敬酒,你们能喝的尽量喝!"顿了顿又说:"我们这些人一同吃饭,这是最后一次了!"

这句话说得声音不高,可是"最后一次"这4个字的分量很重,满座为之一惊。

张茜猛一愣,随即埋怨身边的丈夫:"你不要瞎说嘛!"

"你懂什么!"陈毅突然像狂暴的雄狮,冲着张茜怒吼了一句。

大家又一次受到震动:当着客人的面,陈毅从来没有对妻子这样横蛮。如果性情倔强的女主人离席而去,整个酒席将会不欢而散。根据以往经验,这完全可能。

也怪,张茜意外地平静,她只不太明显地叹了口气,转而笑着招呼大家:"别停筷子,多吃菜呀!空腹喝酒会伤身体的!"说着拿起酒瓶为每一位客人斟酒,然后又给身边的丈夫加了半杯,温存地说:"老总,你只能再喝半杯,这是医生定的量,对吧!"

"唔。"陈毅顺从地点点头。

反常,一切都反常,反常得令人眼眶发热,鼻子发酸。

张茜个性强,她"管教"陈毅时的厉害劲儿,在座的有几位是亲眼看见过的。当时曾觉得她太不给面子,可是今天突然觉得那才是张茜,而眼前这位逆来顺受的女主人则显得陌生。

一次,会议开完,已近中午。周恩来总理掏钱,留陈毅、贺龙在北京饭店吃狗肉,又派人打电话,把张茜、薛明也请来做客。周恩来还特地买来一瓶茅台酒助兴。

酒过数巡，脸色红润、汗珠满面的陈毅，突然以极度夸张的语调大叫："哎哟！"然后转脸对身边的张茜说："哎、哎、哎，今天是总理请我们吃酒，总理给我敬酒，我怎么能不喝呢？你不要老在下面踩我的脚嘛！"

几句话，惹得满座哗然，包括羞红脸的张茜，也无可奈何地笑了！

后来，每逢周恩来向身边同志讲到这段故事，总忍不住放声大笑。

嬉笑怒骂皆成文章，这才是陈毅的性格，唯独他的沉默寡言，让人痛心！

当然，当时整个形势都混乱反常，陈毅夫妇的反常似乎也不足怪。席间的空气还是轻松的。起码不用担心周围有耳目；不必像在京西宾馆会议室讨论时那样斟酌词句，三思而行。席间大家谈本省的运动，谈自己挨斗挨冲的情景，无论是苦是涩，倒出来总能舒畅些。

张茜给身边的谢志诚夹了块白切鸡，又夹起一块，似乎想往陈丕显碟里送，略一思索，放在陈毅碗里，转而夹起一块酱鸭送到陈丕显同志面前，关切地问："陈书记的身体怎么样？"

"是呀，"陈毅接过话题，对陈丕显说，"你命很长啊，得这个病还在！"

陈丕显1966年年初鼻腔突然出血，检查后确诊是鼻咽癌。因为治疗及时、得法，如今已渐好转。与他相同病症的另一位副军长，由外国专家治疗，病情很快恶化，半年就病逝了。

"最近还好。"陈丕显微笑着回答，"多亏周总理派去了北京肿瘤医院吴桓兴院长。他完全依据我的病情变化，镭放射治疗时专门为我开'小灶'，否则，十个陈丕显也完了！老院长对我说，如若癌症病人都能及时得到'小灶'治疗，而不是完全依据书本吃'大灶'，绝大多数患者都是能治愈的。"

"今年3月，卫生部已经批准吴院长组织一批在国内有名望的专家，每年负责培训20名能达到'小灶'治疗水平的医生，以逐步提高'放疗'治愈率。前两天，我去吴院长家看望，唉，老人就因为是华侨，被红卫兵抄了家，连病都不准他看了，还谈什么培训任务！"

恐怕在座的书记中，只有陈丕显一人还能自由地在北京大街上走走。因为上半年，直至会议之前，他都在养病，有幸避免了"资反路线"的"错误"。上海目前正集中攻击曹荻秋、魏文伯，魏文伯坐在席间喝着闷酒，看得出日子不好过。

"阿丕!"陈毅突然以责备的口吻说,"你养你的病嘛,来开什么会呀!常言说,不在其位,不谋其政哟!"

"你问她!"陈丕显向夫人一指。

"老总,叶群亲自打的电话,正巧是我接的。"谢志诚说,"叶群在电话里说:'陈书记能不能来开会?中央怕他跟不上呀,能不能来呀?可以带医生、护士来京,再说,北京也有名医。'哎,说是商量,比下命令还严肃,老陈能不来嘛!"

"哼!"陈毅脸上堆起怒容。

"是呀,"陈丕显接着说,"昨天,江青请我去吃饭,她说呀,看样子魏文伯不行了,造反派对曹荻秋也不满意,我希望你出来。"

"我说:'如果需要,我可以帮助曹荻秋,他还是主管工作,我做些调查研究。'"

"江青火了:'你何必躲在幕后呢?大胆出来干嘛!我和春桥做你的顾问。'"

"我说:'哎哟,你们两位做顾问太大了,我主要还是身体吃不消。'"

"谈话不欢而散。谁想出门就碰上戚本禹,他主动上来拉拉我的手说:'身体怎么样?'我还是说吃不消。戚本禹两眼一瞪,凶声恶气地说:'那不行!第一书记都要杀上第一线!'"

"看来,我这个因祸得福的人,也是在劫难逃呀!"

"陈老总!"江渭清憋不住了,"我从运动开始到今天,始终没想通过,我对这场运动确实有抵触!"

"我记得1962年北戴河会议上你向主席提过:再不能搞这样大的运动了(指大跃进),我们受不起折腾了!"

"当时毛主席说,你的意见对,今后要慎重。现在怎么又……唉!搞大运动,一窝蜂,根本不能实事求是嘛!都是先有框框,先有结论:'走资派'!扣上顶高帽子再找材料。"

"依我看,帽子要戴,先搞清是多大的头。大头做大帽子,中头做中帽子,小头做小帽子嘛!就像裁缝做衣服,长子做长点,矮子做短点。大人的衣裤给小人穿,怎么行嘛!"

"不算战争年代,我在江苏工作17年了。17年间,我就撤过一个县委书记,因为他死官僚主义,省里拨给他粮食他不要,全县饿死40000人。现在可好!从省到地市委,到县委,'洪洞县里没有一个好人'了,我保不了他们,连我自己也保不住了!这样搞法,怎么行嘛!叫我怎么理解,怎么得力嘛!"

说到最后几个字时,江渭清眼圈潮润,声音也有些嘶哑了。为了稳定情绪,他往嘴里塞了支烟,发颤的手,划一根火柴,断了;再划一根,又断了;划到第三根,才把烟点燃。

江渭清一番肺腑之言,立即在席间引起共鸣,大家谈到各自的情况,无不忧心忡忡。工作会议上宣布了,运动还要延长至明年2月份结束,这些第一把手能否坚持到那一天,还是个问号啊!

陈毅早已注意到,一向爱说爱笑的叶飞,今天几乎没开口。他满脸阴云,只是抽烟喝酒,筷子没摸几次。陈毅心里一阵痛楚:这是一员虎将啊!黄桥决战,他为开辟苏北根据地建立了特殊功勋;新中国成立以后,他在福建担任第一书记,为争取爱国华侨同情,争取祖国早日统一,做了大量工作。今天竟被斥为特务、叛徒、阶级异己分子,已遭受轮番批斗,而且是中央文革直接授意的!理由就是叶飞本人是华侨;国外反动报纸对他有"邀请前往自由世界,共操反共大业"的文章。真是岂有此理!

李葆华还是中学生时,陈毅去他父亲李大钊那里请示工作时就认识了他。60年代初期,他奉中央之命,到饿死人最多的安徽省担任第一书记,可谓受命于危难之中。他继承了李大钊的革命坚定性,走遍了安徽农村,及时而又大胆地采取了各种改革措施,经过几年艰苦努力,基本安定了安徽省的局面,至今皖北农村还有"李青天"的尊称。现在却被造反派视为推行修正主义路线的走资派,"三自一包"则成了地地道道的资本主义货色!难道非要老百姓都去逃荒、要饭,等国家救济,这才是社会主义?!

还有曹荻秋、魏文伯、江华、谭启龙,他们都是革命几十年的老同志,老党员了,怎么能统统往死里整呢?

陈毅思前想后,百感交集。见大家也无心吃饭,便端起酒杯说:

"困难,我们都见过,要说困难,长征不困难?三年游击战争不困难?建国初期要米没米,要煤没煤,头上飞机炸,下面不法投机商起哄捣乱,怎么不困难呢？困难！没有困难，还要我们这些共产党干什么？我还是那句老话：无论多么困难，都要坚持原则，坚持斗争，不能当墙头蒿草，哪边风大，就跟哪边跑！"

这些道理并不深奥，在座的诸位也都会说。但是，话从陈毅嘴里说出，就像当年听到他的战斗命令一样，一种坚定的、必胜的，甚至是神圣的信念油然而生。大家屏住气，认真聆听老首长的临别赠言。

陈毅顿住了，他看着手中的酒杯，仿佛是在斟酌词句。忽然，他抬起头，深邃的眼睛里闪动着异样的光彩，以浑厚的四川乡音说道：

"德国出了马克思、恩格斯，又出了伯恩斯坦。伯恩斯坦对马克思佩服得五体投地，结果呢？马克思一去世，伯恩斯坦就当叛徒，反对马克思主义！"

"俄国出了列宁、斯大林，又出了赫鲁晓夫。赫鲁晓夫对斯大林比对亲生父亲还亲！结果呢？斯大林一死，他就焚尸扬灰，背叛了列宁主义！"

"中国现在又有人把毛主席捧得这样高！毛主席的威望国内外都知道嘛，不需要这样捧嘛！我看哪，历史惊人地相似，他不当叛徒我不姓陈！"

说最后一句话时，陈毅浓眉倒立，怒目圆睁，一字一顿，字字斩钉截铁。

大家像陡闻一声炸雷，受到强烈的震动。

尽管在座诸位对"文革"都有一肚子怨气，尽管他们对"文革"小组里那几个刀笔文人异常反感，尽管他们认为运动这样搞下去不行，但是，还没有一个怀疑到副统帅的居心！他此时红得发紫，已是毛主席身边唯一的副主席，不言而喻的"可靠的"接班人呐！

可是，陈毅不点名骂的正是他，这又是不容置疑的。

陈毅是众位敬重信赖的老首长，他在政治问题上决不会信口开河。大家屏住气息，等待着陈毅一语道破缘由。

陈毅却缄口不语，不再深谈。他虽然已经看透时局，看穿了一些人的嘴脸，但仍没忘记党的纪律；他有预感，与在座老部下今后恐怕相见无缘了，不愿眼看着他们糊涂上当，故而设下家宴，点到为止。实实在在地只是点到为止，不再多言！一则不能言，再则也无须多言！他相信这些历经几十年战火考验的老兵，会在今后的风风雨雨中明白他所指的一切！

陈毅拉开椅了，站起身，高高举起酒杯。

大家也都起立，把手中的酒杯举起。

陈毅深情地环视着这些曾经患难相扶、生死与共的老部下，亲爱的好战友，充满感情地说：

"让我们干了最后一杯！我保不住你们了，你们各自回去过关吧。如果过得了关，我们再见；如若过不了关，这是最后一次！"

元帅最后这番话，分明是与即将出征恶战的将军们诀别！

大家挨个与陈毅碰过杯，一仰头，吞下了这杯烈酒。不管对元帅的指点是否理解，这些非同寻常的话是都铭记心中了。

恐怕领会最透彻的是叶飞。

当专机从北京起飞，依次降落在济南、合肥、南京机场时，他一反往日握手话别的习惯，像一位真正的华侨一样，以紧紧的拥抱为每一个老战友送行，并且在每个人耳边只留下三个字：

"永别了！"

"最后一次"，不幸而言中！

1966年10月中旬，参加过陈毅家宴的叶飞、陈丕显、李葆华、曹荻秋等人，下飞机之后便身陷囹圄，直到陈毅逝世，他们仍在监禁之中。他们只能望着报纸上带有黑框的陈毅遗像，望着元帅遗像上那安详、镇定、亲切、自信的笑容，老泪横流，泣不成声；只能在幽暗冰冷的牢房里，默默回忆老首长的临别赠言，回忆着诀别时悲壮的一幕！

（铁竹伟）

"非常时期，相忍为国"
——陈毅和韩德勤

救 援

1943年初春。淮南盱眙县（江苏省）黄范塘乡。新四军军部。院门口，两个持枪的士兵机警地注视着四周。院内里屋闪着黄黄的灯光，40多岁的代军长陈毅反剪双手伫立在桌前，正向发报员缓缓口述：

"敌寇于2月初大部集于韩部地区外围，淮阴、淮安、宝应、涟水一带，华中其他地区无甚情况，军部估计，敌即有可能对盐阜区进行'扫荡'……此次'扫荡'的主要目的是解决韩部主力，而后可能转向对我盐阜区'扫荡'……"他感到有点倦意，踱步到窗前，深深地吸了一口清新之气，点燃烟斗，继续道：

"敌向韩部大举进攻时，我接近韩部各部队（如三师部队及五十二团等）应以游击战战术的姿态配合韩军作战，若韩部为敌击溃，少数零散部队窜入我地区时，应帮助收容给以安慰，切不可吞图小利而误大局。但反'扫荡'结束后，韩部必须撤回原防……"

红色的电波穿过广阔的夜空，迅速地将代军长陈毅的命令传给新四军一、二、四师。

一些同志曾主张不过问此事。他们对韩德勤是彻底失望了。陈毅何尝不知韩德勤？几年来韩德勤消极抗日，积极反共，几次欲置苏北新四军于死地，是个顽固的反共派。前几天，韩德勤派代表潘良辅到苏北与新四军第三师谈判，希望在日寇"扫荡"时新四军能借道并给予方便和支持，反"扫荡"后，他们一定撤回原防。三师向军部求示。

究竟是作壁上观还是拔刀相助？陈毅反复思考，认真掂量。尽管往事令人发指,但答案只有一个:为了抗日,拔刀相助。

会上陈毅把自己的想法讲给同志们听。

"如果事后韩德勤不肯撤回原防怎么办?"有同志问。

"反共顽固派可以断送抗日,而我们必须坚持把抗日放在第一位。说实话,我也担心这一点,但眼下别无他择。帮助韩德勤反'扫荡'乃是再一次争取他真心抗日,是为了我们中华民族!这是我们共产党人神圣的义务。至于以后他硬要搬石头砸自己的脚,那我们只好让他砸啦!"

讲到这里,同志们报以信任的目光,陈毅欣慰地笑了。

一个月后,陈毅如愿以偿:黄克诚率新四军三师部队成功地援助了韩德勤总部突围,终于取得了反"扫荡"的胜利。

反　击

3月1日,韩德勤受蒋介石密电,借口"收复失地",突然派兵侵占了新四军驻地里仁集、程道口地区。陈毅立即派人与韩德勤会谈,婉言相劝,希望这位江苏省政府主席能恪守诺言,以抗日大业为重,不要把新四军往死路上逼。

但是,韩德勤背信弃义,不见棺材不掉泪。

这时,周恩来副主席从重庆发来急电:蒋介石命令韩德勤、王仲廉东西夹击新四军,妄图把新四军四师消灭于洪泽湖畔,在淮北建立新的反共基地。

陈毅意识到一场大战将不可避免。

3月14日。晚饭后,陈毅留住了参谋长赖传珠。

"电台这两天工作情况怎样?"

"尚未发现什么情况。军长,今天你早点休息吧,不能再熬夜了。"

"我在琢磨,韩德勤会在哪儿下手。"

"目前尚不知。不过,各师都已做好战斗准备了。"

"不能轻心,蒋介石这次的胃口不小呢。"

"报告——急电。"报务员急匆匆地走了进来。

陈毅和赖传珠几乎同时站了起来。

陈毅接过电报,看着,看着,眉头拧紧了,愤怒的眼睛里几乎迸出火花。

"你看看!"他把这份军部电台截获的韩德勤给蒋介石的电报递给赖传珠。

"怎么样?我们这个对手不简单吧?前几天刚刚收到他写来的致谢信,对黄克诚三师的拼死相救和物资援助表示最诚挚的感谢,还说今后要与新四军同舟共济、共御外侮。可是,他在暗地里却策划着消灭我们,想制造第二个'皖南事变'。看来真是江山易改,本性难移噢。"陈毅指着电报纸对赖传珠说。

"是啊,胃口还不小呢。连具体部署都有了,而且是那样周密。"赖传珠扶了扶眼镜,说。

"丁零零——"一串急促的电话铃声。赖传珠拿起话筒。

看着赖传珠由白变红的脸,陈毅也不由地站了起来。

"勿躁,勿轻动,等待军长命令。"赖传珠说。接着又转向陈毅,"四师师长彭雪枫报告,今天,韩德勤亲率八十九军、独立第六旅、保安三纵等部,偷渡运河,进入淮北中心区山子头一带,血腥屠杀抗日群众……你要讲吗?"他将话筒递给陈毅。陈毅摇摇头。赖传珠又对着话筒说:"等待军长命令。"这才挂上话筒。

"来,我们先议一下。"陈毅点上烟斗,深深吸了一口,对赖传珠说。

两小时后,陈毅召开紧急军事会议。他开门见山地通报了有关情况,然后说:"眼下,团结抗日是我们中华民族的最大利益,也是我们党的总路线、总任务,只要对团结抗日有利,我们不惜让步牺牲,共体时艰。反之,我们寸步不让。为了团结抗日,我们不计前嫌援救韩德勤;为了团结抗日,我们对韩德勤的进攻一忍再忍,一让再让;现在,韩德勤不顾抗日大局,要消灭我们,我们怎么办?"对韩德勤的倒行逆施,大家早已忍无可忍。这个说:"坚决反击,让韩德勤知道我们的厉害!"那个说:"对,要针锋相对,寸步不让!"最后,陈毅集中大家的意见,做出了反击韩德勤的具体部署:"四师主力,加上二师的五旅和三师的七旅以及淮海军分区部队联合作战,集中打击入侵山子头的韩德勤。由彭雪枫、邓子恢统一指挥……"

一场决定生死存亡的战斗拉开了帷幕。

生　俘

　　王庄。前线指挥所。陈毅披着大衣，一直守候在电话机旁，一根接一根地抽着香烟。从1926年投笔从戎至今10多年来，他历经无数大大小小的战役，但压力似乎从没有现在大。眼下这一仗，胜利扭转淮北和华中的抗战局面，击破蒋、韩的反共阴谋，其作用并不小于3年前的"黄桥决战"。那是他与韩德勤第一次大的交锋。那时，新四军进入苏北时间不长，力量薄弱，以7000人4000条枪对付韩德勤的15000人。结果打胜了，新四军才在苏北立下足……

　　午夜时分，突然下起滂沱大雨。陈毅听着窗外的雨声，忐忑不安，忧心忡忡。

　　"丁零——"，急促的电话铃声，使陈毅为之一振。他拿起话筒，是四师师长彭雪枫的声音："报告军长，战斗已全部结束。歼韩德勤全部，俘韩德勤及其以下官兵千余人，毙保安三纵司令，获大批军火弹药。军长，韩德勤怎么处理？"

　　"打得好！你们为保卫华中抗日根据地立大功了！"陈毅对着话筒大声说着，热情而又亲切，好像彭雪枫就在眼前。"至于那位省政府主席韩德勤嘛，以礼待之，可以派人和他接触接触，摸摸底，有情况随时告诉我。过几天我到你那儿去……"

　　陈毅放下电话筒。近20天来紧压在心头的石头搬掉了，两天两夜紧张的神经系统也一下子松弛了，一阵挡不住的睡意向他袭来……

　　几天以后。淮北，半城。新四军四师师部一间整洁的小屋。

　　夜深了。躺在床上的韩德勤辗转反侧，目不交睫。致命的惨败使他惴惴不安。一组组使他痛心疾首的镜头，反复在他记忆的脑海里闪现，赶也赶不走，驱也驱不掉——

　　民国28年初，新四军挺进纵队进入苏北。他当机立断，命令与新四军邻近的鲁苏皖边区游击总指挥部李明扬，副总指挥李长江攻打新四军，把他们赶回苏南。可李明扬与李长江不知吃了陈毅的什么迷魂汤，硬是按兵不动，坐失良机。来年6月，好不容易恩威并施，借故说服李明扬与李长江发起了郭村战斗，可新四军好像得到了仙术，一下子把他们拼凑起来的13

个团打得落花流水，溃不成军，一个反攻直打到了李明扬总指挥部所在地泰州城下。他并不为李明扬、李长江的失败而痛心，他只等着看好戏。但是他做梦也没有想到，陈毅却命令部队收兵于泰州城下，并送还给二李俘虏和部分枪支弹药，结果使李明扬更倒向新四军。8月21日，他在东台亲自发出了《关于进攻新四军的作战命令》；不久，又在距泰州10多里的姜堰镇修建了36个碉堡，一则挟制二李，二则挤压新四军于沿江狭小地区。不想，陈毅轻而易举地取了姜堰，又出乎意料地把姜堰交给了李明扬去接管。以至在10月初的黄桥决战中，二李不服从命令，隔岸观火，使他孤立无援，损兵折将，惨败在陈毅手下。自己只好惶惶率残部逃到兴化。他提心吊胆，生怕陈毅乘胜攻打兴化。

可是，10月下旬，陈毅却托李明扬带给他一封信。陈毅在信中提出与他"分区抗日"等5条意见，从而使他绝路逢生。他心中暗暗佩服比自己小10多岁的陈毅虚怀若谷，自愧不如之。

如今自己成了阶下囚，手下无一兵一卒，难道还能再指望陈毅与自己"分区抗日"吗？即使陈毅能饶他不死，又怎么向蒋委员长交代呢？……焦虑仿佛无底的深渊吞没着他。他想到死，可又找不到下手的机会——彭雪枫派人昼夜"陪伴"他。

就在韩德勤心神不定的时候，前院的彭雪枫正聚精会神地在电话上与陈毅对话：

"是，请军长放心。"

"要稳定其情绪，要在他那个十八团团长苏祖武身上下点功夫，动员他帮助韩德勤从有利于国家和民族方面去考虑。毛主席已有指示，我后天去，到时再细商量。"

劝　战

3月25日，几骑四蹄生风的骏马在晨雾中向半城飞驰。骑在最前面的是陈毅代军长。新华社华中分社的范长江和几个警卫员紧随其后。陈毅眯起那对明亮深邃的眼睛注视前方，慢慢收住缰绳："嗬！这么快就到了。"说罢翻身下马，一起在路边小憩。

"军长——"

陈毅顺声望去，只见四师师长彭雪枫、政委邓子恢正大步流星朝他们走来。陈毅也大步向他俩走去。彭雪枫与邓子恢握住陈毅的手，几乎是异口同声："军长，一路上辛苦了。听说您近来身体不太好？"

"'但愿苍生俱饱暖，不辞辛苦出山林'嘛！"陈毅紧紧地握住他们的两双大手，用劲摇着，"你们这一仗打得不错，两位要总结经验啊，部队情绪怎么样？"

"士气很高，只是那位省政府主席不好对付。我们和他谈了几次，他始终不承认有错。"

"会承认的。"陈毅很有信心地说。在师部，彭雪枫详细地汇报了韩德勤被俘后企图自杀，部分同志要求严惩韩德勤等情况。

陈毅听了，摇摇头："你们的分析是对的，他是舍不得死的。但是，我们一定要从抗日的全局出发，处理好这件事。我的意见嘛，只有一个字'放'！"陈毅轻轻拍拍彭雪枫的肩头继续说，"不仅要放韩德勤，还要给他部分被俘人员，不能叫人家当光杆司令。"

"就这样放？"彭雪枫与邓子恢异口同声地问。他们脑海里闪现出皖南事变中叶挺将军和其他众多蒙难战友的脸庞。

从感情上讲，陈毅何尝不是如此？但感情不能代替党的政策。

"你们想想，江苏省总要有个主席嘛，不放他，蒋介石就必然要重新派人来，为了抗日，不如让他继续当这个主席。"他靠在椅背上，轻声说，"下面有些同志要求严惩韩德勤，这是可以理解的，也不无道理。几年来，韩德勤消极抗战，积极反共，处处与新四军为敌，血债累累。但是，我们现在只能放他，而且越快越好。我已请示过党中央，毛主席来电指示，同意放。要和同志们讲清楚，我们现在的主要任务是集中力量打击日本侵略者，在这个任务下，当然是朋友越多越好；敌人越少越好。我们如果不放韩德勤，那就正中日本侵略者分裂抗日力量的奸计。蒋介石搞摩擦所以不得人心，就是因为他搞摩擦帮了日本侵略者的忙。一定要教育同志们，一切以抗日大局为重，以中华民族的利益为重！"他一口气说完了这些，端起茶杯，呷了一口，静静地看着彭雪枫和邓子恢。彭雪枫和邓子恢不时地点头，表示理解。

陈毅放下杯子，站起来继续说："对韩德勤之辈，只要他尚未公开投敌，只要他能放弃消灭我军的方针，我们都应该有肚量与之弃嫌修好，真诚地劝他回头，甚至作一定限度的让步。非常时期，相忍为国，相忍为国啊！"他的目光远眺窗外，渐渐地由柔和转为坚定……

舌 战

3月29日早晨，韩德勤从窗子里看到一行人向这边走来，他很快站起来。只几秒钟吧，他便断定那个气宇轩昂、神采奕奕的中年人一定是陈毅。

果然。进门口，四师政治部主任吴芝圃替他们作了介绍。

虽然做好了思想准备，但是陈毅到的一刹那，韩德勤的脸还是"腾"地红了，他想不到陈毅竟这样年轻。他为自己屡败在陈毅手下而羞愧万分。但那仅仅是一分钟以内吧，很快地，他又镇定下来。他站起来，迎着陈毅走上两步，不等陈毅开口，便抢先道：

"陈军长，我抗议！你的部下破坏我们的和平协议，破坏抗日。"

陈毅淡淡一笑，朗朗道："幸会，幸会！楚箴先生，这几天过得还好吧?！看来，这一场战斗，还没有打掉你的火气呀!？请坐，请坐下来细谈。"

陈毅这柔中含刚的话语，这爽朗的笑声，使韩德勤不由得打了个寒噤。他下意识地坐了下来，目光在陈毅脸上滚来滚去，他看到两道坦然之光也正对着他。调整了一下情绪，他又站起来："我抗议——"

"韩主席——"随陈毅进来的彭雪枫接上话茬儿。他嘴角露出几分讥讽的笑意，声音却是不容置疑地刚强。"你出尔反尔，对我们东西夹击，难道我们只有被逼进洪泽湖淹死，才算执行和平协议吗？"

这话击中了韩德勤的要害，他有些恼怒，但他也知道此时此地决不能发火，但又找不出反击的话，只重复道；"反正是你们破坏和平协议。"

这时，陈毅开口了，他嘴角露出外交家才有的深奥的微笑，看着韩德勤说："楚箴先生，自我军挤进苏北以来，是先生你屡次背信弃义不履行自己的诺言、破坏和平协议。还记得黄桥决战前，我曾给你写过信，告诉你：共产党、新四军只求抗日有地，救国有份。为了抗日的大局，我们让出吴家桥、郭村、塘头，又遵照你的意见让出姜堰。可是你，不执行和平协议，一意孤行，攻打我们的黄桥，想赶我们下长江喝冷水。当时，也和这次一样，我们出于无奈，不打就无法坚持抗战啦。那一次，你也败得很惨。我们网开一面放你回兴化，目的是让你接受教训，共同抗日。今春2月12日，敌十七、十五、三十五师团合力'扫荡'先生总部，准备在阜宁到曹甸一线完成合击计划，先生被重兵包围，九死一生。是我三师黄克诚部出兵拼死援救，浴血奋战掩护先生及总部突围。并让先生总部进入三师防地苏家嘴、风谷村一带休整，黄师长还派人送粮、送草、送经费。先生你曾驰书给我，表示感谢。可是，俯仰之间，为掩护先生突围而牺牲的官兵尸骨未寒，先生亲书的感谢信墨迹未干，先生却背信弃义侵占我里仁集、陈道口地区。"说到这里，陈毅忍不住有点激动，讲话频率也加快了。意识到这一点，他略作停顿，接过警卫员递来的水杯，喝了一大口，借以缓和自己的情绪。片刻，他接着说："楚箴先生也一定知道，淮北抗日根据地是新四军将士从日本侵略军手中夺回来的，这里的每一寸土地，洒满了爱国将士的热血。可是先生却要在这块土地上再制造流血事件。我派人相劝，总想化干戈为玉帛，共御外侮，同赴国难。然而，先生非但不听劝告，还得寸进尺，侵占我山子头地区，破坏我抗日民主政权、残杀抗日群众，并公开扬言要在洪泽湖畔建立新的反共根据地。楚箴先生，你说，是谁不执行和平协议？是谁在破坏抗日？"

韩德勤理屈词穷，百口莫辩，刚才那种趾高气扬之态不见了，他换了一副面孔，换了一种腔调对陈毅说："陈军长，军人以服从为天职，委座有令，我岂有不从之理？有些事明知欠妥，也只好去干呀！刚才我言不尽己意，还望军长海谅！"

"楚箴先生，我之所以在这痛苦的冲突之后还来谈论这种痛苦，目的只有一个，以此为戒，引以为鉴，奉劝先生放弃联日反共的'自杀'政策，'松柏有霜操，风泉无俗声'啊，望先生一切以中华民族、以全国人民的利益为重才是。"

"军长言重九鼎，楚箴我没齿不忘。"韩德勤做出一副诚恳的样子，连连点头。"陈军长，过去我确是出于无奈，我虽是委员长的嫡系，但并不为其重用。我被推到前线来，不断损兵折将，苦不堪言哪。军长的药石之言使我茅塞顿开，中国人应该共御外侮，共御外侮！"他看了一眼陈毅，见陈毅正在静静地听他讲，便很巧妙地讲出了自己的要求："只是我韩楚箴日暮途穷，空有此心而无此望了。"说罢，长叹一声。

"事在人为嘛！古人云，山重水复疑无路，柳暗花明又一村。关键是看先生是真抗日还是假抗日。"陈毅听出了韩德勤的弦外之音，不动声色地说。

这话使韩德勤大喜过望，他迫不及待地说："岂能有假？我保证在委员长未派其他部队进入苏北以前，再也不和新四军发生摩擦。"

"那么，我们送你回去。"陈毅轻轻道。韩德勤却如雷贯耳。他盯着陈毅看，猜摸着这句话的真伪。他从陈毅那双深邃的瞳仁里看到了真诚。于是，他大胆地、毫无愧色地提出了自己的要求："只是，我如今手下无一兵，脚下无寸土，拿什么来抗日呢？再者，委员长面前也难以交代。"他略顿一下，好像很为难地接着讲，"如果军长能高抬贵手，给我一席之地和一些士兵……"

听到这里，彭雪枫和邓子恢不禁交换了会意的眼色，同时向陈毅投去敬佩的目光。

"彭师长，为了支持韩主席抗日，你划一个乡给他行不行？"陈毅问。

"军长，可以！只是希望韩主席言而有信。"

"一定，一定！"韩德勤连连点头。

"诸葛亮曾七擒孟获，如果韩主席食言，我们也会三擒韩主席的。"彭雪枫加上一句。

韩德勤白胖的脸霎时红到耳根。"大丈夫一言既出，驷马难追。只是……"他又转向陈毅，"只是一个乡太少了。"

"不小啦，楚箴先生，你以后还可以从日本人手里夺嘛，一寸山河一寸金哪。还记得吧，1939年我们新四军挺进苏北，没有地方立足，找先生你要一个地方抗日，你连一个村子也不给，还反过来叫李明扬、李长江来打我们……"

"那是鄙人罪过，请军长海涵。"韩德勤怕提起往事节外生枝，不等陈毅说完便抢言道。

"原谅是可以的，只要楚箴先生从此真心抗日，共产党人决不戚戚于往日之事。"陈毅真诚地对韩德勤说，"至于人嘛，我们已在做俘虏的工作，动员他们跟你走……"

听到这里，韩德勤是真受感动了。"今日能容天下之大谤者，他日定能受天下之誉。"他想起了古训。虽然，他憎恨共产主义，憎恨共产党，也憎恨眼前这个共产党的军长。但是，他回顾他们的交手，特别是黄桥和山子头两战的前前后后，不得不发出如此的赞叹，不得不佩服这位比自己小10多岁的陈军长。

礼　送

晚饭后，陈毅向二十团团长彭飞询问送给韩德勤的枪的情况。

彭飞领陈毅向后院走去。

彭飞打开了最边上的一间小屋子，扭亮了手上的电筒。"军长，武器都在这里。"

陈毅接过电筒，仔细看了一遍，发现大部分枪有毛病，问彭飞道："就这样送给韩德勤？"

"报告军长：是的。选好的给他，让他得逞时再来打我们？"彭飞嘟着嘴回答，"军长，韩德勤那个保证是假的。他是个顽固的反共分子。"

"你说得对，韩德勤确实是个顽固的反共分子。"陈毅拉彭飞在一条小木凳上坐下，与他促膝而语。"但他现在反共的本钱输光了，想反共也没有什么力量了。你是个读过书的人，还记得明代的申涵光曾说过吗？'遇诡诈人，变幻百端，以至诚待之，彼术自穷'。我们认识了韩德勤的面目，又待之以诚，作必要的让步——放他回去，送人送枪送地盘乃是再一次争取他能以国家和民族利益为重，抗日呀！……"陈毅语重心长的一席话轻轻地在小屋里回荡着，也在彭飞心中回荡着。听着，听着，他不解的问题清楚了；听着，听着，对放韩德勤的意义也更了解了。他放下手中一支掉了栓的枪，有些惭愧地对陈毅说："军长，明白了，马上给他换枪。"

"好！"陈毅站起身，拍着他的肩，"这才是英雄团长的风貌。"他拉着彭飞，"走，去看看给他的人。"

陈毅与彭飞并肩出了院子，向西走去……

4月1日晨，四师师部会议室。陈毅设宴为韩德勤饯行。

屋内，酒香，菜热，语切切……

院外的空场上，东西两边各站立着两队人马。

不一会儿，韩德勤在陈毅、彭雪枫、邓子恢等人的陪同下走到院外。

阳光下，韩德勤看到了自己的旧部。这些往日在他眼里无足轻重的士兵，如今都成了他心目中的宝贝。突然地，他脑海里冒出"再举宏图"4个字。但随即,他又责备自己此时此地不应有这种想法,他心虚地瞟了瞟陈毅。

陈毅仿佛知道他心事似的,上前一步,握着他的手说:"楚箴先生,凌城、埠子集、王宇圩、夜圩一带地盘虽不大,但有我们新四军几年来的工作成果,民众是要求抗日的。你以后还可以在那儿再发展。与友军共同发展、共同抗战,救黎民百姓脱离苦海乃我们的心愿。"

"当是,当是。"韩德勤连声道。

陈毅转身走向护送韩德勤的四师骑兵大队战士身旁,小声叮嘱他们:"……过铁路时要特别小心,要保证把他们送到安全地带……"

"楚箴先生,请上马。"陈毅走到韩德勤身边,客气地说。

仓促之间,韩德勤也想不起来还应该说些什么。他点点头,就往马鞍上蹬,身子闪了一下,没跨上,又去蹬第二次。"老矣,老矣。"连声自我解嘲。

"未老,楚箴先生。你的路还很长,把稳了就行。"陈毅一语双关。

"多谢,多谢。仲弘先生,后会有期,后会有期。"韩德勤坐在马鞍上,又一次合手作揖,与陈毅等人道别。

"珍重,楚箴先生。一路平安。"陈毅也挥手道。

韩德勤手出一鞭,马蹄腾起……

（周光明）

"彼此情无限,共饮一江水"

——陈毅和吴奈温

1960年春,陈毅随同周恩来访问了缅甸。

缅甸是个有悠久文化历史的佛教国家。1948年1月,缅甸脱离英联邦宣告独立以后,1950年便与新生的中华人民共和国建立了外交关系。流经缅甸全境的伊洛瓦底江和萨尔温江,都是从中国境内发源的。多少年以来,生长着茂密的亚热带林木的中缅边界地区，有很长一段始终没有标定。由于政府更迭、历史变迁，悬案由来已久，形成边界现状的原因本身也很复杂。既有帝国主义企图强加于人的纠葛，也有骑线寨、过耕地的麻烦，等等。因此，中国政府从一开始就采取了非常审慎的态度，保持边界现状。

陈毅记得很清楚，解放初他从上海去北京开会时，就多次听毛主席谈过中缅边境上剿匪的事。当时我解放军直插云南，国民党军李弥部的大批残匪便越境流窜到缅甸边境一带的深山里，他们经常过境来骚扰抢劫，解放军一追剿，便又窜回缅甸，乘着缅甸政府军无力进山剿灭他们的机会，干着破坏、袭扰、贩毒、劫掠的勾当。我军指战员们当然很着急啊，可是毛主席一再指示说，我们无论如何不能过界，即使残匪在边疆造成一些损害也不要过去。

为什么不能过界？陈毅解释说："过界就会形成干涉人家的内政。东方、亚洲许多国家，就是在看着我们过界不过界，如果过了界，这些国家都要受震动，都要害怕。"为了尊重别国的领土主权完整，中国军队始终不过边界。在万隆会议上，当有的国家对中国的边界政策有误解时，吴努，这位容貌清秀、举止稳重的缅甸总理，用一口漂亮的英语发言说：国民党军李弥残部在中缅边境流窜骚扰，中国政府谅解我们的困难，没有派兵进入缅甸搜剿，而是信任我们缅甸政府自己处理，这证明中国政府是有和平友好诚意的……

一席话，打消了不少人对中国的猜疑。几年来，陈毅一直没有忘记这个场景，没有忘记这些话。

1954年年底，毛主席曾与来访的吴努谈话，从6点直到9点半方罢。陈毅在旁边，全神贯注于宾主交谈的每一句话。他听见毛主席对吴努说：中缅友好既已增进，今后可能又会有困难，又有误解，双方均要以友谊商谈解决，不造成对立为好。诚恳磊落，不玩弄外交辞令，在一片友好声中不搞肤浅的赞颂。吴努听了很感动。

陈毅事后写道："余在侧陪宾，对主席外交风格亦学得很多。"

1959年国庆节，就在来访的赫鲁晓夫大骂中国"在亚洲冒险"的时候，一个大型的缅甸文化代表团也来到了北京。陈毅在送别代表团的宴会上说："中国需要一个继续和缓的国际局势，需要同所有的国家和平共处，在有共同边界的东南亚国家更需要和平共处。"他并强调指出："缅甸是我们最近的邻邦,是亲戚国家,两国在历史上没有发生重大的争执,完全可以采取万隆会议的原则来解决两国之间的问题,来巩固和发展友谊。"

1960年一开始,缅甸联邦总理奈温将军便欣然来访。陈毅陪伴这位比他小9岁的性情直率的缅甸贵宾,在杭州的灵隐寺谈论和尚与宗教,在西湖上泛舟游览,结成了很好的朋友。就在这次来访期间,奈温与周恩来草签了《中缅友好和互不侵犯条约》以及中缅边界问题的协定。因此,周总理和陈毅这次访缅,是应邀对缅甸所做的友好的回访。

时值4月,总理和陈毅动身南行。北京的柳枝上还刚刚绽出绿芽,路过昆明时,茶花和玉兰却已开得十分热闹,而到达仰光时,更是花开遍地、万紫千红:呈红黄色的婆罗树花妙香袭人,绿叶重盖如云,树高数丈的"悟花",颜色红艳如桃杏,随风摇曳。这些数不清的花朵,和缅甸人民热情欢迎的笑脸,和姑娘们为迎接客人穿上的漂亮的纱笼交映在一起,令中国客人们目不暇接,好似走入一幅深情、浓烈、色彩斑斓的友谊画卷之中了。

很巧,客人们到达仰光的第二天,就是缅甸人民的传统节日——泼水节。听说中国的总理和副总理要参加泼水节的盛会,主人们很高兴,因为以中国这样的大国、大民族,它的领导人这样尊重缅甸人民的习俗和节日,确实表现了友好、平等,亲如一家的感情。可是,当中国客人装扮停当,出现在主人面前时,主人就不仅是高兴,而且是惊喜、震动了。他们受到了深深的感动。他们看到的是全身穿着缅甸民族服装的中国总理周恩来和陈毅元帅。

昨天,当周总理走下那架伊尔-18式涡轮喷气飞机时,穿的是一套薄呢中山服,陈毅则身穿笔挺的军服,戴着大檐帽,佩着缀有金色国徽的中华人民共和国元帅肩章,显得威武庄严,而今天呢,他们两人都穿上了无领圆口的白色小褂,下身围着格子布纱笼,脚趿拖鞋,头扎白色纱帕,肩披彩条毛巾,完完全全和当地人一样的装束打扮,笑容可掬,出现在兴高采烈的人群中间。

音乐响起来了,鼓点敲起来了,清亮的水珠泼溅起来了。分不清谁是主人和客人,分不清谁是总理和平民,也分不清谁是元帅和士兵,成千上万的人一起欢笑,将蘸着水的树枝挥动着,让象征吉祥祝愿的水珠,洒湿了中国客人的衣襟。客人所到之处,一片"瑞苗"、"胞波"的亲热的呼唤之声。"瑞苗",意为"亲戚",他们把中国人民看成像自己的亲戚一样啊!

这一年的10月1日,《中缅边界条约》在北京正式签订了。这是中缅政府本着和平共处五项原则精神,从珍视两国人民传统友谊出发,经过反复的友好协商,才取得的双方满意的公平合理的解决。这为亚洲人民和睦相处树立了一个榜样,也为世界各国解决悬而未决的双边问题创造了一个良好范例。赫鲁晓夫不是指责中国"对亚洲和平不负责任"吗?这也是给他的回答。

1960年的最末一天——12月31日,陈毅又一次随同周总理离京南行,率领一个包括歌舞队、体育队在内的400人之多的大型代表团,去缅甸进行友好访问,参加缅甸独立13周年纪念和在这一佳节互换《中缅边界条约批准书》。同去的还有罗瑞卿大将。

数月前,在宜人的春光里,周总理和陈元帅在泼水节上与缅甸群众泼水相祝、欢度佳节的景象还印留在人们脑际。这一次来,载歌载舞,再叙"胞波"情谊,更是亲上加亲。到达仰光的当天晚上,吴努总理的欢迎国宴邀请了两千名宾客,大家按照吴努总理的宗教忌讳,在一起吃了纯素菜做的咖喱饭。当日,为欢迎中国客人,缅甸政府还决定放假一天。

几天后,周总理一行在吴努总理的陪同下,在欢迎人群敲响的罗哈尔鼓声伴随下,访问古城曼德勒,观看了以宝塔著名的曼德勒山。

缅甸素被称为"塔林之国",虔诚的佛教徒们认为没有一种功德比修造佛塔更大的了,因此单在蒲甘一地,就有大小佛塔48万座!佛塔每层都挂着许多铜铃,清风过处,铃儿便叮当作响,很是动人。客人们登上神圣的曼德勒山去礼佛之后,又乘着"敏洞号"游艇在宽广的伊洛瓦底江上游览,看洁白的海鸥在水面翻飞,看落日的金光在江面上闪射。这条纵贯缅甸全境的浩荡江水,其上游正是发源于中国的。它把两国人民的命运和呼吸都连接在一起了。三年前陈毅就曾在诗中以它作比,颂扬过中缅两国深厚的情谊,这一次重来缅甸,周总理又在盛大的宴会上,亲自诵读了这些出于元帅之笔的优美诗句:

我住江之头,君住江之尾。
彼此情无限,共饮一江水。

我吸川上流，君喝川下水。
川流永不息，彼此共甘美。
彼此为近邻，友谊长积累。
不老如青山，不断似流水。

……

情亲意切的诗句，像甘美的泉水注入人们心头。音乐家为它谱了曲，舞蹈家又依据它编成了一出舞蹈，女演员刀美兰赤着足、穿着傣族少女的紧身短褂和俏丽的纱笼，女演员张筠头顶一只汲水的圆罐，扮作缅族姑娘，两人情似姐妹，动如双影，伴着悠扬柔和的歌声曼曼起舞，婀娜的舞姿，正像两国人民长存的友谊，那么美好、隽永。

说到歌与舞，谁都忘不了周总理离别缅甸前，在答谢宴会上请来宾们观看的那场演出。演员总共只有10个，年龄十七八，都是随同出访的"东方歌舞班"（即"东方歌舞团"的前身）的小学员。可是，这10个年少的中国演员，竟在10多个国家的使节和来宾们面前，一口气表演了14个国家的民族舞蹈！不说别的吧，光服装就得换14次。缅甸、阿富汗、叙利亚、柬埔寨、日本……演哪国，就像哪国，步态、动作、眼神都学得到家，惟妙惟肖。在场的各国使节们都看得惊住了，演到哪一国，哪国的大使就站起来鼓掌，敬酒。

不知演到第几个节目的时候，幕开处，走出来一位轻盈活泼的"印度少女"，伴着音乐，跳起了《拍球舞》。印度驻缅大使激动起来了，因为自从一年多以前中印发生边境冲突以来，两国关系极度恶化，然而，此时此刻，中国姑娘还在这儿表演着印度舞蹈！大使先生感动地站起来，端着酒杯走上前去，向周总理、陈毅副总理特地敬上了一杯酒。要知道，这个舞蹈是周总理、陈毅特意关照，才安排上的呀。让歌声舞姿，传送出中国人民与各国人民和睦友好的愿望和心声。

1月10日，在签订了一项《中缅经济技术协定》之后，周总理先行告别回国，陈毅和罗瑞卿则留了下来。元帅和大将，继续率领着一支浩浩荡荡的友谊"大军"，向缅甸人民送去歌声、鲜花和美好的祝愿。

这一天，在奈温将军陪同之下，客人们来到了缅甸西部著名的额不里海滩，在阳光灿烂的沙滩上，在枝叶摇曳的椰子树下，休息了一天。

这是一处风景宜人的海滨胜地。细软的黄沙一望无际，前面伸展着碧绿的海洋，海面上波光闪烁，点缀着些许礁石和小岛。值得一提的是两年以后，陈毅陪同刘少奇主席访缅，曾又一次被主人请到这里。那一次，就在这片开阔平展的沙滩上，有过一场不寻常的足球比赛。陈毅光着身子，只穿一条短裤，赤着脚，满场奔跑。奈温将军与他编在同一个队里充当中锋，前追后赶，不时听他大声呼唤："陈，注意球！"陈毅虽然动作已不似当年矫健，但也接连踢出好几个漂亮球，显出老运动员的好身手。球赛活跃有趣，引得坐在一旁观战的刘上席夫妇和张茜，频频鼓掌喝彩，畅声欢笑。友谊赛完毕，海滩上用炭火烤着的两只新猎的大鹿也熟了。肉香四溢，宾主围坐在一起品尝野味，不拘礼节，打趣谈笑，完全形同家人亲友间的聚会。

"浮岛"，这是陈毅和罗瑞卿接下来访问掸邦高原的东枝时，头一次见到的奇景。碧绿如玉的茵莱湖水面上，漂浮着一些用水中腐草和浮土造成的人工小岛，岛上可以搭房，可以种菜，浮岛群集则成村落，形成水上街市。各岛之间以竹桥或小船互通来往，景色别有佳趣。掸族群众驾起彩船，敲锣打鼓，船中作舞，热情欢迎中国客人。陈毅忍不住又赋诗一首，曰：

车队回环过山隘，
飞艇似箭茵莱湖，
划船比赛人如织，
碧波浮岛有村庐。

就在缅甸人民醇浓似酒的友情之中，陈毅度过了新的一年最初的 20 天。

（何晓鲁）

"他是我最尊敬的老朋友"
——陈毅和西哈努克

一、相会万隆

1954年9月,全国人大一届一次会议之后,陈毅的工作开始转向外交方面。开始使陈毅领略外交斗争的复杂性和"艺术性"的,是1955年4月随周恩来出席万隆会议的经历。在这次没有西方大国参与操纵的情况下召开的国际会议上,陈毅结识了柬埔寨王国王子——西哈努克亲王。

美蒋特务为破坏周恩来、陈毅率领的中国代表团出席万隆会议,制造了震惊世界的"克什米尔公主号"空难事件。先期启程的中国代表团8名工作人员和新闻记者全部遇难。事后第7天,周恩来、陈毅率领的中国代表团却按期到达万隆。年轻的西哈努克在没有见到周恩来、陈毅之前,就已经被他们这种超人的胆略和大无畏的气概所倾倒。

会议期间,有一天晚上,周恩来宴请西哈努克亲王和柬埔寨代表团的主要成员蒙达纳、宋双等。我方陈毅、章汉夫作陪。席间,西哈努克对周恩来在大会上表现的大度宽容、高尚的和解精神和正气凛然的发言,深表钦佩和满意,对周恩来倡导的和平共处五项原则极为赞赏。西哈努克认为和平共处五项原则可以使小国的主权得到保证,还表示柬埔寨也愿意承认并遵守。周恩来、陈毅对西哈努克的这种立场和态度表示赞赏。宴会中,双方谈笑风生,亲切融洽。宴会结束前,周恩来邀请西哈努克亲王在方便的时候到中国访问,亲王欣然接受。

宴会之后,陈毅不仅对西哈努克风华正茂、风度翩翩留下了深刻的印象,他和周恩来还认为西哈努克是一位民族主义者,一位开明、爱国的亲王。

万隆相会，西哈努克对周恩来的潇洒、严谨，对陈毅的豪放、风趣留下了终生难忘的记忆。

二、中柬建交

万隆相会之后，中柬关系向着友好的方向发展。1956年2月，柬埔寨首相西哈努克亲王首次应邀访问中国。但是，西哈努克访华之前，柬埔寨王国政府发表公报，声明在人民中国和台湾国民党政府之间仍然奉行不偏不倚的中立政策。在这种情况下，新中国怎样接待这样一位首相？党和国家最高决策层决定给予隆重盛大的欢迎。毛泽东说："柬埔寨处境困难，我们可以等待。"陈毅担心具体参加接待的各方面人员，不能充分认识西哈努克来访的意义，对负责接待工作的同志说："你们去把机场的、宾馆的、文艺演出团体的，还有所有参加接待的有关单位领导，都给我请来——还有北京市交通警察、公园管理人员，也不要漏掉。"晚上，陈毅对以上几百个人详细介绍了西哈努克和柬埔寨的中立政策。他说："西哈努克是什么人？此人是王子，做过国王、首相、党魁，兼教主，兼统帅。当兵出身，又做过导演，写过小说剧本，爱好音乐绘画。总之，一切矛盾集中在他身上，非如此便不足以应付柬埔寨国内外复杂的局势。它是一个500万人口、18万平方公里的小国，处在两大阵营中间，不能不采取中立政策。夹缝中求生存，两面有收益，这是完全可以理解的。它愿意保持独立和中立政策，我们就应该给予积极支持和欢迎。我们应当有这样的气魄和胸怀。"他还风趣地说："打麻将有清一色，社会生活非常复杂，不可能清一色。各种各色才正常，五彩缤纷才好看。大家都穿蓝制服有什么好？我看花裙子可以穿，大礼帽也可以戴嘛。总的方向达到一致就行。"陈毅风趣的介绍，不时引起听众的阵阵笑声。正是在陈毅的热情关心和亲自过问下，这次接待热情周到，深得西哈努克的称赞。

1957年后，南越在美国支持下，加紧侵犯柬埔寨，柬埔寨同南越的关系日趋紧张。为利用中国影响抗衡美国和南越的压力，西哈努克要求改变中立平衡做法，改善同中国的政治关系。

1958年2月，周恩来总理不再兼任外交部部长，由陈毅元帅出任外交部部长。1958年6月30日，陈毅发表声明，谴责美国、南越的侵略，支持柬埔寨的正义斗争。这是陈毅出任外交部部长在中柬关系上的一个重大举动。这一举动促使西哈努克下决心同人民中国正式建立外交关系。1958年7月19日，中柬两国正式建交，两国友好关系的发展进入了新阶段。

1958年8月，西哈努克第二次访华。8月下旬至9月上旬，陈毅陪同西哈努克参观了许多地方。这是他们自万隆相会以来，相处的时间最长、交谈的内容最多的一次。正是在西哈努克面临美国和越南侵略的压力的困难时刻，陈毅发表严正声明给了他有力的支持；中柬建交也是与中国支持柬埔寨反侵略斗争的背景分不开的，而这次西哈努克和陈毅的相处、相谈，更使西哈努克大有患难逢知己之感。

在这次参观过程中，西哈努克不仅感到陈毅热情可信，而且亲身感受到陈毅机智、诙谐。在武汉重型机床厂，陈毅为西哈努克夫妇巧设欢迎会一事，不仅为全厂职工传为佳话，而且为西哈努克亲王留下了难忘的印象。

一天，陈毅陪同西哈努克夫妇到武汉重型机床厂参观。二重大车间是他们参观的最后一站。当他们正要离开时，突然，数以百计的工人旋风似的涌了上来，把他们一下子围了个水泄不通。原来这时正值下班时间，很多工人想好好看看陈老总和客人们。面对这突然而来的"围观"，随行的保卫人员有些着急。但陈毅却若无其事。他用机灵的眼光向四周一扫，立即落落大方地对西哈努克说："亲王阁下，工人同志们听说您和夫人前来参观，感到非常高兴。他们趁您离开之前，给您和夫人开个欢迎会。现在大家请您讲话哩！"说完，指着旁边一个钳工画线工作台，做了个"请"的手势。接着又带头鼓掌。工人们一见陈老总鼓掌，也跟着噼噼啪啪地鼓起掌来。霎时间雷鸣般的掌声响彻车间。西哈努克深感盛情难却，于是笑盈盈地登上"讲台"，发表了一番热情洋溢的讲话。西哈努克的讲话一结束，工人们马上闪开了路。陈毅从容地领着客人们向工人们辞别。

三、三次访柬

1960年5月，陈毅陪同周恩来总理第一次访问柬埔寨。这是对西哈努克1958年8月访华的回访。这次访柬之前，忽然得到柬埔寨老国王西哈努克的父亲苏拉玛里特陛下病逝的消息。在国丧期间要降半旗、举国哀悼，此时接受访问，主人担心欢迎礼仪不能尽善。是否按原计划访柬？当时正在印度访问的周恩来和陈毅商量后，指示外交部通知柬方，他们将率代表团按期访问，专程前往吊唁老国王，并同西哈努克亲王会谈。因柬埔寨王国正处在国丧期间，希望柬方在接待方面从简。他们还指示外交部要为访柬代表团赶制素服，以示庄严隆重。以上决定出人意料，当柬方得知后，深为感动。

中国代表团的飞机徐徐降落在金边波成东机场。周恩来和陈毅走出舱门，双手合十，高高举起，向热情的主人行柬埔寨礼。西哈努克在机前带头鼓掌欢迎。当天下午，周恩来和陈毅就穿着吊唁的服装到苏拉玛里特先王灵前献了花圈，举行了吊唁的礼仪。西哈努克为了欢迎周恩来、陈毅，已将悼念活动中止，待周恩来、陈毅访问后再继续进行，这也使周恩来、陈毅深为感动。

第二天，周恩来、陈毅到"王家田"广场参加群众大会。首先西哈努克发表了热情洋溢的讲话，并特别向与会者介绍了周恩来和陈毅。然后，陈毅走到麦克风前，发表了即席讲话。原定西哈努克讲话之后由周恩来讲话。前一天晚上周恩来决定自己不讲了，请陈毅讲话，工作人员还给陈毅准备了一篇讲话稿。但陈毅上台后，没用这篇讲话稿，而是按自己的构思进行了口头讲演。他从西哈努克的政绩，中柬友好关系的发展，中国支持柬埔寨独立自主、和平中立的政策，讲到这次访问，几乎每一小段话都博得了全场的热烈掌声。陈毅讲话一结束，西哈努克就在暴风般的掌声中，上前同陈毅热烈握手，表示感谢。周恩来也十分满意陈毅的即席讲话，高兴地说："你们看，请陈老总讲话效果多好！"此后几天，陈毅参观了东方四大古迹之一的吴哥古迹，周恩来和陈毅在西哈努克陪同下到柬埔寨南部白马海上遨游，两国签发了联合声明。这次访问取得了圆满的成功。

半年后，西哈努克到中国访问，陈毅又一次陪亲王到中国南方参观。

1963年5月1日至6日，陈毅陪同国家主席刘少奇出访柬埔寨。这是他作为西哈努克的客人和朋友第二次访问柬埔寨。

1964年11月8日至13日，为参加柬埔寨独立庆典，陈毅第三次访问柬埔寨。在独立庆典的众多来宾中，身着乳白色元帅制服的陈毅是职位最高也是最引人注目的人。西哈努克从陈毅的这次来访中，又一次深深感受着他的英雄胆略和为朋友敢于出生入死的真诚。

那时，美国在越南的侵略和战争行动正在"逐步升级"，美国飞机每天出动上百架次，对"胡志明小道"及其他地区狂轰滥炸。陈毅访柬的专机从昆明经河内飞往金边，必须飞越或是绕过"胡志明小道"上空。专机直飞"胡志明小道"这片上帝也不敢出入的上空能有安全保障吗？绕道飞行能避免美机的袭击吗？中国代表团是去还是不去？从哪条航线去？所有这些，中央授权由陈毅决定。陈毅果断决定：取道"胡志明小道"上空飞行，并且一不做二不休，干脆在出发前公开发布消息，将代表团专机所要走的航线公之于世！朋友们对此深表担心，可陈毅却说："嗨，你们不知道这里头的诀窍呷——越是走最危险的地方越是安全。谁都知道那是美国飞机的活动范围，我们的飞机出了事，这笔账还不记到它头上？我量他们也不敢打！"陈毅就是带着这样的胆略、勇气和真诚来到了金边！

四、患难之中

"文革"动乱中，陈毅是1967年2月抗争的主将，被林彪、"四人帮"视为眼中钉、肉中刺，一再受到错误批判。此后，豪爽直言的陈毅积郁成疾，得了肠癌。

此间，风度翩翩的西哈努克也交了噩运。1970年3月18日，美国乘亲王出国访问之机，策动柬埔寨右派发动政变，建立了以朗诺为首的政权。

西哈努克有国难回之时，中国政府给予了全力支持。他在北京宣布成立的王国民族团结政府第一个得到中国承认。毛泽东发表了著名的"5·20"声明，支持西哈努克反对美国侵略者及其走狗的斗争，支持柬埔寨王国民族团结政府的成立。但是，中国搞"文化大革命"的现实，又不免使西哈努克产生疑虑和担忧。他希望能见到老朋友陈毅，能像过去一样同陈毅外长畅所欲言。

1971年"5·1"节焰火之夜，手术后稍有恢复的陈毅登上了天安门城楼。这是他最后一次登天安门城楼。正是在这里，西哈努克见到了他想念的老朋友陈毅。西哈努克一反往常合掌作揖的庄重礼节，双手紧紧捧着陈毅的手连声问道："陈毅元帅，您好！陈毅元帅，这一向都好吗？"

天安门城楼短暂的会见，引起西哈努克对陈毅更深的思念。他不止一次地对中国驻柬大使康矛召说："我一碰到困难，陈毅元帅就发表声明支持我！他是我最尊敬的老朋友，是我们柬埔寨人民的老朋友！"西哈努克往往在召见康矛召大使之后，情不自禁地询问："陈毅元帅身体怎么样？你要是见到他，务必请代我向陈毅元帅转达问候。我十分想念他。"康矛召听出了亲王想见一见陈外长的心愿。于是，把这一情况据实向周总理作了报告。

几天之后，陈毅亲自打电话请康矛召去中南海住所，他高兴地告诉康矛召："周总理让我见一次西哈努克亲王，不知他现在情况怎样？"

康矛召一离开中南海就去见西哈努克亲王："陈毅外长和夫人很想念亲王，亲王什么时候方便，他们想来看看您。"

西哈努克高兴极了，立即说："陈毅元帅何时光临，我都恭候欢迎！"他熟悉陈毅有吃水果的嗜好，亲自吩咐在会客厅每张茶几上都摆上北京所能买到的各式新鲜水果。

当陈毅的汽车一到，西哈努克夫妇一直走到汽车旁迎接。

会客厅里，欢声笑语。陈毅和西哈努克又进行了一次热情诚挚、幽默风趣的交谈。

可是，西哈努克万万没有想到，这是他同陈毅的最后一次会见。

五、沉痛悼念

1972年1月6日，陈毅那颗乐观豁达、爽直忠诚的心停止了跳动，那双明察秋毫、诚挚深邃的眼睛永远闭上了。

西哈努克亲王亲自打印了唁函，并向周恩来总理提出参加陈毅追悼会的请求。周恩来知道西哈努克和陈毅自1955年万隆相识以来，交往颇多，感情很深。可是，陈毅追悼会的规格只是军队元老一级的，连中央政治局委员都不参加，怎能同意一个外国元首参加呢？周恩来没法答复西哈努克的请求。

毛泽东穿着睡衣要去参加陈毅的追悼会，这一信息，促使周恩来迅速而果断地做出了提高陈毅追悼会规格的决定。周恩来用电话直接通知康矛召："康矛召同志吗？我是周恩来，请转告西哈努克亲王，如果他愿意，请他出席陈毅外长追悼会，我们将有国家领导人出席。"

西哈努克亲王和夫人莫尼克公主来了。亲王久久地握着张茜的手，竟怆然泪下。

在休息室里，毛泽东对西哈努克说："今天向你通报一件事，我们那位

'亲密战友'林彪，去年9月13日，坐一架飞机要跑到苏联去，但在温都尔汗摔死了。林彪是反对我的，陈毅是支持我的。"

"文革"开始后直到"9·13"事件之前，林彪被说成是毛泽东唯一的一位"亲密战友"，而陈毅则被诬蔑为"一贯反对毛主席"。

"路遥知马力，日久见人心。"这适合于用来概括陈毅和毛泽东之间的交往，也适合于用来概括陈毅和西哈努克之间的交往。

陈毅追悼会开始了，周恩来致悼词，西哈努克和他的夫人分别站在毛泽东的两旁。斯人已去，友谊长存。历史留下了那最珍贵的瞬间。

(曹应旺)

"你讲得不对我们就不听你的"
——陈毅和赫鲁晓夫

一架苏式喷气客机在北京机场的跑道上滑落了。舱门开处，一位矮壮的、面带笑容的贵宾走了出来，频频挥动着帽子，迎着北京10月宜人的阳光，他双眼微微眯起，向欢迎的人群扫视一番，然后快步走下扶梯。这位贵宾，就是苏共中央第一书记尼·谢·赫鲁晓夫。

今天，1959年9月30日，赫鲁晓夫是刚刚结束了对美国的访问，匆匆赶来北京，参加中华人民共和国建国10周年庆典的。他穿着意大利裁缝为他访美赶制的做工极为考究的灰色西服，显得气色很好。在那个世界最富庶繁荣的国度受到的盛大欢迎，似乎使他很满意。如今他走下扶梯，看到了旗杆上并排飘扬的中苏两国国旗，听到了欢迎人群齐声喊着"中苏友好大团结万岁"的口号声，立即现出热情的笑容，迎着走上前来的中共中央领导人伸出了拥抱的双臂。

然而此刻，在他内心深处所想的，可就未必是阳光、鲜花和拥抱了。

国庆10周年的北京，已被装扮一新，以有史以来最辉煌瑰丽的面貌出现在全世界面前。白天，十大新建筑壮观宏伟，引人注目；入夜，北海上亮起千万盏五彩的浮灯，灿如星海。各国宾客盈盈而来：越南的胡志明主席，捷克斯洛伐克的诺沃提尼总理，朝鲜的金日成主席……然而赫鲁晓夫的到来，却在节日欢欣壮丽的音响中，加进了一种令人不安的不谐和音调。

当晚赫鲁晓夫出席我国领导人举行的盛大国庆宴会。大厅里宾朋满座，喜气洋洋，然而，赫鲁晓夫却在讲话中教训热诚接待了他的主人不要"用武力去试试资本主义制度的稳固性"。这一来，整个宴会大厅里气氛陡然变了。恐怕没有人听不出来，这是对中国的影射攻击，是指责中国不该如此坚决地反对美帝国主义。下机伊始，就用这种"老子党"的态度指手画脚，用这种站不住脚的论点训导中国，怎么能叫中国主人们不产生反感和警觉呢？端起酒杯祝酒的时候，陈毅觉得手中那杯红葡萄酒，变得分量沉重起来。"月晕而风"呵，看来，两党领导人即将举行的会谈，不再会"在极为亲切友好的气氛中进行"了。

10月1日全天，排满了游行观礼及其他庆祝活动。10月2日，双方开始会谈，地点在中南海怀仁堂。果然，交锋和舌战开始了。

这次会谈，中国方面毛泽东、周恩来、陈毅等都在。陈毅本来不是主谈手，但是，当赫鲁晓夫指责中国"冒险"、"好战"、"对亚洲和平不负责任"时，身为外交部部长的陈毅忍不住进行了尖锐、有力的反驳。

赫鲁晓夫有些着恼了。他后来在回忆录中说："毛没有正面出来谈我所怀疑的事……这一次，中国方面决定放出陈毅来攻击我。谈判一下子就激昂和紧张起来。"

赫鲁晓夫在联大的讲台上脱下皮鞋敲桌子的事，是全世界传为笑谈的。在这里他当然还不会这么干。不过赫鲁晓夫毕竟是赫鲁晓夫，当他感到招架不住"攻击"时，就急不择言地说："好吧，我知道你是个元帅，我是个中将，军事上我得听你元帅的，但现在在党内我是第一书记，你只是政治局委员，你应当听我的。"

对赫鲁晓夫的粗率个性，陈毅早有所闻，但仍未想到这位"第一书记同志"竟会越过兄弟党的界限以职压人。他不客气地回敬说："什么第一书记？你讲得不对我们就不听你的。这是两个党在谈问题嘛！"

当然，问题没有谈拢。赫鲁晓夫除去饱餐了中国菜肴的丰美滋味之外，什么收获也没有，悻悻然离开了北京。经海参崴时，他咒骂说：中国"像好斗的公鸡一样热衷于战争，这是不明智的"。那么他这只不好斗的、明智的"公鸡"又如何呢？正当他飘飘然地大肆宣扬他的美国之行，宣扬与美国总统创建的什么"戴维营精神"如何造福人类和平的时候，艾森豪威尔却在记者招待会上宣布："我不知道任何'戴维营精神'！"这不啻是当众给了赫鲁晓夫一个耳光。难怪，陈毅也说："赫鲁晓夫这个人是容易对付的。'愚而好自用，贱而好自专'。"

这就是赫鲁晓夫第三次亦即最后一次访问中国时，陈毅和他打交道的情况（第一次是1954年，第二次是在1958年）。这以后陈毅在1961年去日内瓦途中经过莫斯科时，还不止一次与这位举止粗率的苏共领导人见过面，但唯独这次会谈桌上的"舌战"，使赫鲁晓夫留下了极其深刻的印象，以致在他自己那本《最后的遗言》中还要专门"骂"上一段陈毅才解气。这实在应该说是陈毅的荣幸。

具有深远意义的是，这次会谈加深了一种思考。这种思考远不是从今日起始的。它所引出来的，是贯穿于整个中国革命历史中的一个极重要的问题：中国革命能不能选择一条适合中国自己特点的道路？新中国要不要维护独立自主的对外方针？

（何晓鲁）

"他很有幽默感"
——陈毅和蒙哥马利

在陈毅外长的客人中间，还有英国前帝国总参谋长、陆军元帅蒙哥马利。

这位出生于伦敦、毕业于桑赫斯特皇家军事学校的英国元帅，身材瘦削，头脑敏锐。他曾在第二次世界大战中任英国第八军团司令，指挥北非战事，因在著名的阿拉曼战役中挫败纳粹名将"沙漠之狐"隆美尔而名标史册，被女王封为"阿拉曼子爵"。1958年退休以后，他在1960年、1961年两次访问了中国，并与毛泽东主席、周恩来总理分别作了重要的、坦率的谈话。

两位中国领导人热情欢迎这位曾任北约最高司令部副总司令的英国元帅，亲自来对新中国作一番了解和观察，因为在许多西方人的眼中，中国是一个神秘、落后的国度，新中国则又染上了好斗、不近人情的毛病。英国元帅来了，谁去接待呢？他游览长城也好，出席宴会也好，经常陪着他的，正是中国元帅陈毅。

"外交部部长陈毅是一个最和蔼、最愉快的人，他很有幽默感。"蒙哥马利在《星期日泰晤士报》杂志版上发表的访问文章中说。这样说是很有根据的。且看那天，在周总理为他举行的有10道菜的宴会上，陈毅为他安排的陪客阵容吧。英国元帅发现前来出席的中国人中，很有一些令他不胜意外、并大感兴趣的人物。

他们中有身材瘦小、戴着眼镜、穿着普通蓝色制服的溥仪。这位中国末代皇帝自抗战结束以来还是第一次露面，他开朗地自我介绍说："我是一个新人，现在在植物园工作。我是新的、自食其力的溥仪了。"

一位仪表堂堂、卷发乌黑的中年人则被介绍说："这是荣毅仁先生——中国最大的资本家。"另一位英语讲得很流利纯正的人物是位国务院的部长，他早年曾留学英国。向蒙哥马利介绍他时，陈毅笑着说："他的英语可不是美国英语，因为他从来不说'OK'。"蒙哥马利加了一句："他也不喝可口可乐。"惹得大家都笑了起来。

不过，最使蒙哥马利印象深刻的，还是两位"敌军"将领之间的会见。周总理亲自将去年秋天获得特赦的若干前国民党将领介绍给他。当介绍到杜聿明时，总理颇诙谐地笑着说："他同陈毅作过战。"

"噢？"蒙哥马利略微偏头朝陈毅看了一眼，只见陈毅正亲切地笑着，走上前去同他过去的敌人握了手，并向蒙哥马利说："敌人？"

蒙哥马利问："你们谁战胜了？"

总理指着陈毅元帅："他获胜了。"

蒙哥马利转而问杜聿明将军："在那次战役中，你有多少军队？"

"有100万。"

"拥有100万军队的统帅，是不应该被打败的。"

"可是陈毅元帅有200万人！因为我手下的人最后都跑到他那边去了！"

陈毅、贺龙还有其他的客人听到此处，都放声大笑起来。

这些经历不同、身份各异的人会聚在一起，使蒙哥马利看到了中国历史和革命的一页"提要"。他说过，他决定访问东方国家的领袖们，是为了"设法认识他们，并看看他们是怎样的人以及他们对世界问题的看法"。

确实，蒙哥马利从毛泽东、周恩来以及陈毅那里，听到了中国共产党人对于世界重大问题的看法。陈毅和蒙哥马利一样直率。"在我们这个年纪可以看见的未来，是不会发生一场全力以赴的核大战的，因为那样一来，使用核武器的人也要被毁灭。"陈毅这样对蒙哥马利预言说。当然，陈毅也对世界各地存在的战争威胁和紧张局势表示了不安。"阁下对缓和国际紧张局势的问题，有什么解决办法吗？"陈毅问道。

蒙哥马利主张一切外国武装部队撤回他们自己的国境。

陈毅提醒他说："可能会有人对你的话不高兴，因为中国没有在外国土地上驻扎一兵一卒，而美国在全世界有那么多军事基地！"

这位以行动敏捷、生活俭朴闻名的英国元帅，对在中国见到的一切留下了深刻的印象。离开中国，并继续访问了许多国家之后，他写了一本题为"三大洲"（Three Continents）的访问记，他在其中写道：

"从我的旅行中我清楚地看出：从长远来看，世界和平的关键在于中国。中国兴起成为一个大国是不可避免的。这件事可能造福人类，并可能缔造各国普通人民所渴望的和平世界。但是，如果这是将要发生的事情，西方世界必须现在就同新中国和好，并且平等相待。如果不做到这一点，我们就很可能在将来同一个拥有10亿人口和核武器的敌对的中国打交道——这不是一个很愉快的前景。"

这话被后来的事实证明，是富有预见性的。

（何晓鲁）

莱蒙湖畔的周旋
—— 陈毅和哈里曼

1961年日内瓦会议上谁都知道，陈毅的对手是美国人，但是美国《先驱论坛报》特派记者发回的报道却这样说："当老挝和平会谈进入第二个月时，日内瓦的迷人景象之一是中国共产党人的态度。陈毅……具有态度强硬和咄咄逼人的名声，但是在这里，他一直是令人惊讶地亲善的。"

别以为陈毅是在迁就、退让。合众国际社记者很聪明地看出："也许陈毅在日内瓦很和蔼。可是这是知道自己将寸步不让的那种人的和蔼。"在重大原则问题（比如反对"国际共管"方案）上，他始终"一个钉子对一个眼"，寸步不让，但他即使在这时候，也不使用尖刻、谩骂的语言。陈毅说："既然是谋求老挝问题的解决，就不谈联合国问题、台湾问题等。"

陈毅很沉得住气，揭露了美国国务院干涉破坏老挝独立的阴谋以后，就等着美国"反击"。然而腊斯克说："中国发言没什么新东西，但态度比以前温和。"如此而已。陈毅从这里得出印象说："美国这次气不壮，不敢正面交锋，不像1954年日内瓦会议时的杜勒斯，你讲他一句，他讲你两句。"

杜勒斯的时代毕竟一去不复返了。在过去的7年里，由于美国在国内外遇到的诸多困难，由于中国的国际威望显著增长，美国国务院在对华政策上或多或少地作了一些松动和改变。以此为背景，在日内瓦的美国代表团向着陈毅频频送来了试探的眼波和触角。陈毅与哈里曼的几次饶有趣味的周旋，就是这样在莱蒙湖畔展开的。

代理腊斯克在日内瓦任美国代表团团长的艾弗里尔·哈里曼是个身材高大、满头白发的老人。他出身美国东部豪富的"铁路大王"世家，毕业于耶鲁大学，曾在罗斯福、杜鲁门执政时期历任过许多外交要职，如二次大战后期任驻苏大使，多次会见斯大林，并参加了斯大林、罗斯福、丘吉尔举行的三次会谈。此次来日内瓦，寿龄已满70，但在会场内外，依然是位活跃的人物——难怪在美国，人们称他为"三朝元老"、外交界"不落的明星"。就其思想体系来说，他是反共的，但他并不赞成杜勒斯"遏制"中国的死硬政策。他在回忆录中批评杜勒斯"第一个错误是'放蒋出笼'"[①]，从1959年起，他就申请来中国访问，结果未获批准。此番来日内瓦，他也做出了各种较为积极开明的姿态，然而又往往受到来自华盛顿的制约。

---

① 这是指1953年2月，美国撤销原先对蒋介石进攻大陆行动的"约束"一事。

比如，加拿大代表切斯特·朗宁（他出生在中国，是传教士的儿子，会说一口湖北话，并对加中友好作过许多积极的贡献）在他写的回忆录中讲过这么一件事：

一天，在日内瓦机场，印度总理尼赫鲁的座机在飞往英国、美国途中停留了一小时，朗宁与哈里曼去迎送。谈话中，哈里曼离开了他在会上发言的口径，说他认为中立是解决老挝问题的唯一方式，越南也应走这条路。

尼赫鲁感到很惊讶，立即反问："我到华盛顿见到你们总统后，是否可以把这个话转告给他？"哈里曼说："当然可以。"

几天后，朗宁问哈里曼此事是否有什么回音，他苦笑了一下，说："喔，他们责怪我了，说我通过外国首脑向总统提出一项政策是不适宜的。"

在日内瓦会场内外，哈里曼常常对陈毅表现出格外浓厚的兴趣，可是陈毅却对此不大理会。

苏联外长葛罗米柯告诉陈毅说，一次，他与哈里曼谈话，不知怎么扯到了中美关系问题，哈里曼说："我和陈毅外长天天一起开会，见面不打个招呼不好，你是否能给我介绍一下？"葛罗米柯说："奇怪，怎么不能打招呼？你自己去就行了嘛！"哈里曼半真半假地说："你们是不是不愿意看到中美关系改善呀？"葛罗米柯赶紧道："如果你有这个意思，我可以传达。"哈里曼一听又赶紧缩回去了："想和陈毅外长接触，这是我个人意见，我还得请示国务院。"

陈毅听到这里笑了。哈里曼瞻前顾后，实际上反映了美国国务院在这一问题上举棋不定的态度，而陈毅从中央得到的有关对美态度的指示，却是明确的、一贯的。

就在陈毅准备暂离日内瓦的时候，富马亲王和苏发努冯亲王为各国代表团举行了一次鸡尾酒会，陈毅和哈里曼都应邀前来参加。这一回，哈里曼大约已经得到了国务院的指示，因此想方设法，拐弯抹角，想和陈毅搭上话。酒会所设的房间很小，客人和记者们挤在一起，因此各人的活动都在众人的目光所及之处。陈毅与哈里曼，成了酒会上最引人注目的人物。

哈里曼先是派了个下手，找到中国的王炳南大使说："请代表我向同你一起在华沙谈判的美国比姆大使问好。"美国国务院的官员，向本国派出的大使问好，却要请中国大使转达，这个圈子兜得真不小。王大使回答："可以代问他好。"他见没遭到拒绝，又由随同前来的哈里曼夫人出面，找到印度代表拉尔说:"你是否领我到中国的夫人那边介绍一下?"拉尔愿意"搭桥",便带她到了中国女同志桌边,介绍说:"这是哈里曼夫人,要同你们认识一下。"话音未落,夫人的手已经伸出来了。中国女同志毫无思想准备,只握了一下手,点点头。

到此,哈里曼大约觉得"迂回战"打得差不多了,便拉上朗宁,偕同夫人一起,向陈毅坐着的桌子边上走来。一个不可避免的场面终于要出现了。

陈毅原先手里没有端着酒杯,正坐在桌子边上,抽着烟,休息,面前放着一杯冰咖啡。他看见哈里曼夫妇和朗宁似乎是无意识地走到他跟前,像三面影壁似的站住不走了,他们谈上几句话,便朝陈毅这边看上一眼,谈几句,又看一眼,陈毅装着没看见一样,既不迎上去,又不躲避开,自管自端起咖啡,一口一口不紧不慢地啜着。过了一会儿,美国人终于下了决心,由朗宁走过来对陈毅说:"陈元帅,这是,哈里曼夫人,要和你握握手,你同意不同意?"——照例又是夫人被推到了第一线。陈毅彬彬有礼地站起来,坦然地说:"这有什么,当然可以。"他和哈里曼夫人握了手。

"哈里曼夫人,很少见你出席会议,你大概是来游览的吧?"陈毅寒暄地问道。夫人立即把话接了过来:"你每次发言我都来听的。从远处看你很漂亮,现在从近处看你更漂亮!"这句纯粹美国式的恭维话倒是陈毅事先所不曾料到的,他只能报之一笑。而这时,哈里曼先生也不失时机地转过身来,主动向陈毅伸出了右手。陈毅微笑着,伸手和他握了一下。

这边两只手刚刚接触,那边摄影机快门咔咔作响,闪光灯亮成一片,几个眼疾手快、精灵过人的记者,已经抢下了这个不可多得的镜头。

在人们看来,这是具有历史意义的一个瞬间。"美国政治家主动和中国政治家握了手,这是多年来破天荒的第一次。"(巴黎《快报周刊》语)它再清楚不过地表明了这个世界的改变:从 7 年前杜勒斯从这儿愤然作色而去,到 7 年后腊斯克的强忍不快而来;从两月前会场休息厅里腊斯克的"躲避",到今天亲王酒会上哈里曼的"追逐",无不说明世界政治力量的对比在发生变化。美国不能再漠视新中国的存在了。

陈毅与哈里曼握手之后,两人作了一番很简短的谈话。哈里曼谈到他访问中国的愿望,并且向陈毅表示说:"这次会议上,元帅阁下批评了我们美国,但你的态度是克制的。"

"克制?"陈毅对这个词很感意外,因为他是整个大会上唯一敢于正面批驳美国的国家的代表,他的发言没少"骂"美国呀,他怕弄错,特地请翻译再向哈里曼证实一下:是不是用的"克制"这个词?

哈里曼证实说没有错。陈毅眯起眼睛一笑,认真地说:"我讲的都是合乎事实的话。"这话本身也是合乎事实的。因为毕竟,如同陈毅对另一位美国人所说:"美国离老挝那么远,在太平洋另一边,你们还派大批飞机、军事装备到老挝,而我们中国有云南同老挝接壤,如果也照你们的办法派军队进去怎么办?"说到底,道理在中国手里,因此陈毅对美国人"骂"也好,握手也罢,都表现得落落大方,理直气壮。

陈毅要走了。当初来得堂堂正正,走也要走得有声有色。7月2日晚上,中国代表团席在花山别墅,举行了一个空前盛大的招待会,招待日内瓦的各国代表团负责人和成员以及会议共同服务处人员和各国记者,其邀请范围之广,烹饪技艺之精,都为其他招待会所不及。

在拟订招待会邀请名单的时候,遇到了一个难题:各国代表都请,要不要请美国人呢?陈毅说:"请嘛。大方点,美国代表请,南越吴庭艳的代表也请。不请,他该说中国人'强硬'、'骄傲'。请了不到,就是他的责任了。"

于是,代表团负责礼宾的工作人员就给美国代表团打电话发出邀请。那边接电话的人一听此事便紧张得声调都不自然了,一面说"好,好",一面换了个级别高些的人来接,大约是秘书。他没讲两句话,电话里又换了一个人,一直换了4次,最后接电话的大约是个高级官员了。他表示"很感谢你们的邀请。"似乎接受了下来,陈毅也就相应做了一番准备。

7月2日晚上,花山别墅门口车水马龙,热闹极了。身穿各色礼服和民族服装的来宾们挤满了别墅大厅。连屋外开阔的草坪上也放置了长桌和酒食。晚风习习,繁星满天,到处是一群一群持杯交谈的客人。陈毅兴致勃勃,在来宾中到处走动着,谈笑,敬酒,告别。客人们交口称赞陈毅元帅和中国代表团对会议所作的积极贡献,记者们也不放过这难得的机会,一次又一次地围上去,向陈毅发出连珠炮似的提问。陈毅对答如流,快当,诙谐,话音落处,常激起一片畅快的笑声。这气氛,这场面,印证了陈毅一个星期来辛勤工作、广交朋友所得到的丰硕成果。

然而,美国代表却没有来,它的忠实追随者吴庭艳政府的代表也没有来，哈里曼大约是接到了国务院指令才如此做的吧。在这种自我孤立的态度面前，陈毅的举止言行，更显出了自信有礼的泱泱大国风度。在这件事上，哈里曼先生很可能有他难言的苦衷。

（何晓鲁）

"不教倭寇度茅山"
——陈毅智斗黑田

1938年，侵华日军总司令冈村宁茨在苏南丹阳地区安插了一支特种部队，号称神鹰旅，旅长是他的得力干将黑田大佐。黑田大佐不仅熟读过《孙子兵法》和姜太公的《六韬》等军事著作，而且对中国的琴棋诗画颇有研究。黑田得知陈毅率领新四军第一支队来到苏南，又惊又喜。惊的是陈毅是一员英勇善战的骁将，难以对付；喜的是陈毅能诗善文，而且精通棋术，这样，他除了可以在战场上与陈毅较量一番外，还可以在棋坛和诗文上与陈毅比个高低，以捞取他在战场上得不到的东西。

一天，黑田大佐用中文写了一纸帖，叫一个汉奸送给陈毅。陈毅接帖拆看，见是黑田大佐请他前去共商什么"东亚共荣圈"之事。帖中还附诗一首："东亚共荣好，请君来商谈，中日结秦晋，干戈化婵娟。"诗后附有一行小字："席间备有围棋一盘，权作余兴，祈希光临，万勿推辞，幸甚，幸甚！"

陈毅看后，当即就在请帖的空白处，对黑田的"大东亚共荣"赋诗痛斥道："东亚共荣是谎言，日侵中华血海冤，中华儿女多壮志，不斩倭寇心不甘。"至于对弈之事，陈毅批了8个大字，目前不宜，来日方长。陈毅叫汉奸把原帖送交黑田。

黑田看了陈毅的回答，不由脸色阴沉，眉头一皱，叫汉奸把一副"南京大屠杀图"送给陈毅，并写信恐吓陈毅：若执迷不悟，此图就是茅山地区人民的下场。

陈毅打开图和信一看，怒不可遏。于是在图的空白处题改字诗一首："秦时明月汉时关，万里长征人未还，但有中华儿女在，不教倭寇度茅山。"并要汉奸转告黑田：我在山门外摆开阵势，叫黑田来破，若破了，算黑田英雄，若破不了，就叫黑田死无葬身之地。

黑田读完陈毅的改字诗，又听了汉奸的回话，气得脸色铁青，半天说不出话来。

过了若干天，黑田想给陈毅来个措手不及，以解心头之恨。一天午夜时分，黑田亲自带领一支50多人的神鹰队，轻装前来偷袭新四军第一支队司令部。哪知陈毅早已在大路两旁布好伏击阵，让黑田闯入。当神鹰队进入新四军一支队所设的伏击圈内，突然一阵密集的子弹向他们射来，多数鬼子被打死打伤，剩下的几个，甩开黑田，自顾逃命。黑田被新四军围得水泄不通，一头冲进亮着灯光的司令部，准备和陈毅单独拼杀一场。然而司令部房间里却不见陈毅的身影，只见桌上摆着一幅"天门阵"图，图纸下压着一张纸条，上面写着一首诗："虚虚实实变幻多，兵家自当细揣摩，让开小道三十里，待君来做瓮中鳖。"黑田自知中了陈毅的计，欲冲出困境，但腿让未挪动，就被十几名持枪的游击队员按倒在地，再也动弹不得。只听见黑田用颤抖的声音，低声说道："我……我……我输给陈毅了。"

（盛永年）

编 后 记

20世纪的中国是一个风云际会、英雄辈出的伟大变革时代。伟大的时代造就出灿若群星的历史伟人。人民军队中功勋卓著的陈毅元帅就是这些伟人中的一个。

作为人民军队中的一代伟人、著名战将,他一生中同党内外、国内外、军内外各种人士有着十分广泛的交往,有的是在硝烟弥漫的战争年代,有的是在轰轰烈烈的社会主义革命和社会主义建设时期,有的是在变幻莫测的外交场合,有的是在蒙冤受屈的荒唐岁月,有的是在工作中,有的是在生活中。几十年来,曾经同他有过交往的同志和人士,撰写了大量的回忆书籍和文章,叙述昔日交往中的轶闻、趣事。本系列丛书就是从这些大量的书籍或文章中精选精编成册的。此外,还有相当一部分文章是新约写或由编者撰写的。

在编选过程中,我们在尽可能地保留文章原有风格的前提下,根据本书的整体需要,对所有的文章作了必要和程度不同的节录、删改、改编,对有明显文字、观点和史实性错误之处作了修订。文章的标题绝大部分是编者拟定的。